建筑设备
租赁合同纠纷案件
裁判规则与合规要点

陈加曹　著

法律出版社
LAW PRESS·CHINA
北京

图书在版编目(CIP)数据

建筑设备租赁合同纠纷案件裁判规则与合规要点 / 陈加曹著. -- 北京:法律出版社,2024

ISBN 978-7-5197-8618-2

Ⅰ.①建… Ⅱ.①陈… Ⅲ.①建筑设备-租赁-合同纠纷-审判-案例-中国 Ⅳ.①D923.65

中国国家版本馆 CIP 数据核字(2023)第 238941 号

建筑设备租赁合同纠纷案件裁判规则与合规要点 **JIANZHU SHEBEI ZULIN HETONG JIUFEN ANJIAN CAIPAN GUIZE YU HEGUI YAODIAN**	陈加曹 著	策划编辑 周 洁 责任编辑 周 洁 装帧设计 李 瞻

出版发行 法律出版社
编辑统筹 司法实务出版分社
责任校对 王晓萍
责任印制 胡晓雅
经　　销 新华书店

开本 710 毫米×1000 毫米 1/16
印张 17.5 **字数** 218 千
版本 2024 年 5 月第 1 版
印次 2024 年 5 月第 1 次印刷
印刷 北京盛通印刷股份有限公司

地址:北京市丰台区莲花池西里 7 号(100073)
网址:www.lawpress.com.cn
投稿邮箱:info@lawpress.com.cn
举报盗版邮箱:jbwq@lawpress.com.cn

销售电话:010-83938349
客服电话:010-83938350
咨询电话:010-63939796

书号:ISBN 978-7-5197-8618-2
定价:68.00 元

凡购买本社图书,如有印装错误,我社负责退换。电话:010-83938349

前　言

笔者从2013年开始涉足建筑设备租赁业务的法律服务，自2016年起，笔者有幸受聘担任杭州市建筑设备租赁商会法律顾问。在服务企业和商会期间，笔者积累了丰富的建筑设备租赁法律服务的知识和经验。笔者的服务团队在办理案件的同时，结合实际操作案例，系统梳理建筑设备租赁企业常见的法律争议及司法裁判规则，并相应地提出合规管理建议，最终形成本书。

概论部分从全局描摹建筑设备租赁行业的概况、建筑设备租赁业务的法律适用、建筑设备租赁合同的法律特点、建筑设备租赁合同双方的权利义务、数据时代租赁合同及法律问题展望等内容。概括而言，概论可以说是立足行业当下，分析行业特点，展望行业未来。

本书第一章着眼于合同的成立和效力。合同签订是业务的开端，但在行业实操中存在各式各样的问题或风险，如建筑企业项目经理代理签订租赁合同、建筑企业工作人员代理签订租赁合同、无权代理人签订租赁合同，以上现实场景归结到民法基本理论上就属于代理权限问题。此外，合同签订时还可能涉及虚假印章、建筑设备质量不符合强制性标准、“背靠背”条款、项目部担保等影响合同效力的具体情况，本章中也一并予以介绍和分析。

本书第二章聚焦于合同的履行。合规履约及其风险防范在整个商业交易中至关重要。在常规交易中常见的情形有建筑设备存在质量瑕疵的异议、租赁支付与设备交付的履行抗辩权、承租人对出租人未依约开具发票的抗辩权。在诉讼中经常涉及的问题有母子公司的财产独立的证明和责任承担问题、出租方明知承租方是挂靠施工的情况下建筑企业的责任承担问题、无书面约定的租金标准时的漏洞填补、不可抗力事件对租赁合同履行的影响等。此外，这两年行业内还遇到电子商业承兑汇票支付的新问题，法律视角下需要重点关注电子商业承兑汇票遭拒付后权利主张路径和电子商业承兑汇票的无因性及例外。

本书第三章阐述的是合同的解除及违约责任。这一章细致梳理了商业交易中发生争议时需要重点厘清的法律问题，包括没有书面协议情况下合同解除的认定问题、租赁合同的单方解除问题、不定期租赁合同的解除问题、丢失租赁物赔偿前的租金计算问题、租赁合同约定过高违约金的司法酌减问题，在争议场景下涉及的法律问题需要引起重点关注和提前防范。

本书第四章阐述的是诉讼时效及管辖。这是争议解决中的基础性问题，涵盖租赁债权的诉讼时效问题、建筑设备租赁合同的诉讼管辖问题、建筑设备合同纠纷中的刑民交叉问题。

此外，在本书最后还有两篇附录。附录一为《民法典（节录）》，主要选取民法典合同编中租赁合同的章节，基本囊括了建筑设备租赁领域涉及的法律条文。特别需要向大家介绍附录二的内容，该内容是笔者从事建筑设备租赁行业法律服务十余年时间里，根据经办数百起诉讼案件的经验总结，整理起草的合同模板，基本是全书内容的高度浓缩。

笔者期待通过本书的创作出版，填补建筑设备租赁法律书籍的空白，并对建筑设备租赁企业的合法合规经营、法律风险防范、经营效益提升贡献绵薄的力量。

缩略语对照表

全　称	简　称
《中华人民共和国民法典》	《民法典》
《中华人民共和国民法总则》（已失效）	《民法总则》
《中华人民共和国合同法》（已失效）	《合同法》
《中华人民共和国公司法》	《公司法》
《全国法院民商事审判工作会议纪要》	《九民会议纪要》
最高人民法院《关于当前形势下审理民商事合同纠纷案件若干问题的指导意见》	《民商事合同纠纷审理意见》
最高人民法院《关于适用〈中华人民共和国民法典〉合同编通则若干问题的解释》	《民法典合同编通则司法解释》
最高人民法院《关于适用〈中华人民共和国民法典〉有关担保制度的解释》	《民法典担保制度司法解释》
《中华人民共和国城市房地产管理法》	《城市房地产管理法》
《中华人民共和国建筑法》	《建筑法》
《中华人民共和国担保法》（已失效）	《担保法》
最高人民法院《关于适用〈中华人民共和国担保法〉若干问题的解释》（已失效）	《担保法司法解释》
《中华人民共和国价格法》	《价格法》
《中华人民共和国产品质量法》	《产品质量法》
《中华人民共和国民事诉讼法》	《民事诉讼法》

续表

全　　称	简　　称
《中华人民共和国票据法》	《票据法》
《中华人民共和国城乡规划法》	《城乡规划法》
《中华人民共和国海商法》	《海商法》
《中华人民共和国民用航空法》	《民用航空法》
《中华人民共和国农村土地承包法》	《农村土地承包法》
《中华人民共和国民法通则》（已失效）	《民法通则》
《中华人民共和国土地管理法》	《土地管理法》
《中华人民共和国消防法》	《消防法》
《中华人民共和国固体废物污染环境防治法》	《固体废物污染环境防治法》
《中华人民共和国电子商务法》	《电子商务法》
《中华人民共和国海洋环境保护法》	《海洋环境保护法》
最高人民法院《关于审理城镇房屋租赁合同纠纷案件具体应用法律若干问题的解释》	《房屋租赁合同司法解释》
最高人民法院《关于适用〈中华人民共和国合同法〉若干问题的解释（二）》（已失效）	《合同法解释（二）》
最高人民法院《关于审理建设工程施工合同纠纷案件适用法律问题的解释（一）》	《建设工程司法解释（一）》
最高人民法院《关于适用〈中华人民共和国民事诉讼法〉的解释》	《民事诉讼法司法解释》

目　录

概　论

第一节　建筑设备租赁行业的概况

为正确适用法律，统一案由，最高人民法院制定颁布了《民事案件案由规定》①。根据该规定，在三级民事案由租赁合同纠纷下设四级案由，即土地租赁合同纠纷、房屋租赁合同纠纷、车辆租赁合同纠纷和建筑设备租赁合同纠纷，对于土地、房屋、车辆的概念，在实体法层面均有明确的定义，但在实体法和程序法层面，对于建筑设备合同纠纷中的“建筑设备”的内涵和外延，尚无明确规定。根据行业的划分，建筑行业的租赁主要包括周转材料租赁和工程机械租赁。周转材料，是指建筑安装施工过程中能多次使用并基本保持其原来实物形态，其价值逐渐转移到施工过程中去但又不构成工程实体的工具性材料，主要包括钢支撑、脚手架、铝模板、爬架、钢便桥等；工程机械主要包括叉车、混凝土泵车、装载机、挖掘机、打桩机、塔式起重机、摊铺机、平地机、压路机、高空作业车等。周转材料和工程机械的租赁服务贯穿建筑施工全过程，租赁企业主要通过赚取租金和提供配套服务获取营业收入，本书将建设工程施工过程中使用的周转材料和工程机械统称为建筑设备。

美国大法官霍姆斯有语，“法律的生命从来不在于逻辑，而在于经验”。

---

① 《民事案件案由规定》：2007 年 10 月 29 日最高人民法院审判委员会第 1438 次会议通过，自 2008 年 4 月 1 日起施行，根据 2011 年 2 月 18 日最高人民法院《关于修改〈民事案件案由规定〉的决定》（法〔2011〕41 号）进行第一次修正，根据 2020 年 12 月 14 日最高人民法院审判委员会第 1821 次会议通过的最高人民法院《关于修改〈民事案件案由规定〉的决定》（法〔2020〕346 号）进行第二次修正。

法律源于社会实践，又为解决社会生活的纠纷而来，做好某一行业的法律服务，需要掌握行业知识，深刻了解该行业的特点。下文简单介绍建筑设备租赁行业的特点。

一、行业起步晚、企业规模小、行业集中度低

一方面，我国建筑设备租赁行业的发展始于20世纪90年代，起步时间晚，虽然经过了30余年的发展，取得了长足进步，但是相较于发达国家（例如，美国建筑设备租赁行业于20世纪50年代就开始进入快速发展期而趋于成熟），整体来说还处于发展的初期阶段。另一方面，我国租赁行业参与竞争的企业多、规模小，缺乏有绝对话语权的企业，行业竞争格局极为分散，市场集中度低。

中国基建物资租赁承包协会对2021年行业发展的统计数据显示，我国基建物资租赁承包行业从业员工构成中，企业员工人数100人以下占比最多，为63.2%；101~500人的企业占比29.0%；500人以上的企业占比最少，为7.8%。从经营收入构成看，经营收入在2000万元以下的占比最多，为55.2%；2000万~1亿元的企业占比为35.1%；1亿元以上的企业占比为9.7%。从员工构成和营业收入可以看出，这一行业中小企业居多，企业规模普遍较小。从市场集中度看，根据弗若斯特·沙利文的统计，2020年，我国前三大租赁商合计市场份额占比仅为1.2%，超过15 000家中小规模企业占据其余98.8%的市场份额。从北美成熟的租赁市场看，租赁头部企业——美国联合租赁2019年营业收入为93亿美元，约占北美设备租赁市场份额的14%，前十大租赁商市场份额合计占比约为34%。当前我国租赁行业企业的集中度与北美企业不可同日而语。

由于建筑设备租赁业务的可观利润和良好发展前景，建筑设备租赁业务头部企业发展迅猛。目前，华铁应急、宏信建设等建筑设备的租赁企业通过资本市场融资扩大经营规模、收购兼并扩大业务范围、使用数字化技术提高经营效率等，在竞争中获得先机和优势。大型企业往往凭借网点密集、资质

齐全、资金充足、专业服务能力强等优势更容易获得客户的认可，不断做大做强；中小企业则由于规模较小、资金不足、网点不足、缺乏实施经验等劣势极易在市场竞争中处于下风，未来企业之间“优胜劣汰”的分化会越来越明显。在可见的未来，建筑设备租赁行业的龙头企业将越做越大，行业集中度将越来越高。

二、行业发展迅速、潜力巨大

根据华经产业研究院整理的数据，2015 年中国工程机械租赁市场规模约为 4747 亿元，截至 2021 年年末，中国工程机械租赁市场已达到了超 9000 亿元的规模，年复合增速约为 11%，成为全球最大的工程机械租赁市场。一方面，新型工业化、城市化和绿色化的协同持续推进及“一带一路”建设、京津冀协同发展、长江经济带建设等国家战略的深入实施，带来大规模基础设施建设需求，从而扩大了建筑设备租赁市场的规模。另一方面，近年来，持续减少的建筑从业人数、快速增长的人工成本和逐渐老年化的施工队伍，倒逼建筑行业推动实施“机器代人”行动，从而为建筑设备租赁行业的未来发展提供了广阔的空间。此外，鉴于建筑设备的租赁使用相较于购买使用有助于施工企业减少资金占用、提高资金周转效率、发挥建筑设备的使用效率、降低维护成本和使用成本等种种优点，施工企业更多选择从租赁商处租赁产品，而非购买产品，“以租代买”的比例将会越来越高。据中国机械工业协会的统计，2010 年以来工程机械租赁的渗透率总体快速提升，2019 年我国工程机械市场渗透率已达 55%。随着我国建筑行业和工程机械行业的稳步发展，租赁业务的优势发挥，其渗透率还将进一步提高。截至 2021 年，挖掘机、装载机、平地机、推土机、压路机、摊铺机、叉车等主要工程机械的保有量约 1378 万台，近五年复合增速为 11%。

建筑设备租赁行业的快速发展是粗放的建筑行业进行“专业化分工”的产物，总体带动了产业链运行效率的提升，机械设备的租赁渗透率未来仍将进一步提高，潜力巨大。

三、行业区域发展不平衡、增速放缓

我国是一个幅员辽阔、人口众多的发展中大国，各地区的自然、经济、社会条件差异显著，区域发展不平衡是我国的基本国情。与中国整体经济格局相似，在建筑设备租赁行业，区域发展不平衡格局同样呈现。据中国基建物资租赁承包协会对2021年度的统计，华东、华南、华中、华北地区总体情况较好，多项重要指标都位居前列，西南、西北、东北地区仍有较大发展空间。业务涉及区域占比为华东地区企业占22.3%，华南地区企业占19.0%，华中地区企业占17.1%，华北地区企业占14.6%，西南地区企业占12.0%，东北地区企业占7.9%，西北地区企业占7.0%。

改革开放后的40多年，中国经济发展迅速，GDP的世界占比由1978年的1.8%迅速提高到2022年的18.5%，创造了世界经济史上的“中国奇迹”。国际金融危机爆发后，世界经济格局不断发生深刻变化，中国经济发展的内在支撑条件和外部需求环境都已今非昔比，这就要求经济增长速度“换挡”。经济长期高速增长后的“换挡”，也反映在了建筑设备租赁这一细分行业。中国基建物资租赁承包协会对行业发展指数的统计显示，2017年下半年运行发展指数显著上升；2018年全年保持稳步增长态势，2018年下半年运行发展指数达到了五年的峰值；2019年指数开始回落；截至2020年6月，运行指数回落到55.0%，2020年下半年指数再度回升，重回高位景气区间；2021年上半年指数有所回落，但仍保持在荣枯线上，发展趋势向好，增速减缓，2021年指数低于荣枯线0.9%，五年来首次落入萎缩区间。近年来，受原材料价格高位震荡、房地产政策调控、限电减产等多因素叠加影响，供需两端观望情绪渐浓、市场低迷情况加剧、回款周期拉长、企业经营压力显现，行业发展指数整体下滑，整体下滑反映在业务总量指数、新订单指数、租赁价格指数、企业员工指数等重要指标的整体下滑。

四、行业应收款积压、回款周期长

多年来，建筑工程领域拖欠工程款的情况普遍存在。尽管国家采取多种措施加以整治，但这一现象未有根本性改变，这导致债务链拉长，形成大量的“三角债”，作为建筑行业的供应链条的下游，建筑设备租赁的回款周期同样深受影响。据中国基建物资租赁承包协会统计，2021 年行业月份进度款回款率平均值为 51.6%，行业月份进度款回款率在 60% 以下的企业占 67.1%，占比最多；其次为回款率 60% ~80% 的企业，占比 25.0%；仅有 7.9% 的企业回款率在 80% ~100%。目前行业回款周期延长，回款比例下降，甚至承租方拒不付款的情况也多有发生。

五、传统物资租赁业务仍占主导地位，但新业务逐年递增，一体化企业占比提升

据中国基建物资租赁承包协会统计，一方面，传统基建物资租赁承包（主要指扣件式钢管脚手架、轮扣式钢管脚手架、碗扣式钢管脚手架、键槽式钢管脚手架、钢模板、贝雷架等）领域仍占市场主流，收入占行业收入的 80.9%，与此同时，盘扣脚手架、铝合金模板、防护平台、塑料模板四个细分领域收入占比逐年增长，2021 年较 2020 年又提高了 0.2 个百分点。随着新产品新技术的不断发展，传统物资的出租市场不断遭到挤占，业务面临缩水。另一方面，传统物资出租率逐步降低。2021 年传统物资出租率在 90% 以上和 75% ~90% 的企业占比较 2020 年有不同程度下降，降幅分别为 0.1 个百分点和 2.7 个百分点，在 65% ~75% 的企业占比较 2020 年增长 2.7 个百分点，在 60% 以下的企业占比较 2020 年增长 0.1 个百分点。

从经营模式来看，纯租赁企业占比最多，为 57.6%，其次为生产租赁企业，占比 17.9%，生产企业占比为 14.3%，一体化企业占比为 10.2%。从经营模式近两年变化对比来看，2021 年纯租赁企业占比较 2020 年小幅下降，降幅为 3.1 个百分点；生产企业、一体化企业占比较 2020 年均有不同程度增长，涨幅分别为 2.2 个百分点和 2.6 个百分点；生产租赁企业占比变化不大，较 2020 年小幅下降 1.7 个百分点。

第二节　建筑设备租赁业务的法律适用

中国的租赁历史悠久，可追溯到原始社会。在原始社会晚期，出现了畜牧业从农业中分离出来的第一次社会大分工，给社会带来了很多变化，由于各部落产出的产品不尽相同，产品就在不同的部落之间出现了结构性剩余，为了生活之便利，在很多场合下人们需要频繁交换多余的闲置物品，用后再归还，而不必让渡该物品给对方。这种仅仅涉及物品使用权的交换，是最原始形态的租赁。在中国历史上，有文献记载的租赁可追溯到西周时期。《卫鼎（甲）铭》记载，邦君厉把周王赐给他的五田出租了四田。这是把土地出租的例子。据历史学家考证，涉及租赁判案的诉讼在西周中期以后已不少见。

租赁由“租”和“赁”两字构成，在古代，这两个字分别指代两种不同的社会交易活动，“租”与田地的利用和税负有关，《说文·禾部》言，“租，田赋也”；而“赁”则与劳动报酬有关，主要指因给人做雇工所获得的工钱，《史记·季布栾布列传》记载：“穷困，赁佣于齐，为酒人保。”由于中国长期处于农业社会，出租人都是些“地主老财”，和承租人的关系是“剥削与被剥削”的关系。基于这种社会背景，就如日本法学家我妻荣所述：“以前，其关系多少作为身份支配关系的一面展现在人们面前。纯粹作为物的契约关系而受到规制可以说是从近代法开始的。”[①] 到了现代，我们已经习惯性地将“租赁”两字合并使用，其指一种以一定费用借贷实物的经济行为，出租人将自己所拥有的某种物品交给承租人使用，承租人由此获得在一段时间内使用该物品的权利，承租人为其所获得的使用权向出租人支付一定的费用（租金），但物品的所有权仍保留在出租人手中。从经济视角审视，租赁是一种

---

① ［日］我妻荣：《民法讲义Ⅴ中卷一：债权各论》，徐进、李又又译，中国法制出版社2008年版，第158页。

有利于充分发挥租赁物的效用和使用价值，便于社会生产和生活的交易行为。租赁行为符合经济发展的规律，因而在社会生产实践中蓬勃发展。

“在罗马法，以金钱的对价将物或者劳力之利用委于他人之契约，广称为租赁（locatio com - ductio），分为物之租赁（l. c. rei），工作之租赁（l. c. operis）及劳力之租赁（l. c. operarum）三种。此体系由法民法继承，广称为 contrat de louage。分为 louage des chose（物之租赁），louage d’ouvrage（劳力之租赁）。后者更分为 louage d’ouvrage（de serv - ices）（雇佣）与 louage d’industrie（承揽）。在德民及瑞债，将物与劳力分开，以第一种为租赁契约（分为使用及用益租赁），第二及第三称为劳动供给契约（雇佣及承揽），而全异其类型。我民法亦采此立场。在德民瑞债，将租赁分为使用租赁及用益租赁，而在用益租赁并得以权利或营业为标的，已如前述。”① 我国法律也采用德国民法和瑞士债务法之立场，将租赁、雇佣和承揽分开。但对于租赁，将标的限于“物”，而将权利或营业之租赁关系交由特别法进行规范，或者交由当事人意思自治，而对“物”之外的租赁，在无特别法规制的情况下，类似租赁之无名合同，参照适用租赁合同的规定。

租赁合同，在《民法典》时代，除了受《民法典》合同编中的“租赁合同”一章调整之外，一些种类的租赁活动还受到相关特别法规制。例如，融资租赁受《民法典》合同编中的“融资租赁合同”的专章调整，船舶租赁受到《海商法》的调整，民用航空器租赁受到《民用航空法》的调整，农村承包用地的对外出租受到《农村土地承包法》的调整。制定特别法调整某些租赁活动，主要是因为这些租赁活动的交易目的和交易过程有别于一般的财产租赁：融资租赁的出租人主要是提供融资服务，并不以保留出租财产的所有权为目的；船舶租赁在自然风险和管辖法域的法律风险上都区别于一般财产租赁；民用航空器因为公共安全和市场竞争的特殊要求，国家在行政管制性措施的采取方面有别于其他租赁行为；而国家基于自然资源的利用秩序和我国特有的集体所有财产制度的贯彻实施，对租赁农村集体土地的期限、主体、

① 史尚宽：《债法各论》，中国政法大学出版社 2000 年版，第 148～149 页。

用途等做了特殊的规定。本书的内容主要涉及一般建筑设备（大型的建筑设备：塔吊、起重机、空压机、挖掘机、装载机、破碎锤、铲车、发电机、压路机、推土机、叉车、汽车吊、混凝土搅拌机等。小型的建筑设备和周转材料：脚手架用钢管、安全网、砂浆搅拌机、平板车、风镐、电镐、翻斗车、经纬仪、水准仪、全站仪、激光测距仪、激光整平机等）的租赁行为，其法律适用主要是《民法典》“租赁合同”章，基于其为有偿双务合同的性质，可以参照适用“买卖合同”章的有关规定，基于《民法典》体系化的特点，需受《民法典》合同编通则、《民法典》总则编的相关法条规制。

我们通过检索“威科先行”法律数据库，在众多经营性租赁合同中选择“建筑设备租赁合同纠纷”作为案由，选择从2015年1月1日至2022年6月30日的诉讼案件，检索到的总案件量为196 299件，其中2018年为25 815件，2019年为36 452件，2020年为41 206件，2021年为35 532件。最近3年的案件量为104 349件，最近5年的案件量为158 725件。从以上数据可以得出一个基本的结论，随着租赁合同的业务发展，租赁合同纠纷进入诉讼程序的案件为数不少，且案件量呈逐年上升趋势。

作为出租方，做好合规管理，其重要性不言而喻：一是企业稳健经营运行的内在要求；二是防范违规风险的基本前提；三是出租方在出现风险事件后能顺利化解风险的基本条件。俗话说，商场如战场，只有“知彼知己”，方能“百战百胜”。而法律知识，是现代商业战场上的重要“彼方”，同时也是重要且精密的“武器”，当事人如能进行良好的驾驭和操控，则是制胜的法宝；反之，则会有反噬后果。

第三节　建筑设备租赁合同的法律特点

一、租赁合同的法律特点

租赁合同是人们在日常生活和经济活动中经常使用的一种合同。它可以在自然人、法人之间调剂余缺，充分发挥物的使用功能，做到物尽其用。通过租赁，承租人与出租人双方的利益可以同时得到满足，因此，租赁是现实经济生活中较为重要的一种经济形式。[①] 租赁为当事人约定一方以物租予他方使用收益，他方支付租金之契约。[②]《民法典》第703条规定："租赁合同是出租人将租赁物交付承租人使用、收益，承租人支付租金的合同。"从租赁合同性质出发，其法律特点有以下六个方面。

（一）租赁合同为双务合同

以当事人之间是否互负对价意义的债务为标准，合同分为单务合同和双务合同。所谓对价关系，是指双方当事人所为给付，在主观上互相依存，互为因果而有报偿的关系。[③] 对价关系不强调客观上的等值，只要双方当事人主观上认为等值即可。单务合同，指仅有一方当事人负担给付义务或一方当事人负担全部给付义务，对方当事人仅承担次要义务的合同（如附负担赠与、使用借贷等），即双方给付义务不具有对价意义的合同。典型的单务合同如赠与、附负担赠与、保证、使用借贷。双务合同，指双方当事人互负具有对价意义的债务的合同，或者说双方互负居于给付与对待给付关系之义务的合同，典型的如买卖、互易、租赁、承揽、有偿委托、保险、雇佣、劳动等合同。双务合同，其特色在于债务间的牵连性，其债务间的给付与对待给付具有不可分离的关系，主要体现在以下三方面[④]：（1）发生上的牵连性。一方的给付与相对人的对待给付在发生上互相牵连，即在一方的给付义务不发生时，相对人的给付义务也不发生。（2）存续上的牵连性。双务合同的一方当事人的债务因不可归责于双方当事人的事由而不能履行时，债务人免除给付义务，债权人亦免除对待给付义务。（3）功能上的牵连性。其是指双务

① 参见石宏主编：《〈中华人民共和国民法典〉释解与适用·合同编》，人民法院出版社2020年版，第448页。

② 参见史尚宽：《债法各论》，中国政法大学出版社2000年版，第143页。

③ 参见孙森焱：《民法债编总论》（下册），法律出版社2006年版，第663~664页。

④ 参见崔建远、陈进：《债法总论》，法律出版社2021年版，第90页。

合同的当事人一方所负给付与相对人所负对待给付互为前提，一方不履行其义务，相对人原则上亦可不履行。只有如此，才能维持双方当事人之间的利益平衡。同时履行抗辩权正是这种功能上牵连性的反映。

区分单务合同与双务合同实益在于法律制度的适用，同时履行以及风险负担问题专门发生在双务合同的场景，另外，合同解除主要是针对双务合同适用的制度，而单务合同基本上不适用前述合同制度。单务、双务合同区别的实益问题，主要体现在以下几个方面：

一是同时履行抗辩权问题。双务合同适用同时履行抗辩权规则，而单务合同原则上并无适用同时履行抗辩规则的余地。双务合同中，关于主给付义务不履行构成同时履行已无异议，但同时履行抗辩权是否也存在于从给付义务与主给付义务之间，则有争论。近年来，有学者认为，在从给付义务的履行与合同目的的实现具有密切关系时，从给付义务和主给付义务之间存在同时履行关系，产生同时履行抗辩权。建筑设备租赁合同属于典型的双务合同，单务合同和双务合同的区分理论在租赁合同争议纠纷解决中有适用的场景。例如，若承租方不履行前一期间租金支付义务，出租方拒绝提供下一期租赁物，这属于出租方违约还是行使抗辩权；若租赁合同明确约定出租方先提供发票后承租人付款，在出租方未提供发票的情况下，承租方是否可以拒付租金等，均涉及双务合同抗辩权的行使问题。

二是风险负担。双务合同因不可归责于双方当事人的原因而不能履行时，发生风险负担问题。对于风险负担，因合同类型有别而采用不同的标准，具体有交付主义、合理分担主义等。在买卖合同中，标的物的毁损、灭失直接涉及标的物交付前后的风险负担问题。而在租赁合同中，由于当事人交易的不是租赁物的所有权，而是租赁物之上的租用机会，租赁物毁损、灭失的，将引发租用机会损失的风险负担问题。《民法典》分别在第714条和第729条规定租赁合同的风险负担的责任。

《民法典》第714条规定："承租人应当妥善保管租赁物，因保管不善造成租赁物毁损、灭失的，应当承担赔偿责任。"法律做此规定的原因在于，如果是当事人可以控制但未控制好的风险引发的损失，应当根据当事人的风险控制能力去分配。特别是，由于租赁物在租赁期间处于承租人的占有和控制之下，如果因为承租人的原因出现租赁物毁损、灭失，因承租人存在过错，则承租人应负担此种风险，承担赔偿出租人租赁物损毁、灭失的损失。该种损毁、灭失可以因承租人的保管不善造成，亦可由承租人未按约定的方法或未根据租赁物的性质使用造成（《民法典》第711条）。

《民法典》第729条规定："因不可归责于承租人的事由，致使租赁物部分或者全部毁损、灭失的，承租人可以请求减少租金或者不支付租金；因租赁物部分或者全部毁损、灭失，致使不能实现合同目的的，承租人可以解除合同。"其立法的缘由在于，对于不可归责于承租人的事由，应当根据租赁所有权的归属来分配风险。如果是可归责于出租人的事由，如出租人未及时履行对租赁物的修缮止损义务，风险由出租人负责自不待言。如果是不可抗力、意外事件等双方都不具备可归责性的事由造成的损失，则需要根据民法上"谁所有、谁负责"的一般原理。《民法典》第604条规定了买卖合同风险负担的规则，即交付主义规则（交付意味着所有权的转移，风险在交付之前由出卖人承担、交付之后由买受人承担）。在租赁合同的情景下，应当保持价值体系的一致性，对于不可归责于承租人的事由造成租赁物毁损、灭失的，由作为所有人的出租人负担此种风险。据风险负担规则，在建筑设备租赁实务中，如因不可抗力导致建筑设备损坏、灭失，比如地震、台风、山洪等导致建筑设备损坏、灭失，其后果由出租方承担，出租方无权要求承租方赔偿。

三是合同解除。一般的法定解除合同的事由是针对双务合同的，而单务合同则不适用。根据《民法典》第563条的规定，有下列情形之一的，当事人可以解除合同：（1）因不可抗力致使不能实现合同目的；（2）在履行期限届满前，当事人一方明确表示或者以自己的行为表明不履行主要债务；（3）当事人一方迟延履行主要债务，经催告后在合理期限内仍未履行；（4）当事人一方迟延履行债务或者有其他违约行为致使不能实现合同目的；（5）法律规定的其他情形。

在建筑设备租赁合同纠纷中，因一方违约不能实现合同目的，在合同未明确约定解除条件时，当事人可以根据《民法典》上述一般法定解除条件规定行使解除权。

社会生活中，也有不少人将自己的财产暂时让渡他人占有和使用，但并不收取任何对价，我们通常称为“借用”或者“使用借贷”，属于单务合同。这种无偿让渡财产的占有和使用权能的交往是单务的，且以临时短期为特征，与无偿让渡财产全部权能的赠与合同在性质上更为接近。对于此类在日常生活中、在熟人社会一定范围内存在的现象，最高人民法院《关于贯彻执行〈中华人民共和国民法通则〉若干问题的意见（试行)》（已失效）第126条曾作出规定：“借用实物的，出借人要求归还原物或者同等数量、质量的实物，应当予以支持；如果确实无法归还实物的，可以按照或者适当高于归还时市场零售价格折价给付。”但时至今日，在商品经济比较发达的年代，因借用合同发生纠纷的情况逐渐减少，在此情况下，《民法典》未将“借用”“使用借贷”作为典型合同进行规定，对于此类合同纠纷，在适用《民法典》合同编第一分编通则的同时，可以参照适用买卖合同、赠与合同和租赁合同相类似的规则。

（二）租赁合同为诺成非要物合同、非要式合同

租赁合同为诺成合同。现今，合同通常系双方当事人之间通过要约与承诺而成立。要约与承诺达成一致，称为合意。仅依合意而成立的合同，为诺成合同。于今日合同法上，合同系以诺成合同为原则，学理上称为诺成主义。此外，合同的成立也有以交付标的物为必要的，为要物合同。现行法上，保管合同、质权设定合同、无利息的消费借贷合同、借用合同、定金合同，皆属于要物合同。

诺成合同与要物合同的主要区别在于：诺成合同自双方当事人意思表示一致时起，合同即告成立；而要物合同在达成合意以后，还需要一方交付标的物合同才能成立。绝大多数的合同只要双方当事人意思表示一致就成立了，

只有少数合同不仅要达成合意还要交付标的物，这就是“诺成合同是通常形态，要物合同是特殊形态”的意思。

法理对诺成合同和要物合同进行区分的意义在于确定当事人的不同义务：在诺成合同中，交付标的物或完成其他给付，系当事人给付义务，违反该义务便会产生违约责任。在要物合同中，交付标的物或完成其他给付，不是当事人的给付义务，只是先合同义务，违反它不产生违约责任，可构成缔约过失责任。[①] 从诺成合同和要物合同的理论区分，租赁合同为典型的诺成合同，只要双方对租赁合同的条款达成一致，合同便告成立，交付租赁物为合同义务而非合同成立的条件。

租赁合同为非要式合同，与买卖合同交易类似，租赁交易除了需要遵守一般性的强制性法律规定外，法律上无须作出特别形式性要求，其成立和生效无须以租赁物的交付为必要，也无须签订书面形式的合同，只要意思表示一致即可，合同形式由当事人自由判断，自行决定，书面（包括电子邮件）、口头均可。

租赁合同为诺成合同，这决定了出租人可以就同一标的物与多人分别签订有效之租赁合同。后承租人纵因前承租人之使用收益，而不能就约定的标的物使用收益，其租赁合同也不会因此无效。根据《房屋租赁合同司法解释》第5条第1款的规定，出租人就同一房屋订立数份租赁合同，在合同均有效的情况下，承租人均主张履行合同的，人民法院按照下列顺序确定履行合同的承租人：（1）已经合法占有租赁房屋的；（2）已经办理登记备案手续的；（3）合同成立在先的。

不能取得租赁房屋的承租人请求解除合同、赔偿损失的，依照《民法典》的有关规定处理。因此，上述司法解释的规定意味着，出租人与多人就同一出租物签订的租赁合同均为有效，出租人对其他承租人不能提供租赁物，则需承担违约责任，而非确定合同无效。

---

① 参见崔建远：《合同法》，北京大学出版社2012年版，第27页。

租赁合同为诺成合同，租赁可以预约。但是，若约定于一定期限后起租之合同，可认为是附期限之租赁合同。比如，在商业性质的商品房租赁合同中，对于尚处于建造中之建筑物，租赁合同中约定在房屋符合交付条件时交付建筑物并起算租金，如合同的标的物和租金条款已经具备，应认为已经订立租赁合同。出租方负有在房屋符合交付条件时交付房屋于承租人使用收益之义务。此时，承租人负有在约定时间支付租金的对价义务。

需注意的是，对于租赁合同的诺成性质，根据《民法典》第707条的规定，租赁期限在6个月以上的，应当采用书面形式。当事人未采用书面形式，无法确定租赁期限的，视为不定期租赁。

（三）租赁合同为继续性合同，非一时合同

一时合同，指实施一次给付即完成合同的履行，达到双方当事人订立合同目的的合同。一般的合同，于双方当事人履行终了即达到并实现合同的目的，故为一时合同。社会生活中，一时合同包括买卖、承揽、居间、中介合同等。需关注的是，有些合同的履行系分期分批进行的，如分期分批买卖钢材合同，这类合同被称为“分期交付合同”。此类分期分批履行的合同，也为一时合同，因为当事人所订立的合同总给付自始确定，采取分期履行的方式，时间的因素对给付的内容和范围并无影响。有些合同内容非因当事人一次给付即可完结，而是继续实现，其基本特性系时间因素在债务履行中处于重要地位，总给付的内容小于应为给付的时间长度，比如租赁、雇佣、合伙、劳动等，此类合同学理上称为继续性合同。

继续性合同与一时合同区分的实益在于：一是情势变更原则的适用。继续性合同与情势变更原则关系密切，而一时合同适用机会则较少。二是债权债务可转让性。继续性合同因其人格信赖因素较浓厚，故原则上其债权债务不得任意转移，而一时性合同则相反。三是合同终止之效果。继续性合同的债务不履行，可以终止合同，原则上不溯及既往，即在合同终止前所谓的给付具有法律上的原因，不构成不当得利；一时合同的解除，则会导致溯及既往消灭合同，发生双方返还问题。

建筑设备租赁合同具有在一定期限内继续性的特点，承租人可以在租赁期限内持续占有和使用租赁物。因此，当事人有符合法律规定的正当事由或者有约定，在租赁合同履行期间解除合同的，通常只发生面向未来解除的效果。合同解除前的已经履行之部分被视为有效，承租人需要按照原来的约定向出租人支付租金；承租人延迟支付租金的，应当承担相应的违约责任。

（四）租赁合同为转移标的物使用权的合同

在合同的目的上，租赁合同仅以转移标的物的占有和使用权能为目的。就物的所有权而言，所有权人享有占有、使用、收益和处分的权利，买卖合同是让与标的物的所有权，即涉及物的占有、使用、收益和处分的全部权利的转让。与买卖合同不同，租赁合同的出租人仅将租赁物交付承租人占有、使用和收益，但保留租赁物最终处分权，在租赁合同期限届满或者终止后，能够恢复对租赁物的占有、使用和收益。这意味着，租赁合同有明确的期限限制，很多国家的法律都对租赁合同的最长期限作出限制。例如，《日本民法典》规定，租赁契约的存续期间不得超过20年，如果所订租赁契约比此期间长，要缩短为20年。《意大利民法典》规定，租赁不得超过30年，如果约定期间超过30年或者为永久，则将被减至30年。德国也规定30年。考虑到我国正处在市场经济建设的过程中，经济发展很快，变化也很快，为了更有效地保护租赁合同双方当事人的权益，对租赁的最高期限有所限制是有必要的。因此，《民法典》作出了租赁合同的期限最长不得超过20年的规定。

此外，有别于保管合同，租赁合同承租人占有租赁物的目的是按照约定的用途发挥和利用其使用价值，而不是以保存和维系财产的既有状态为目的。[1] 若保管人在保管财产期间擅自使用保管物获得利益，应当参照租赁

① 参见王利明：《合同法研究》，中国人民大学出版社2015年版，第283页。

规则向寄存人返还不当得利，但其本身因为缺乏建立租赁合同的意思而不构成租赁关系。

租赁物的使用方式灵活多样，既可以是对租赁物的直接使用，以方便承租人的生产生活，也可以作为经营标的，从租赁物上获得经济收益，如将承租的房产开设创意园出租、开设酒店进行经营等。租赁支付的对价不一定为租金，民法虽称为租金，系以普通之情形标准为规定，并不限于金钱给付，得以实现物给付，如米麦或其他物，对价得按收益之比例而定。例如，耕地之租赁，依获取收获量之一定比例而定者甚多（分益佃）。关于租金之数额，除房屋及基地租赁、耕地租用，依特别法限制外，得由当事人自由约定。[①] 租赁支付对价，其称谓也不一定为“租金”，可以是“合作费”“补贴”“使用费”“报酬”等，能够表明是使用租赁物支付的对价即可。

因租赁合同仅转移物的占有、使用权能，合同虽可以将来之物的租赁进行约定，但要产生相互间的对价关系，需要现实交付租赁物并由承租人进行占有、使用。

（五）租赁合同的标的物可以是动产或不动产，通常为耐用品

租赁之标的物，可以是动产，亦可以是不动产，常见如马路边上之共享汽车和共享单车、机械设备、办公用品、居家用具、住宅或写字楼，农用地和鱼塘等。关于企业和权利，亦使他人收益而收取对价。在《德国民法典》和《瑞士债务法》中，定义为收益租赁。然我国所谓租赁，以物为限，将德国和瑞士等国关于企业和权利等收益租赁纳入其他合同类型进行调整，如关于商标权和专利权等无形财产，习惯上将其归入使用许可合同类型进行调整，企业租赁合同为无名合同，社会实践中，冠以企业承包经营[②]，交由当事人意思自治，确定其内容。动产租赁需不消费其物而达到使用之目的，故以不

① 参见史尚宽：《债法各论》，中国政法大学出版社2000年版，第145页。

② 参见1988年国务院发布的《全民所有制工业企业承包经营责任制暂行条例》（已失效），该条例规定了企业经营权的承租与租赁。

可代替物为常，代替物以特殊之目的为使用时，亦可为租赁之标的，如货币以陈列之目的而为租赁。对于不动产租赁，不问种类如何，皆可为租赁标的物。但关于土地特别是农用地的租赁、房屋的租赁，有特别法规定的，应当依照法律规定建立租赁关系。对于不动产租赁，常常涉及土地等有限公共资源的利用和可持续发展问题，也涉及房屋等相邻不动产权利人的保护与公共安全（消防、人防工程）等多方面问题，因而面临来自《土地管理法》《城市房地产管理法》《消防法》等一系列法律、行政法规的管制约束，私人间的不动产租赁合同不得违反这些要求，若其违反这些法律、行政法规的强制性规定，相关行为人不仅可能遭受行政机关的处罚，而且合同也可能会被人民法院宣告为无效。如出租方与承租人约定出租农村集体所有池（塘）用于倾倒城市建筑和生活垃圾①，违反《土地管理法》关于土地用途的管制及用途变更应履行相关程序的规定及《固体废物污染环境防治法》关于建筑和生活垃圾的倾倒及处置需遵守相关环保要求、达到相关标准，不得擅自倾倒、堆放、丢弃的强制性规定，租赁合同会被宣告无效；如擅自将规划用途为地下车库的物业改作生活市场使用的行为②，也会因违反《城乡规划法》的强制性规定可能被宣告无效；此外，如果租赁标的物为违章建筑，也会被确认合同无效。根据《房屋租赁合同司法解释》第 2 条的规定，出租人未取得建设工程规划许可证或者未按照建设工程规划许可证的规定建设的房屋，与承租人订立的租赁合同无效。

在租赁物的物理性能上，通常为耐用品。出租人让渡的主要是使用租赁物的机会，而不会涉及租赁物本身的明显损耗，以便获得承租人支付的相对稳定的对价。对于食品、日化等易耗品，一般情况下，卖方一次性让渡权利。当然，耐用品并不意味着租赁物的物理性能保持不变，对出租塔吊、钢管等

---

① 参见北京市第三中级人民法院（2015）京 03 民终 07249 号判决书。

② 参见“林某兴、网电（深圳）新能源汽车服务有限公司房屋租赁合同纠纷案”，广东省深圳市中级人民法院（2019）粤 03 民终 14800 号民事判决书。

建筑设备，在露天使用过程中遭受风吹日晒，势必造成租赁物不同程度的耗损。一般情况下，除非当事人对此耗损的对价另行约定，否则，视为租金中已经包含该部分耗损的对价。我国《民法典》第710条规定："承租人按照约定的方法或者根据租赁物的性质使用租赁物，致使租赁物受到损耗的，不承担赔偿责任。"

（六）租赁合同为典型合同

以法律是否设有规范并赋予一个特定的名称为标准，将合同区分为典型合同与非典型合同。典型合同，指法律设有规范，并赋予一定名称的合同。原《合同法》于"分则"第九章至二十三章分别规定了15类典型合同，《民法典》第三编合同编第二分编在此基础上新增了保证合同、保理合同、物业服务合同、合伙合同四类合同，并将居间合同改为中介合同。此外，在特别法上，也有典型合同的规则，比如《保险法》规定的保险合同，《旅游法》规定的旅游合同等，也属于典型合同。

非典型合同，指法律尚未特别规定，亦未赋予一定名称的合同。非典型合同产生以后，经过一定的发展阶段检验，具有成熟性和典型性时，合同立法应适时规范，使之成为典型合同。从这种意义上，可以认为合同法的历史正是非典型合同不断变为典型合同的过程。①

根据合同自由原则，在不违反法律、行政法规强制性规定和公序良俗的前提下，当事人可自由创设合同，合同自由包括合同类型的自由和合同内容的自由。非典型合同系民法一方面采取合同自由原则，另一方面又认可非典型合同的适法性造成。② 法律创设典型合同的意义在于：一方面，对合同进行引导和补充。众所周知，即使经过专业法律训练之人，也无法订立一份完美的合同，更何况非专业人士。由于磋商时间、能力和起草成本等方面的限制，或由于专业性缺乏或者疏于注意，当事人订立的合同具有不完全性，甚

① 参见崔建远：《合同法》，北京大学出版社2012年版，第22页。
② 参见曾隆兴：《现代非典型契约论》，台北，三民书局1988年版，第1页。

至常常漏洞百出、歧义频现，并可能因此在合同履行中引发争端。法律为使合同内容完善，依据以往经验归纳出若干典型合同，以对当事人订立合同的内容进行引导，如根据《民法典》第704条的规定，租赁合同的内容一般包括租赁物的名称、数量、用途、租赁期限、租金及其支付期限和方式、租赁物维修等条款。典型合同也是在当事人合同未有规划时，法律通过典型合同的规定，可以对当事人意思不足之部分进行意思补充，如根据《民法典》第712条的规定，出租人应当履行租赁物的维修义务，但是当事人另有约定的除外。另一方面，对合同行为进行规范和矫正。《民法典》不仅在总则部分、合同编通则部分制定若干强制性规定，更在典型合同中设置强制性规定，如根据《民法典》第705条第1款的规定，租赁期限不得超过20年。超过20年的，超过部分无效。第725条规定，租赁物在承租人按照租赁合同占有期限内发生所有权变动的，不影响租赁合同的效力。此类强制性规定旨在维护国家利益、社会公共利益、集体利益和第三人利益、合同当事人的利益，对当事人订立合同的自由进行必要规范。

实际上，行政管理机关和行业协会也起草和发布了许多典型合同的示范文本。例如，住房和城乡建设部于2010年制定的《商品房屋租赁管理办法》第7条第3款鼓励房地产管理部门会同工商行政管理部门制定房屋租赁合同示范文本，供当事人选用。又如，住房和城乡建设部（原建设部）与原工商总局先后于1999年、2013年、2017年制定发布了《建设工程施工合同（示范文本)》。再如，北京市住房和城乡建设委员会、北京市市场监督管理局于2019年6月28日联合发布《北京市住房租赁合同（示范文本)》。笔者也曾为杭州市建筑设备租赁商会起草建筑设备租赁合同示范文本，供商会会员参考使用（见本书附录二）。这些示范文本对于减轻当事人订立合同的负担，节约当事人缔约磋商成本，预防潜在纠纷起到了积极的作用。

二、建筑设备租赁合同的法律特点

租赁合同的特点是各种类型租赁合同具有共性的地方，这也是租赁合同有别于其他类型合同的特殊之处。我国《民法典》关于租赁合同的法律条款涵盖了房屋、土地、车辆、建筑设备及其他类型的不动产和动产的租赁，法律规范在设计时针对的是各种类型租赁合同的共性之处，对于法律条款在建筑设备租赁合同特定场景的适用，需要结合建筑设备租赁合同的特征进行理解，本书对其进行简要总结介绍。

（一）建筑设备租赁合同的承租方通常为建筑企业

因为建设工程关系国计民生，建筑产品具有公共性特点，国家对建筑市场实施严格管制，对建筑企业实行资质准入制度。住房和城乡建设部于2015年颁布实施的《建筑业企业资质管理规定》第5条规定："建筑业企业资质分为施工总承包资质、专业承包资质、施工劳务资质三个序列。施工总承包资质、专业承包资质按照工程性质和技术特点分别划分为若干资质类别，各资质类别按照规定的条件划分为若干资质等级。施工劳务资质不分类别与等级。"[①]《建筑法》第13条规定："从事建筑活动的建筑企业、勘察单位、设计单位和工程监理单位，按照其拥有的注册资本、专业技术人员、技术装备和已完成的建筑工程业绩等资质条件，划分为不同的资质等级，经资质审查合格，取得相应等级的资质证书后，方可在其资质等级许可的范围内从事建筑活动。"近年来，国家层面推动"放管服"改革，住房和城乡建设部为落实"放管服"改革的要求，于2022年2月发布《建筑业企业资质标准（征求意见稿）》，该意见稿第1条规定："建筑业企业资质分为施工综合资质、施工总承包资质、专业承包资质和专业作业资质4个序列。其中施工综合资质不分类别和等级；施工总承包资质设有13个类别，分为2个等级（甲级、乙级）；专业承包资质设有18个类别，一般分为2个等级（甲级、乙级，部

① 住房和城乡建设部《关于修改〈建筑业企业资质管理规定〉等部门规章的决定》已经2018年12月13日第5次部常务会议审议通过，该决定将《建筑业企业资质管理规定》（住房城乡建设部令第22号，根据住房城乡建设部令第32号修正）第14条修改为："企业申请建筑业企业资质，在资质许可机关的网站或审批平台提出申请事项，提交资金、专业技术人员、技术装备和已完成业绩等电子材料。"但关于建筑企业资质分类暂未调整。

分专业不分等级)；专业作业资质不分类别和等级。本标准包括建筑业企业资质各个序列、类别和等级的资质标准。”从上述规定来看，国家为了规范建筑市场秩序，加强建筑活动监管，保证建设工程质量安全，严禁不具有相应施工资质的其他类型企业承包建设工程进行施工。从改革的方向来看，国家层面只会优化建筑业的资质设置，而非放弃对建筑业资质管理。因此，基于建筑业资质准入的特点，在建筑设备租赁领域，承租方通常为建筑企业，这有别于房屋、车辆、土地租赁合同的承租人。

基于建筑设备承租人的特征，在建筑设备租赁合同的纠纷处理中，伴生以下关于建筑行业的法律问题：

一是项目部作为承租人签订合同的效力问题。建筑企业为项目施工需要，常设立项目部具体负责工程的施工管理工作，施工企业为提高管理工作效率，常授予项目部一定的物资采购、租赁的代理权，或者对项目部的采购、租赁的代理权进行限制，但交易的相对人对此无从知晓。在项目部代理施工企业对外签订建筑设备租赁合同并引发纠纷之后，施工企业常以项目部不具有代理权进行抗辩。因此，项目部的代理权问题常成为建筑设备租赁合同纠纷的争议焦点。

二是建设工程的实际施工人私刻印章引发的代理权问题。在我国的建设工程领域，转包、违法分包、挂靠施工的情况较为常见。工程在层层转包、分包的情况下，最后实际负责施工的可能是个人、劳务公司或者劳务班组。通常情况下，最后承担施工作业的施工人有建筑设备使用需求而希望从出租方承租建筑设备时，出租方出于风险控制考虑，不愿意与最后的实际施工人建立合同关系。在此情况下，最后的实际施工人为施工作业的推进，常常私刻建筑企业或者建筑企业项目部的印章，伪装成建筑企业或项目部与出租方签订租赁合同。私刻印章引发的纠纷在建筑设备租赁合同纠纷中较为常见，这有别于其他租赁合同。

三是建筑企业承租建筑设备通常直接用于施工，用于转租获利的情况较为罕见。基于该特征，《民法典》第 716 ~ 719 条关于转租的效力、转租的期限、沉默构成同意转租、次承租人代为清偿的法律条款，在建筑设备租赁合同纠纷处理实务中较少适用。

（二）建筑设备租赁合同一般为非定期、短期租赁合同

建筑企业因工程的施工需要租赁周转材料和工程机械设备，但由于工程建设的复杂性，承租人在签订建筑设备租赁合同时无法精准确定租赁期限，并且部分周转材料的使用会随着工程建设的推进而相应增加或者减少，需要进行动态调整，因此，租赁物的租赁期限需要根据租赁物的使用情况进行确定。此外，工程建设需要大量的资金，为使工程尽快发挥效益，业主方对建设工期要求较紧，加上周转材料和工程机械的使用均处于工程施工的某个阶段，一般情况下，建筑设备的租赁期限较短。建筑设备租赁期限不定期、短期的特征，有别于房屋、土地等不动产租赁合同，由此也衍生出法律适用问题。

一是法律对于租赁合同最长期限不得超过20年的规定条款，在建设设备租赁合同司法纠纷中较少适用。《民法典》第705条规定："租赁期限不得超过二十年。超过二十年的，超过部分无效。租赁期限届满，当事人可以续订租赁合同；但是，约定的租赁期限自续订之日起不得超过二十年。"租赁合同约定的是在一定期限内的租赁物权能的让渡，不能无期限地永久让渡。关于租赁合同的最长租赁期限问题，各法域均通过各种不同的方式加以规制：(1) 明确强调租赁合同的租赁的有限性，都不承认"永久性"的或者"过长"的租赁期限条款。(2) 各法域对于最长租期的限制方式，采取不同的做法。一些国家和地区采取了刚性的措施，即超过20年的一律无效，而另外一些国家和地区则赋予合同当事人更大的自主决策空间，赋予任何一方当事人在超过法定最长期限后任意解除合同的权利。但总体而言，法律对于最长期限的限制，主要在于规制房屋、土地等不动产的租赁，而建筑设备租赁适用的空间不大。

二是出租人要求承租人返还租赁物，需以合同解除为前提条件。由于建筑设备租赁合同通常为不定期租赁合同，在出租人要求承租方返还租赁物时，

需要解决承租人占有租赁物的权源问题，如租赁合同期限尚未届满或者合同尚未解除，则承租人占有租赁物系有权占有，出租人无权要求承租人返还租赁物。对于不定期租赁合同的解除，《民法典》第730条规定：“当事人对租赁期限没有约定或者约定不明确，依据本法第五百一十条的规定仍不能确定的，视为不定期租赁；当事人可以随时解除合同，但应当在合理期限之前通知对方。”因此，若租赁期限未届满或系未定期限租赁合同，出租人若要求出租人返还租赁物，应当在合理期限之前通知对方解除租赁合同，在合同未解除的情况下，出租人要求承租人返还租赁物的请求，可能得不到法律的支持。

（三）租赁物的丢失、损坏引发赔偿纠纷的情况较为常见

因建筑设备大部分在露天情况下使用，面临复杂的气候条件，且工地多工种、多班组交叉作业，在建筑设备使用过程中，租赁物的损坏、丢失问题较为常见。建筑设备租赁合同的这一特征有别于房屋、土地等不动产租赁合同纠纷。基于该特征，也相应衍生了与房屋租赁不同的责任承担方式：一是租赁物的维修义务承担。根据《民法典》第712条的规定，出租人应当履行租赁物的维修义务，但是当事人另有约定的除外。在建筑设备特别是周转材料的租赁使用过程中，出租人按合同约定标准交付租赁物后，出租人一般不再对租赁物进行维修，而由承租人承担使用租赁物的维修义务。若承租人使用过程中发生租赁物正常使用合理耗损之外的损坏，需由承租人承担维修义务或支付维修费。二是对于租赁合同中的建筑设备损坏后如何修复、丢失后依何标准进行赔偿以及在赔偿款未及时支付情况下是否应继续计算租金，经常成为案件处理中的争议焦点。

（四）租赁标的物为动产

建筑设备租赁合同标的物为工程机械和周转材料，其性质属于动产。基于该项特征，在适用租赁合同法律条款的部分内容上有别于不动产的租赁。

一是合同登记问题。在房屋租赁合同领域，经常涉及租赁合同的登记对

合同效力的影响问题，《民法典》第706条还特别规定，当事人未依照法律、行政法规规定办理租赁合同登记备案手续的，不影响租赁合同的效力。尽管该条款未明确规定适用于租赁合同的具体标的物，但从法律条款的来源看，租赁备案登记行政管理措施并不适用于建筑设备而适用于房屋租赁合同。租赁合同的登记备案制度在我国的房屋租赁市场中有比较久的历史。早在1983年国务院颁布的《城市私有房屋管理条例》（已失效）中就采取了房屋租赁合同登记备案制度。此后，1994年制定并经2007年、2009年、2019年三次修正的《城市房地产管理法》都要求出租人和承租人向房产管理部门登记备案。相应地，1995年5月9日原建设部发布的《城市房屋租赁管理办法》第13条规定了"房屋租赁实行登记备案登记制度"，要求签订、变更、终止租赁合同的当事人向房地产管理部门办理登记备案，该办法第14条要求房屋租赁当事人应当在租赁合同签订后30日内办理登记备案手续。住房和城乡建设部于2010年12月1日发布的《商品房屋租赁管理办法》第14条重申了这一登记备案要求。根据这些规定，房屋租赁合同的当事人需要在租赁合同签订后30日内向房屋管理部门办理登记备案。目前法律、行政法规和部门规章类文件未对建筑设备租赁合同的登记备案问题进行规定。

二是"买卖不破租赁"问题。《民法典》第725条规定："租赁物在承租人按照租赁合同占有期限内发生所有权变动的，不影响租赁合同的效力。"本条的规定即为民法学上所谓的"买卖不破租赁"规则，即对租赁债权提供"物权化"的保护，在承租人依据租赁合同占有使用租赁物期限内，承租人对租赁物的占有使用可以对抗第三人，即使是该租赁物所有权人或享有其他物权的人也不例外。这一条款并没有对租赁物进一步设定限制，从字面看无论是不动产还是动产都可以适用"租赁物所有权让与不得对抗租赁物债权"原则。

但将该规则适用于所有的租赁合同标的物，一律采用对承租债权提供物权化的保护，未免保护过度。笔者以为，"买卖不破租赁"不适用于建筑设备等动产的租赁，理由为：（1）"买卖不破租赁"的立法目的在于保护承租人稳定的居住环境及倾斜保护经济上处于弱势地位的人，适用于经营性的动产租赁不符合立法目的；（2）将该规则运用于交付为所有权转移要件的动产交易时，将明显不利于财产的流通，有悖于现代民法的宗旨；（3）从“买卖不破租赁”原则的确立过程看，该原则主要适用于土地、房屋等不动产的租赁。这可以从各个国家和地区的规定中得到印证。《法国民法典》第 1743 条规定：“如出租人出卖租赁物时，买受人不得辞退经公证作成或有确定日期的租赁契约的房屋或土地承租人；但于租赁契约中保留此项权利者，不在此限。”在法国的房屋及土地租赁契约中，如果契约已经公证或者该契约有确定日期，则该租赁权有对抗效力，买卖不破该租赁，但双方在契约中另有约定的除外。《德国民法典》第 571 条第 1 项规定：“出租的土地在交付转承租人后，由出租人让与第三人时，受让人代替出租人取得在所有期间因租赁关系所产生的权利和义务。”《德国民法典》规定，土地租赁契约中，出让不破租赁。《日本民法典》第 605 条规定：“不动产租赁已将其登记时，对于以后就其不动产取得物权的人，亦发生效力。”依据《日本民法典》，租赁经登记后，有对抗力。值得注意的是，这些国家的“买卖不破租赁”中的“租赁”是指不动产租赁。这是因为，以居住营业或农耕为目的，而承租他人之不动产，各个国家和地区为谋求社会生活之安定及增进，民法中均采取巩固承租人地位之方针。从以上理由看，建筑设备租赁合同不适用《民法典》第 725 条的规定。

三是承租人的优先购买权问题。承租人的优先购买权是租赁合同法律规定中的重要事项。《民法典》通过第 726 条、第 727 条、第 728 条三个条文对承租人的优先购买权作出规定，但法律文义明确，优先购买权只赋予房屋租赁合同的承租人。《民法典》第 726 条规定：“出租人出卖租赁房屋的，应当在出卖之前的合理期限内通知承租人，承租人享有以同等条件优先购买的权利……”根据法律的明确规定，在建筑设备租赁合同中，承租人不享有优先购买权，即优先购买权的权利只赋予房屋租赁的承租人。

第四节　建筑设备租赁合同双方的权利义务

如前所述，租赁合同是双务合同，出租人与承租人均负有对价意义的给付义务。作为出租人对承租人有租金请求权及租赁物返还请求权，与此对应，承租人有租金支付义务与租赁期满或合同解除后的租赁物返还义务。作为双务合同另一方，承租人有请求出租人交付并占有使用租赁物之权利，而出租人不仅不应妨害承租人使用设备并获得收益，反而应积极地协助承租人使用设备并获得收益。

一、出租人的义务

具体而言，出租人的义务主要包括：作为中心的交付租赁物义务、租赁物维持义务、费用偿还义务等。

（一）交付义务

为使承租人能依合同的本旨就租赁物为使用、收益权利，原则上必须使承租人在租赁期间占有租赁物。《民法典》第708条规定："出租人应当按照约定将租赁物交付承租人，并在租赁期限内保持租赁物符合约定的用途。"此即法律规定的出租人的租赁物交付义务和维持义务。租赁标的物的状况是租赁合同的基础，对于租赁合同的目的实现至关重要，承租人在多大程度上能够使用租赁物并产生收益取决于租赁物的状态。只有当出租方提供的租赁物符合双方合同约定的物理状况和权利状态时，承租人的租用目的才能较好地实现。当然，若租赁物客观上已经符合合同约定使用、收益之状态，承租人还是可能达不到预期使用收益之效果，但出租人对于承租人是否能够达到使用收益之效果，并无负责的义务。对于出租人的交付义务，具体而言，包括以下两个方面。

1. 交付地点。交付地点通常由双方合同商定，或可根据商定的条款确定。若无约定，可以将《民法典》第 511 条第 3 项确立的履行规则作为一般租赁物交付规则来适用。根据该项规定："履行地点不明确……交付不动产的，在不动产所在地履行；其他标的，在履行义务一方所在地履行。"也就是说，房屋等不动产租赁，在不动产所在地交付，汽车等动产租赁的交付地点通常在出租方营业所在地履行。《民法典》上述对于租赁物的交付地点，非强制性规定，若合同另有不同约定，则以合同约定为准。建筑设备租赁物的交付有其特殊性，常常在项目工地进行，如有企业起草的《铝合金模板租赁合同》约定："租赁材料交付至项目工地，其运输工作及费用由出租方承担，运输车辆车厢长为 17.5 米，如因承租方项目道路无法满足运输需要，其中转费用由承租方承担。"也有《租赁合同》约定："租赁周转材料的交付地点：位于承租方项目工地，到达交付地点的运输由出租方负责并承担费用。装车由出租方负责并承担费用，卸车由承租方负责并承担费用。"以上两份企业起草之租赁合同，均涉及出租人租赁物交付义务和关于租赁物交付地点的约定。

2. 交付方式。通常而言，租赁物的交付指现实交付，即出租方将租赁物转移给承租方占有。当然，简易交付未尝不可，若在建立租赁关系之前，承租方与出租方因保管、质押等原因已经占有租赁物，出租方可以通过简易交付的方式完成租赁物的交付。出租方交付租赁物，还需要承租人对现实提供的租赁物对照合同约定的标准进行检验确认。对此，基于租赁合同有偿性特征，可参照买卖合同关于检验的法律规定进行规则适用。《民法典》第 620 条规定："买受人收到标的物时应当在约定的检验期限内检验。没有约定检验期限的，应当及时检验。"第 621 条第 1 款规定："当事人约定检验期限的，买受人应当在检验期限内将标的物的数量或者质量不符合约定的情形通知出卖人。买受人怠于通知的，视为标的物的数量或者质量符合约定。"例如，有建筑设备租赁合同约定，出租方提供的租赁物应符合国家制定的强制性质量标准。承租方在接收租赁物时，应当立即对租赁物的质量进行验收；若有异议，应当立即向出租方提出，并有权拒绝接收。出租方将租赁物交付并由承租方签收后，视为对租赁物质量验收合格，承租方不得再提异议。关于出租物交付时的检验约定十分重要，为避免此后的争议，合同应当对租赁物交付时的验收事宜进行明确约定。

（二）租赁物维持义务

出租人不仅需交付符合合同约定标准的租赁物，还负有在其租赁期限内保持租赁物处于“适租状态”的义务。此义务主要由两类义务构成。

1. 维修义务。对于承租人在租用过程中出现的损坏问题，如果影响租赁物正常使用，出租人负有维修义务，承租人可以要求出租人在合理期限内予以维修。《民法典》第712条规定：“出租人应当履行租赁物的维修义务，但当事人另有约定的除外。”在房屋租赁市场，在我国西南地区的房屋租赁实践中，存在“大修为主、小修为客”的习俗，或者说存在这样的习惯法。①

租赁合同系典型的继续性合同，非一次交付即实现合同目的之合同。在合同存续期间，双方的义务贯穿其中。对于承租人而言，原则上有权利要求出租人在合理期限内履行维修租赁物义务。对于出租方而言，对于租赁物进行及时维修，有助于租赁物保持良好的状态和性能，防止租赁物因失修而遭受更为严重的毁损，不至于在租赁物收回时造成使用价值的非正常损失。从这个意义上讲，出租方的维修义务也是其享有的法定权利。

就维修义务的性质而言，维修义务为租赁合同之出租方主给付义务，维修义务与交付义务一样都是承租人依租赁契约对于出租人得以诉的方式请求履行的主给付义务。而不属于单纯之瑕疵担保或者附随义务。② 出租人若怠于履行此义务，承租人可基于租赁合同双务有偿的性质，行使同时履行抗辩权。对此，《民法典》第713条第1款进一步规定：“承租人在租赁物需要维修时可以请求出租人在合理期限内维修。出租人未履行维修义务的，承租人可以自行维修，维修费用由出租人负担。因维修租赁物影响承租人使用的，

① 参见黄薇主编：《中华人民共和国民法典合同编解读》（下册），中国法制出版社2020年版，第813页。

② 参见黄茂荣：《债法各论》，中国政法大学出版社2004年版，第31页。

应当相应减少租金或者延长租期。”

但维修义务的法律规定系任意性规定，当事人可以另行约定，在现实生活中，基于对交易对价的考虑，双方当事人对租赁物状况的了解程度、实施维修活动便利程度及租赁物可维修的价值认知和计划，可由当事人作出与法律不同的约定。事实上，对于租赁物的维修义务，特别法对此也有不同于民法的规定，如《海商法》第 147 条规定，在光船租赁期间，承租人负责船舶的保养、维修。

对因不可归责于出租人之事由导致租赁物需维修的，出租人是否有维修义务，理论上和实务上有争议。有观点认为，“需要修缮的状况不必是因归责于出租人的事由而产生。也可以是天灾、不可抗力而产生的。因归责于承租人的事由而产生时，稍有问题，但应当解释为仍负担修缮义务，而出租人可以另外以承租人的保管义务违反为理由请求损害赔偿”。[①] 也有观点认为，因承租人的过错导致出租物受损的，出租人不负维修义务。“必要之修缮，应由出租人负担者，惟应包括由承租人之正当使用收益之结果所生者在内，其因承租人故意或因过失所致者，不能请其修缮，应由承租人负担，盖若承租人故意或因过失毁损租赁物，仍使出租人负担修缮义务，则在出租人为修缮前，承租人得拒绝支付租金（但有主张此修缮义务与债务不履行或侵权行为之损害赔偿义务，在于同时履行之关系，而与租金支付义务则否），未免有背于诚信原则，故应与德民瑞债为同样解释，以非因可归责于承租人者为限，出租人始有修缮义务。”[②] 为解决以上的争议问题，我国在 1999 年《合同法》第 221 条的基础上，在《民法典》第 713 条增加了第 2 款，即因承租人的过错致使租赁物需要维修的，出租人不承担前款规定的维修义务。

2. 瑕疵担保义务。类似于买卖合同中的出卖人义务，出租人负有交付出租物的瑕疵担保义务。出租人负有保证租赁物在租赁期间没有物理利用功能

---

① ［日］我妻荣：《民法讲义V中卷一：债权各论》，徐进、李又又译，中国法制出版社 2008 年版，第 210 页。

② 史尚宽：《债法各论》，中国政法大学出版社 2000 年版，第 165 页。

性瑕疵或者权利行使上的法律性瑕疵。《民法典》第708条规定："出租人应当按照约定将租赁物交付承租人，并在租赁期限内保持租赁物符合约定的用途。"《海商法》第132条、第133条也有同样的规定。[①] 出租人负有此义务，主要是为了确保承租人的合同目的可以实现。概括而言，出租人主要负有四类瑕疵担保义务：（1）保持租赁物在物理性能上符合租用用途，否则租赁物在功能上无法满足合同要求；（2）保持租赁物在权属上不存在影响租用功能实现的他人主张，否则承租人难以在法律上有效占有和利用租赁物；（3）保持租赁物在使用期间免受来自他人的干涉，特别是因为与出租人非权属冲突导致对租赁物使用的干扰和阻挠；（4）保证租用活动免于行政执法或司法查封、扣押。

《民法典》在第723条、第724条和第731条分别将"第三人主张权利""被司法机关或者行政机关依法查封、扣押""租赁物权属争议""租赁物危及承租人的安全或者健康"作为出租人的重大违约事项，也系出租人瑕疵担保义务当然衍生之结果。对于第（3）项，法律无明文，例如，因出租人与邻里的纠纷，干扰租赁物使用，导致承租人无法实现合同目的，出租人当然负有排除此等干扰的责任，这是瑕疵担保义务应有之义。

若因出租人违反此义务，致使承租人不能对租赁物使用、收益，承租人可以请求减少租金或不支付租金；导致租赁物无法使用的，承租人可以解除合同。

（三）费用偿还义务

承租人在占有使用租赁物期间，有保管义务。承租人超过保管义务所要求的程度进行保管而支出相应费用的，出租人负有偿还之义务。该义务主要包括两类：

首先，是必要费用之偿还。我国《民法典》第713条规定："承租人在

---

① 《海商法》第132条第1款规定："出租人交付船舶时，应当做到谨慎处理，使船舶适航。交付的船舶应当适于约定的用途。"第133条第1款规定："船舶在租期内不符合约定的适航状态或者其他状态，出租人应当采取可能采取的合理措施，使之尽快恢复。"

租赁物需要维修时可以请求出租人在合理期限内维修。出租人未履行维修义务，承租人可以自行维修，维修费用由出租人负担……”《日本民法典》第608条第1项规定，“承租人就租赁物支出属于出租人负担之必要费用时，得直接向出租人请求偿还”。

保持租赁物处于“适租状态”，是出租人之义务。若在承租人通知出租人维修后，出租人未在合理期限内积极作为，承租人可自行维修，所产生费用由出租人负担。出租人负担的是维修的必要费用，并不一定能够要求出租人返还非必要的费用。但是，若承租人的维修品质明显不符合出租人的维修计划和品质要求，出租人有权拒绝支付相应的维修费用。必要维修费用之返还请求权性质上属于民法上的有偿委托或者适用无因管理之费用返还请求权。

其次，是有益费用之偿还。关于有益费用的概念和构成，《日本民法典》第608条第2项、《德国民法典》第547条第2项均有相似之规定，承租人就租赁物支出有益费用，因而增加该物之价值者，如出租人知其情事而不为反对表示，于租赁关系终止时，应偿还其费用，但以现存之增加价额为限。参照前述法律规定，有益费用是指承租方经出租方同意，为改善、添附租赁物使之价值增加而支出的必要费用。构成有益费用应具备以下条件：（1）该费用须为对租赁房屋进行改善或增设他物而支出的费用，仅为维持租赁房屋必要的使用状态而支出的费用属于必要费用而非有益费用。（2）该费用的支出须使租赁房屋价值增加。（3）承租人的改善和增设行为须经出租人同意。所谓对租赁房屋的改善，是指承租人在占有使用租赁房屋期间将租赁房屋进行装修改造，使其成为具有更高价值的财产，改善物包含承租人的劳动价值。所谓增设他物，是指承租人在租赁房屋上增设自己的财产，使二者结合在一起，使租赁房屋增值。我国《民法典》第715条规定：“承租人经出租人同意，可以对租赁物进行改善或者增设他物。承租人未经出租人同意，对租赁物进行改善或者增设他物的，出租人可以请求承租人恢复原状或者赔偿损失。”我国法律在具体适用有益费用偿还规则时，规定更为细致。《民法典》

第322条规定："因加工、附合、混合而产生的物的归属，有约定的，按照约定；没有约定或者约定不明确的，依照法律规定；法律没有规定的，按照充分发挥物的效用以及保护无过错当事人的原则确定。因一方当事人的过错或者确定物的归属造成另一方当事人损害的，应当给予赔偿或者补偿。"该条规定的是关于添附的一般规则，包括但不限于添附于租赁物的场景。这一规则规定了"充分发挥物的效用"和"依过错确定归属和分配损失"这两大基本原则。而在租赁合同的特殊情况下，《民法典》第715条确定了添附行为是否经出租人同意作为一项规则。《房屋租赁合同司法解释》第7～12条则进一步规定了"租赁合同是否有效""添附物是否可以拆除""附合物对出租人的经济价值""当事人对租赁合同终止的过错"等多重因素，来确定添附物之归属和因为分割添附物致使租赁物损失，从而确定是否由出租人偿还有益费用。

二、承租人的义务

（一）租金支付义务

支付租金作为承租人占有使用租赁物的对价，乃承租人的核心义务。当事人通常会在租赁合同中对于租金标准、租金支付方式和租金支付期限作出约定，合同有约定，按照约定处理。若没有约定，则按以下方式处理。

1. 租金标准。基于租赁合同为双务有偿合同的特征，如果当事人对于租金标准没有约定，根据《民法典》第510条、第511条的规定，当事人除了可以补充约定外，还可以根据以下方式确定：一是合同相关条款或者交易习惯，如租赁站的参考价目表。二是租金的市场变动信息。对于长期租赁合同而言，根据一般的商业交往惯例，出租人常常随行就市，设定租金调整条款，如根据每年的租赁行情增加或者减少租金。因此，如果合同没有约定，则可以根据一方或各方要求根据相应的租赁物的租赁市场价格来调整租金。[1]

2. 租金支付期限。对于租金支付期限没有约定或者约定不明确，且不能达成补充约定的，可以依据《民法典》第 510 条、第 721 条[2]的规定执行：(1) 如果期限不满 1 年，承租人应当在租赁期限届满时支付，如租赁期限为 6 个月，则应当在 6 个月届满时支付，在此之前，出租人无权要求承租人给付租金。(2) 如果租赁期限为 1 年以上，承租人应当在每届满 1 年时支付，直到整年的租期届满或者剩余租期不足 1 年的时间点。(3) 租赁期限 1 年以上的，剩余期限不满 1 年的，则实行第 (1) 项规则，即应当在租赁期限届满时支付。

收取租金是出租人的合同目的和关键利益所在。在承租人未能按照合同的约定期限支付租金时，出租人可以按照《民法典》第 722 条的规定行使权利：一是催告承租人在合理期限内支付；二是承租人仍不支付租金的，可以解除合同并要求承租人承担违约责任。我国台湾地区“民法”第 440 条规定：“承租人租金支付有迟延者，出租人得定相当期限，催告承租人支付租金，如承租人于其期限内不为支付，出租人得终止契约（第一项）。租赁物为房屋者，迟付租金之总额，非达二个月之租额，不得依前项之规定，终止契约。其租金约定于每期开始时支付者，并应于迟延给付逾二个月时，始得终止契约（第二项）。租用建筑房屋之基地，迟付租金之总额，达二年之租额时，适用前项之规定（第三项）。”我国《民法典》无类似之规定，但在司法实践中，应当考虑拖欠租金的金额和时间，具体判断出租方的合同目的是否无法实现，慎用合同解除的终极“制裁武器”。此外，法律规定出租人要求承租方在“合理期限内”，实务中对于出租人催告支付的时间是否合理，应以一般的观念为衡量标准；所定的期限不合理，出租人不享有解除合同之

① 参见王利明：《合同法研究》，中国人民大学出版社 2015 年版，第 314～315 页。

② 《民法典》第 721 条规定：“承租人应当按照约定的期限支付租金。对支付租金的期限没有约定或者约定不明确，依据本法第五百一十条的规定仍不能确定，租赁期限不满一年的，应当在租赁期限届满时支付；租赁期限一年以上的，应当在每届满一年时支付，剩余期限不满一年的，应当在租赁期限届满时支付。”

权利。

承租人应依约支付租金，但在某些“情非得已”的情形下，承租人未依约支付租金却“情有可原”，为“正当事由”，不构成违约。具体的情形如下所述。

1. 因不可归责于承租人之事由，导致租赁物部分或全部毁损、灭失的。因不可抗力或者意外事件的发生而毁损租赁物，导致承租人无法占有使用租赁物的，承租人可以根据不能占有使用租赁之情形而减付或拒付租金。《民法典》第729条规定：“因不可归责于承租人的事由，致使租赁物部分或者全部毁损、灭失的，承租人可以请求减少租金或者不支付租金……”《日本民法典》第611条第1项也规定：“租赁物之一部分非因承租人的过失而灭失的，承租人可以按灭失的比例请求租金的减额。”这也是基于租赁的风险负担规则衍生的，在租赁法律关系中，实行债务人主义。但是，需注意的是，若承租人可以对租赁物使用收益，因承租人自己的主观原因没有使用收益，也不免除租金支付义务。

因可归责于承租人之事由而发生租赁物灭失、毁损的，租赁关系终了，承租人负赔偿责任，但若租赁合同另有约定，则按约定执行。建筑设备租赁合同中，常有约定，租赁物发生丢失时，承租方应及时赔偿。在未付清赔偿金前，视同继续租用，承租方仍应向出租方支付租金。

2. 由于出租人未履行约定或法定义务的。例如，出租人未交付合同约定租赁物，未履行租赁物维修义务、权利瑕疵担保义务，影响承租人使用部分或者全部租赁物的，承租人可以在相应的范围内拒付租金。

3. 由于租赁合同的基础性条件发生订立合同时不可预见、不属于商业风险的重大变化，承租人继续履行合同将遭受明显不公平的，承租人可以根据《民法典》第533条之规定与出租人协商减少租金；协商不成的，可以请求人民法院或者仲裁机构减少租金或者解除合同。例如，最高人民法院《关于依法妥善审理涉新冠肺炎疫情民事案件若干问题的指导意见（二）》第6条第2款规定：“承租非国有房屋用于经营，疫情或者疫情防控措施导致承租人没有营业收入或者营业收入明显减少，继续按照原租赁合同支付租金对其明显不公平，承租人请求减免租金、延长租期或者延期支付租金的，人民法院可以引导当事人参照有关租金减免的政策进行调解；调解不成的，应当结合案件的实际情况，根据公平原则变更合同。”按照此意见，如建筑设备租赁合同履行期间因疫情防控措施的采取，而导致建筑设备无法使用，承租人有权要求减少租金。代表性案例有，在新冠疫情暴发期间，最初的疫情灾区武汉全城被封锁，在外地的房屋承租人无法进入武汉，承租房屋无法使用、商铺关门歇业，建筑工地也处于停工状态。在前述各项租赁关系中，若由承租人按照合同约定承担全部租金支付义务，明显不公。因此，承租人可以请求出租人减少租金，或者拒付部分租金。

（二）保管义务

在租赁期限内，租赁物处在承租人占有、控制之下。除了出租人承担适租的维持义务之外，承租人需承担租赁物的保管义务，此类义务通常不宜通过合同被分配给出租人。承租人妥善保管租赁物，不仅有利于维持租赁物的适租性，而且有助于维持租赁物的经济价值，保护出租人对租赁物的财产权益。承租人在租赁期间负担以善良管理者的注意保管标的物的义务，该义务与使用借贷借用人的义务相同，作为租赁契约的内容而产生。[①] 我国《民法典》第714条规定：“承租人应当妥善保管租赁物，因保管不善造成租赁物毁损、灭失的，应当承担赔偿责任。”承租人之保管义务，租赁物物理性能之保持，正常标准和功能的维护属题中之意。《日本民法典》《法国民法典》均有相似规定，承租人应当以善良管理人之注意，保管租赁物，租赁物有生产力者，还应保持生产力。也就是说，除了物理性能之外，承租人还需保持其生产力。然租赁物有生产力者，如农地、林地、矿地，应保持其生产力。矿场不可滥掘，森林不可伐绝而不重新造林，农地不可不施

① 参见［日］我妻荣：《民法讲义V中卷一：债权各论》，徐进、李又又译，中国法制出版社2008年版，第229页。

肥，不去杂草，而使地方枯涸与荒芜。[①]

承租人的保管责任，还包括对租赁物权利状态的维持。若因承租人怠于采取必要的措施，致使租赁物的权利失效，承租人也应当承担责任。在“中国石化销售有限公司河北承德石油分公司、何某玉租赁合同纠纷案”[②] 中，出租人按照约定交付了加油站的房屋、加油设施、办公设备及各种证照，并将成品油经营许可证、危险化学品经营许可证等证照更换至承租人名下。承租人按照约定支付了租金，但一直未经营，亦未合理维护加油站，且申请注销了经营加油站必需的危险化学品经营许可证，未积极年检换证导致成品油零售经营批准证书已经超期不能使用，在该案中，法院判决由承租人承担赔偿责任。

对于出租人的妥善保管义务，法律上采取过错责任原则。要求承租人尽到善良管理人的注意义务，承租人因故意或过失，违反其保管义务，导致发生损害出租人利益的情形时，应按照债务不履行规则，负损害赔偿责任。如同时具备侵权行为之要件时，亦应就侵权行为承担责任。此时，两个责任并存，出租人可择一要求承租人承担。

出租人仅负妥善保管义务，租赁物因不可抗力等不可归责于承租人之事由毁损灭失的，承租人不承担责任。同时，承租人在按照约定的方法或根据租赁物的性质使用租赁物，致使租赁物损耗的，不承担赔偿责任。在通常情况下，承租人按照约定的方法，特别是根据租赁物的性质使用租赁物的，在租赁物面临的损耗与出租人自己使用租赁物几无差异时，此时的损耗通常是物品使用过程中的自然损耗，在当事人订立合同时，这已经和租赁物的使用机会利益一起通过租金的形式记作交易对价。因此，承租人不需要就此种损耗承担赔偿责任。[③] 此外，承租人还负有由自己的保管义务所引发的两项从

① 参见史尚宽：《民法总论》，中国政法大学出版社2000年版，第189页。
② 参见河北省承德市中级人民法院（2019）冀08民再12号民事判决书。
③ 参见王利明：《合同法研究》，中国人民大学出版社2015年版，第316~317页。

属义务。

1. 通知义务。租赁关系存续期间，租赁物若有修缮之必要，应由出租人承担者，或者防止危害租赁之必要或者第三人就租赁物主张权利的，承租人应当通知出租人。我国《民法典》分别在第713条规定租赁物需要维修时的通知义务并在第723条规定第三人主张权利时的通知义务。义务之不履行，必然会产生责任。但因出租人不能及时救济之状态，承租人不能以出租人不履行义务为理由，请求出租人赔偿。

2. 保存行为的容忍义务。前已述及，对出租物进行维修，既是出租方的义务，也是出租方享有之权利。若出租物需要维修，承租方负必要容忍和协助之义务。对此，我国《民法典》未有明确之规定，《日本民法典》第606条第2项规定，出租人对租赁物进行必要的保存行为时，承租人必须对其容忍。

（三）租赁物返还义务

在租赁关系中，承租人除负有支付租金及妥善保管租赁物义务外，还负有在租赁期限届满后的租赁物返还之义务，这是承租人在租赁合同终止时所负之最重要的义务。《民法典》第733条规定："租赁期限届满，承租人应当返还租赁物。返还的租赁物应当符合按照约定或者根据租赁物的性质使用后的状态。"在请求权性质上，出租人请求承租人返还租赁物，既可以基于合同关系请求承租人履行返还租赁物的合同义务，也可以基于承租人在租赁期届满后缺乏占有租赁物的正当依据而行使返还不当得利请求权，还可以在租赁期结束后基于无负担的物权行使物权返还请求权（物权请求权限于出租人是物权人的情形）。[①] 对于返还租赁物，还有三方面的问题需要探讨。

① 参见黄薇主编：《〈中华人民共和国民法典〉合同编解读》（下册），中国法制出版社2020年版，第851页。

1. 返还期限。一是租赁定有期限者，在租赁期限届满时返还。根据《民法典》第733条的规定，租赁期限届满，承租人负有返还义务。租赁关系终止后，承租人就没有继续占有使用租赁物的权利，承租人应当立即停止使用并采取合理的方式及时返还给出租人。二是租赁未定期限者，出租人通知终止之期限届满而终止，出租人应当返还。《民法典》第730条规定："当事人对租赁期限没有约定或者约定不明确，依据本法第五百一十条的规定仍不能确定的，视为不定期租赁；当事人可以随时解除合同，但是应当在合理期限之前通知对方。"三是因有合同解除原因而终止租赁合同的，承租人应返还租赁物。例如，依据《民法典》第563条规定法院解除合同的情形，出租人自行或者通过裁决解除合同的，承租人负有返还租赁物的义务。租赁物应当在租赁合同终止后的合理期限内返还。合理期限应当根据诚实信用原则和常情常理进行判断。若承租人在合理期限内不返还仍进行使用收益，可构成侵权行为，也可构成对合同债务不履行之违约行为，出租人可主张损害赔偿。

2. 返还租赁物的状态。基于租赁合同之特性，承租人支付租金作为对价，换取出租人提供租赁物合理使用的机会（按照约定方法使用或者根据租赁物的性质使用）以及因合理使用造成的自然耗损（包括非可归责于承租人的毁损、灭失）。这也意味着，承租人在合同终止后返还的租赁物应与约定使用方法或者根据租赁物的性质使用后应有的状态一致，否则，构成不合格返还，承租人应当赔偿因不合理使用造成的耗损，即赔偿相应的损失。

3. 承租人的受领义务。与承租人之返还义务相对应，出租人有及时受领出租人返还租赁物的义务。如承租人将租赁物返还的时间、地点和方式等信息告知出租人，出租人怠于或者拒绝受领，将由出租人承担责任。该责任包括租金停止计付、租赁物毁损灭失责任的承担，若承租人为租赁物进行保管，还需由出租人赔偿承租人为此支付的费用。

第五节　数据时代租赁合同及法律问题展望

互联网技术的发展为共享经济的快速发展提供了技术条件。在传统社会，亲朋好友、左邻右舍、同事同学之间，相互出借或分享日用品、衣物等是一种比较原始的共享。这种建立在熟人之间，基于相同或相似空间、单一关系网络的共享，很难成为一种经济模式。2000 年后，随着互联网的不断发展，建立在一定地域空间、信任关系等基础上的交往空间被打破，虚拟社区、网络空间等交往方式得到蓬勃发展。信息分享、无偿分享等十分兴盛，大量被闲置的各种资源得到利用，由此带来了共享使用物的新型生活模式。

2010 年后，伴随互联网的持续兴起，共享单车、酒店、移动电源等共享经营业态像雨后春笋般发展，共享经济逐渐成为新经济模式。在全球化信息整合的大背景下，共享的概念席卷世界各国，全新的商业模式和新兴的商业理念在各个领域渗透。突出的共性特征就是，政府、行业组织、商业机构或者是具有某种专业技能的个人等，充分利用互联网“万物互联”的作用，搭建第三方市场平台，让各种知识、信息、资源等在这个平台上按照一定规则有序流动。这些经济模式目前主要在消费型租赁市场得以应用，但随着数字技术的持续进步和社会经济的进一步发展，也不排除未来可以在建筑设备租赁领域通过共享方式交易。

就租赁经济而言，在网络平台得到应用之前，订立租赁合同、检验、交接、归还租赁物，均是在面对面的场景下开展，其中有充分的交流沟通、判断和谈判机会。但是，共享经济模式下，传统面对面的磋商和交流方式将被取代，转而构建线上合同磋商和履行的一系列机制，这也带来全新的法律问题，与线下业务相比，线上共享租赁的法律问题将会产生新的情况，代表性的法律问题如下。

一、合同的订立将以格式合同方式进行，由此引发出租方较严格的信息披露和告知义务

出租方为了交易的便捷，而预先拟订格式合同（或称标准化合同），以便于重复使用。但格式合同在订立合同时未与交易对手协商，在带来交易便捷的同时，也引发出租方较严格的说明义务。《民法典》第496条第2款规定："采用格式条款订立合同的，提供格式条款的一方应当遵循公平原则确定当事人之间的权利和义务，并采取合理的方式提示对方注意免除或者减轻其责任等与对方有重大利害关系的条款，按照对方的要求，对该条款予以说明。提供格式条款的一方未履行提示或者说明义务，致使对方没有注意或者理解与其有重大利害关系的条款的，对方可以主张该条款不成为合同的内容。"第497条规定："有下列情形之一的，该格式条款无效：（一）具有本法第一编第六章第三节和本法第五百零六条规定的无效情形；（二）提供格式条款一方不合理地免除或者减轻其责任、加重对方责任、限制对方主要权利；（三）提供格式条款一方排除对方主要权利。"根据以上法律的规定，提供格式条款的出租方在信息披露或者告知方面承担比线下租赁更严格的义务。

二、合同的履行，包括租赁物的交付和退还方式发生变化，引发举证方式和违约责任承担方式变化

在共享租赁模式下，承租方在接收和退还租赁物时，不能与出租方进行面对面的交流。承租方需要在交接和退还租赁物时，以数据加密方式确认租赁物的接收和归还状况。由于出租方不能对租赁物进行物理性的现时控制，当数据出现偏差时，比如租赁物物理上已经归还某地，但由于数据未加以确认或者确认错误，在发生纠纷时，将引发合同双方举证责任分配和责任承担问题，这将有别于传统的线下租赁业务。

三、电子商务平台的撮合，引发法律适用问题

线下房屋租赁业务发展成熟，市场上有大量的房屋中介机构提供订立合

同的中介服务。共享经济则普遍以电子商务平台的撮合为基础条件。在线下中介服务发生纠纷时，一般适用《民法典》合同编第二十六章规定的中介合同法律制度，而线上服务平台如果符合《电子商务法》规定的“电子商务经营者”条件，则需要适用《电子商务法》规定的电子商务经营的相关法律规定；其中涉及合同签订、履行、责任承担等规则的适用有别于传统线下业务，需加以关注。

针对租赁合同行业特点、法律特点及诉讼中的争议点，本书将以实务案例为素材，结合合同法律的基本理论和法律规定进行探讨。

第一章

合同的成立和效力

概　　述

交易是社会大分工背景下互通有无的必要手段，具有促进社会财富创造的功能。庞德指出："在商业时代，财富都是由允诺构成的。" 大到国家间的飞机、轮船的贸易，小到小商贩的纽扣、针线的买卖，作为交易的法律形式，正是无数的合同支撑现代社会的发展，而合同法律理论研究和制度供给，也随着合同交易的现实发展而日渐发达。民法制度的发展史，是从物权制度发达到债权制度发达的历史。"自法律进化观之，债权关系，后于物权的关系而发达。在人类共同生活之初，各就其必需物资之支配收益，不免引起争执，故产生所有占有之物权的观念，以调和彼此之关系。然其始，亦不过为单纯之事实，随着共同生活之发展，此物权关系渐受社会的法律的保护，于有法的物权观念之成立，以保护法律生活之静的安全。迨至相似的共同生活，进于分业的共同生活，人各就其直接支配之物资，益觉经济上有无相通之必要，从而产生各种交易与原则。于此，法的债权观念，遂以确立。盖以一方对于他方请求一定之给付，若不认为一种权利，则信用经济之制度无树立，是以交易安全之保护，即为法律生活上的安全。"① 合同的法律制度的重要性，从我国民法的构架中也可见一斑，我国《民法典》合同编中共用 526 条来规范

① 史尚宽：《民法总论》，中国政法大学出版社 2000 年版，第 4～5 页。

合同的订立，合同的效力，以及合同的履行、保全、变更和转让、终止、违约责任等问题，法律条款占《民法典》总条款数将近一半。鉴于合同法律制度在交易中的重要作用，尤其是对建筑设备租赁的供给方，每一笔租赁业务都有一份合同伴随，对合同制度和现实的纠纷形态加以研究，是非常重要的。

本章介绍合同的成立和效力。合同的成立是指两个或两个以上的当事人为意思表示，最终达成合意成立合同。合同之债系任意之债，依意思自治原则，其主要和最基本的系依当事人双方的要约和承诺而成立，即一方先对他方为订立合同的意思表示（要约），而由他方为承诺，此为最常见的成立方法。[①] 就建筑设备租赁合同成立的一般要件而论，具有缔约主体以及就主要条款达成同意，即为已足，合同即可成立。《民法典》第 502 条第 1 款规定，依法成立的合同，自成立时生效。在一般情况下，合法的合同一经成立便生效，合同成立的时间也就是合同生效的时间，因此合同成立的时间可以成为判断合同生效时间的标准。

合同成立的制度旨在解决合同是否存在的问题，合同的成立是合同履行、变更、终止、解释等制度的前提，也是认定合同效力的基础，如果合同根本没有成立，那么合同有效或无效根本无从谈起。

合同的成立具有以下意义：一是发生合同的拘束力，当事人不得任意变更或解除合同；二是债权或期待权发生，如果一方当事人没有履行，则另一方可以请求履行；三是债权或期待权的不可侵犯性。债权或期待权因合同的成立而存在，此权利同样具有不可侵犯性，第三人有意侵害，特别以悖于善良风俗方式侵害这些权利的，仍有构成侵权行为的余地。

合同的成立与合同的生效是两个不同的范畴。合同的成立是事实判断，而合同的效力是价值判断。在一般的民法理论上，有效的法律行为被称为“完全的法律行为”；反之，意思表示有瑕疵、违反强制性规定或有悖于公序良俗时，则不能发生预期的法律效果，此种行为称为“不完全的法律行为”。

---

① 参见姚志明：《契约法总论》，台北，元照出版有限公司 2011 年版，第 16～17 页。

法律对于不完全的法律行为，依照其瑕疵的性质以及违背的程序，给予不同的评价，区分为“无效”“可撤销”“效力未定”三种效力。法律行为的瑕疵程度最重者，成为“无效的法律行为”；次之，成为“可撤销的法律行为”；最轻者，其行为处于不确定状态，既非无效也非可撤销，而系浮动的效力未定行为。在立法政策上，违反公益者最为严重，违反私益者次之，程序有欠缺者较轻微。①

在建筑设备租赁合同纠纷实务中，由于法律对于建筑设备出租方和承租方的主体资格并无准入的特殊要求，对于建筑设备质量、规格、型号也不存在法律法规层面的强制性限制，在此情况下，实务中涉及建筑设备租赁合同的效力争议较少，也即建筑设备租赁合同被认定为无效的案件寥寥可数。这有别于建设工程施工合同，在司法实务中，因发承包双方或单方违反《招标投标法》、建筑企业违反资质准入规定承接业务，进行转包、违法分包等引发大量施工合同被确认为无效合同。而建筑设备租赁合同更多的是合同成立以及合同相对人的识别争议，下面将通过多发案例对合同成立与效力的法律问题进行阐述。

01　建筑企业项目经理代理签订租赁合同的效力归属问题

（一）现实难题

建筑企业在转包、违法分包工程于第三人施工后，项目经理又代理建筑企业与建筑设备出租方签订租赁合同，在此情况下，租赁合同相对人是实际施工的第三人还是建筑企业？此问题的根源在于，项目经理的代理权限在司法实务中如何认定。

（二）裁判观点

项目经理是指受企业法定代表人委托对工程项目施工全过程进行管理的项目管理者，是建筑企业法定代表人在工程项目上的代表人，在其职责范围

① 参见王泽鉴：《民法总则》，北京大学出版社2009年版，第457页。

内，其有权代理建筑企业对外签订合同，合同责任由建筑企业承担。

（三）多发代表性案例

（2019）浙01民终812号[①]案件概况：被告中国建筑某局公司因浙江湖州西湖漾01－03D－1号地块项目工程需要，向原告东阳某建筑设备租赁站租赁钢管、扣件、槽钢架子等建筑设备。双方于2018年5月10日签订《定尺钢管及机械设备租赁合同》，合同对租赁物的品种、价格、租金结算、违约责任、损失损坏赔偿及修理费用等作了约定。被告李某某作为承租人中国建筑某局公司的保证人在案涉合同上签字。合同签订后，东阳某建筑设备租赁站按合同约定提供租赁物，双方亦完成对账，但因中国建筑某局公司拖欠租金等费用，东阳某建筑设备租赁站将案件起诉至杭州市西湖区人民法院，要求中国建筑某局公司承担责任。

中国建筑某局公司上诉理由为：（1）涉案合同一方主体为项目部，项目部不具有民事主体资格，并无被授权签订经济合同的权限。合同落章为项目部印章，章面明确表述"签订经济合同无效"，即该枚项目章无签订经济合同的权限。中国建筑某局公司的项目经理不具有代表公司签订合同的权限。东阳某建筑设备租赁站在显然能够知晓项目章及项目经理权限的情况下，仍未向中国建筑某局公司申请追认过案涉合同的效力，其不具有表见代理的善意性，不应被认定为表见代理。（2）中国建筑某局公司将案涉工程部分的脚手架搭拆工作以包工包料模式发包给案外人杭州某建筑公司并签订《工程分包合同》，约定由案外人负责提供钢管扣件与外架搭拆维护工作，被告李某某系案外人现场代表。根据前述分包模式，被告向案外人支付工程款5 317 000元，其中包含租赁费用，案外人应向东阳某建筑设备租赁站及时支付租赁费用但未支付。故本案中国建筑某局公司并非适格被告，案涉合同系无效合同。东阳某建筑设备租赁站应向李某某及案外人杭州某建筑公司追偿。

杭州市中级人民法院二审判决认为，本案各当事人对于东阳某建筑设

① 该案由笔者和林维钢律师代理，一审案号：（2019）浙0106民初6436号。

备租赁站提供的案涉建筑设备租赁物在中国建筑某局公司承建的湖州西湖漾01－03D－1号地块项目工地上使用并无异议。中国建筑某局公司认为案涉建筑设备租赁合同的承租方为案外人杭州某建筑公司，而东阳某建筑设备租赁站认为承租方为中国建筑某局公司。对此杭州市中级人民法院分析认为：首先，《定尺钢管及机械设备租赁合同》所载承租单位为中国建筑某局有限公司湖州西湖漾01－03D－1号地块项目部，承租方代表处有案涉工地项目经理赵某某签字，中国建筑某局公司对赵某某的身份予以认可且确认系其公司员工，合同承租方盖有中国建筑某局湖州西湖漾01－03D－1号地块项目部印章。虽然印章注明“签订经济合同无效”，但之后印章先后在“授权委托支付说明”、“增加材料单据签收人员确认函”和中国建筑某局公司二审期间提交的“协调支付说明书”中使用，而该三份材料均系就案涉租赁合同的租赁费支付方式和单据签收人员作出约定。其次，中国建筑某局公司确认案涉租赁合同约定的签收单据人员中的于某某、授权委托支付说明中受托支付租赁费给东阳某建筑设备租赁站的张某均系中国建筑某局公司员工，之后增加的材料单据签收人员朱某某系中国建筑某局公司一审期间在本案中的委托代理人，于某某、朱某某在租金计算清单中签名确认租赁物数量。再次，“授权委托支付说明”和“协调支付说明书”均确认案涉项目由中国建筑某局公司承建，该项目的钢管、扣件、顶托、轮扣等租赁物由东阳某建筑设备租赁站提供，“协调支付说明书”约定由中国建筑某局公司、李某某作为委托人，杭州某建筑公司作为受托人，由杭州某建筑公司将2019年3月20日之后收到的全部工程款直接支付至原告东阳某建筑设备租赁站，亦可证明中国建筑某局公司对案涉租赁费负有支付义务，而且中国建筑某局公司亦确认在签订该支付说明后仅支付给杭州某建筑公司工程款352 000元，目前尚有400余万元工程款未支付。最后，案涉租赁合同约定的租赁时间自2018年5月10日开始，而中国建筑某局公司陈述与杭州某建筑公司签订的工程分包合同签订时间是2018年8月，杭州某建筑公司法定代表人向中国建筑某局公司出具的法定代表人授权委托书落款日期为2019年6月18日，均在约定的租赁起始时间之后。综合上述情况，杭州市中级人民法院认为案涉建筑设备租赁合同的承租方为中国建筑某局公司，中国建筑某局公司与杭州某建筑公司签订的《工程分包合同》系其二者之间的内部法律关系，并不影响本案租赁合同承租方的认定。

与上述案例争议焦点较为一致，（2021）最高法民申1840号“辽宁城建、庄河市中心医院、弘丰公司、江苏一建建设工程施工合同纠纷案”的概况如下：2010年8月4日，辽宁城建与江苏一建签订《辽宁城建集团有限公司工程施工项目经营承包责任书》，约定辽宁城建将其承揽的庄河市中心医院新建工程交由江苏一建施工。同日，江苏一建向辽宁城建出具担保书，载明“为确保庄河市中心医院工程项目顺利实施，应我方要求，该工程总承包方辽宁城建集团有限公司同意设立‘辽宁城建集团有限公司庄河市中心医院新建工程项目部’，启用项目经理部公章、财务专用章和技术专用章……三、我方选派的汪某某先生在该工程实施过程中的一切管理行为和结果，由我方负全责”。2010年8月8日，庄河市中心医院与辽宁城建签订工程承包合同，约定将案涉工程发包给辽宁城建施工。2010年8月6日，工程项目部与弘丰公司签订《建筑工程内部承包协议书》，协议约定弘丰公司承包案涉工程。

最高人民法院认为：工程项目部虽为辽宁城建应江苏一建设立，但江苏一建并不负责案涉工程的具体施工及管理等工作，江苏一建并非案涉工程的实际施工人。因弘丰公司与工程项目部签订了《建设工程内部承包协议书》，且对案涉工程进行了实际施工，故弘丰公司为案涉工程的实际施工人。因此，虽形式上江苏一建与辽宁城建签订有转包协议，但项目部为辽宁城建的有权代理人，故项目部与弘丰公司签订的《建设工程内部承包协议书》对辽宁城建具有法律约束力，辽宁城建与弘丰公司之间依据《建设工程内部承包协议书》形成了直接的合同关系。因辽宁城建承建案涉工程后，即将其承包的全部工程转包给弘丰公司，辽宁城建为非法转包人，弘丰公司为实际施工人，双方之间构成非法转包关系。在庄河市中心医院未全部支付工程价款的情况下，辽宁城建应向弘丰公司支付欠付工程价款。庄河市中心医院作为发包人明知案涉工程由弘丰公司实际施工，应在欠付工程价款范围内对实际施工人弘丰公司承担连带给付责任。据此，最高人民法院裁定：驳回辽宁城建、庄河市中心医院的再审申请。

（四）理论解析——项目经理代理权问题

前述两则引用的案例均涉及存在多方主体的情况下项目经理的代理权限问题，也就是职务代理产生的代理效果归属问题。第一个案例涉及项目经理代理项目部与建筑设备出租企业签订租赁合同时，又将案涉脚手架工程以包工包料方式分包于第三人（租赁合同的款项包括在建筑企业与第三人的签订分包合同项下）的情况下，出租人签订租赁合同的相对人应当如何确定的问题；第二个案例则是在总包单位辽宁城建与江苏一建签订内包协议后，项目经理（由江苏一建委派）又代理工程项目部与弘丰公司签订转包协议，在此情况下，关于实际施工人弘丰公司应当向谁主张权利的问题。换言之，项目经理代表总包单位与弘丰公司签订的合同，合同相对人为谁？对此问题的正确解答，需要借助民法规定的职务代理规则，同时，需要结合建设工程项目经理职权进行综合分析判断。

1. 职务代理

在现代社会，代理既是交易的工具，也是人们从事社会交往所不可缺少的手段。一是辅助功能。辅助功能主要体现在法定代理中，这就是说，通过代理弥补被代理人行为能力的欠缺，从而保护限制行为能力或无行为能力人的利益。这些人不具有通过意思表示实现私法自治的能力，法定代理的产生，弥补了被代理人行为能力的欠缺。所以，从这个意义上说，代理制度是私法自治的补充。① 二是延伸功能。在现代社会，由于社会分工的发展，人们不可能事必躬亲，而且专业领域的事项由自己亲自办理的效果并不比请专业人士办理的效果更佳。所谓术有专攻，代理的广泛运用解决了交易者因社会分工、能力的限制而产生的问题，为交易提供助力，从这个意义上说，代理使

① 参见王泽鉴：《民法总则》，北京大学出版社2009年版，第348页。

被代理人的能力得以延伸。

代理规范作为法律效果归属规范，其解决的主要是法律效果由何人承担的问题，即代理行为是否对被代理人发生效力的问题。[①] 这是本问题下两则案例的核心问题。

《民法典》第 170 条规定了职务代理："执行法人或者非法人组织工作任务的人员，就其职权范围内的事项，以法人或者非法人组织的名义实施的民事法律行为，对法人或非法人组织发生效力。法人或者非法人组织对执行其工作任务的人员职权范围的限制，不得对抗善意相对人。"法律规定职务代理的意义在于：一方面，它使我国法人委托代理的代理权来源多元化。产生委托代理的合同不仅包括委托合同，而且包括劳动合同、合伙协议等。另一方面，它有利于维护交易安全，保护善意第三人的利益。因为法人或者非法人组织需要对外从事各种交易活动，而法人或非法人组织的法定代表人又不可能实施所有这些行为，因而，职务代理在一定程度上弥补了法定代表人制度的不足。

从《民法典》的规定看，职务代理指除法定代表人的代理外，还包括根据代理人所担任的职务而产生的代理，即法人或非法人组织的成员以及主要工作人员对其职权范围内的事项所从事的民事法律行为，无须法人或者非法人组织的特别授权，其法律效果应当由法人或非法人组织承担。实务中还有法定代表人的代表权问题，需要与职务代理进行区分。职务代表和职务代理的区别有以下两点：一是法律性质有别。职务代理是两个主体的行为，代理人从事的法律行为是代理人独立具有自主意思的行为，只是其法律效果归于被代理人；而职务代表的代表人与被代表人之间只有一层法律人格，通俗地说，法定代表人为法人组织的一个机构，代表人实施的民事行为视为被代表的法人组织自身的行为，因此不存在效力归属问题。二是代理权限不同。职务表征着授权的范围，法定代表人，其职务代表法人组织已经授予代表人一

---

① 参见王利明：《民法总则》，中国人民大学出版社 2022 年版，第 371 页。

般和全部的经营权限，即使法人组织内部存在对代表人的权限限制，但法人对外从事了越权行为，法人组织需要证明相对人属恶意才能免于承担责任。但职务代理人若以法人、非法人组织名义开展民事活动，法律后果是否能归属于法人或非法人组织，首先需要审查该行为是否属于职责范围或者已得到特别“授权”。正如梁慧星先生所言，“代表人与法人系名二而实一的关系，因此不发生由法人授权的问题；而代理人与法人系名二而实二的关系，因此必须有法人授权”。

2. 建筑企业项目经理的职责范围

社会实践中，建设工程行业的项目经理主要有以下类型：（1）职务意义上的项目经理，该类项目经理与建筑企业建立劳动关系，仅承担管理责任，与项目施工的经济效益的关联度不大。（2）内部承包型项目经理，其与建筑企业签订内部承包合同，约定工程项目盈亏分成等事宜，在施工时具有较大的决策和经营自主权。（3）实施施工人型项目经理，包括两种类型：一是借用资质的个体包工头型项目经理，即以被借用资质的建筑施工企业的“项目经理”身份出现的个体包工头；二是转包、违法分包的个体包工头型项目经理，即以转包、非法分包单位的“项目经理”身份出现的个体包工头。

依据原建设部颁布的《建筑施工企业项目经理资质管理办法》（已失效），项目经理是指受企业法定代表人委托对工程施工过程全面负责的项目管理者，是建筑施工企业法定代表人在工程项目上的代表人。该管理办法同时明确，项目经理在企业法定代表人授权范围内行使以下管理权力：组织项目管理班子；以企业法定代表人的代表身份处理与所承担的工程项目有关的外部关系，受委托签署有关合同；指挥工程项目建设的生产经营活动，调配并管理进入工程项目的人力、资金、物资、机械设备等生产要素；选择施工作业队伍；进行合理的经济分配；企业法定代表人授予的其他管理权力。从上述规定结合建设工程的交易习惯，项目经理的职责范围包括订立其负责工程项下的各种合同，如材料购买、设备租赁。虽然实践中不乏企业对于项目经理的常规授权进行限制，但基于商事交易的营利性、营业性、公开性，并强调外观主义和商事效率的天然要求，与民事代理相比，商事代理更注重代理的地位和职位，就司法实践和理论而言，对于建筑施工企业项目经理为工程建设的正常推进而对外以施工企业名义订立的采购材料、租赁建筑设备合同，相对人要求建筑施工企业承担责任，一般情况下会得到支持，除非建筑施工企业有充分证据证实相对人明知或者应知项目经理无相应权限。对此，现各法院对该观点的认定较为一致，北京市高级人民法院《关于审理建设工程施工合同纠纷案件若干疑难问题的解答》（京高法发〔2012〕245号）、江苏省高级人民法院《关于审理建设工程施工合同纠纷案件若干问题的意见》（已失效）、杭州市中级人民法院民一庭《关于审理建设工程及房屋相关纠纷案件若干实务问题的解答》（2010年11月1日）皆持该种观点。

3. 职务代理不得对抗善意第三人

《民法典》第170条第2款规定："法人或者非法人组织对执行其工作任务的人员职权范围的限制，不得对抗善意相对人。"该条是从维护交易安全、保护善意第三人利益考量而进行制度设计，明确规定了法人或者非法人组织内部对员工的职权范围的限制，对外不发生效力。比如，在建设工程领域，若建筑施工企业内部对项目经理签订租赁合同的额度进行约束，但是该约束出租人并不知情，在此情况下，该租赁合同仍然有效，法律效果归属于建筑施工企业。

综上，结合民法对于职务代理的规定和项目经理的职权范围，当项目经理代理项目部与建筑设备出租企业签订租赁合同，其产生的法律效果应当由建筑施工企业承担。至于建筑施工企业与第三人建立的分包或转包关系，应当根据合同的实际履行情况，根据合同的相对性规则进行处理。

（五）合规要点

由于建筑行业挂靠、转包、违法分包等行为较为普遍，项目经理的身份识别存在难度且较容易变动，出租方为避免出现较大的经营风险，需注意进行合规审核：一是核实交易对方的主体信息和资质，以考察交易主体的信用和能力，一般不与具有较大信用风险的对方进行交易。二是审核项目经理身份和权限，要求其提供授权书等证明职位的材料，确认项目经理的代理权限问题，避免出现无权代理的情形。三是关注交易对手项目经理的权限变动和人员更换的情况，若发生变更，应当及时跟进。

02 建筑企业工作人员代理签订租赁合同的效果归属问题

（一）现实难题

建筑行业挂靠、转包、违法分包之情形较为常见，加上建筑企业基本上通过设立项目部承担施工任务，由此造成印章管理、人员管理和合同管理一定程度的脱节和无序，引发对合同经办人员身份识别的困难。同时，基于规避监管、逃避责任等原因，建筑企业和项目部人员对双方真实关系不如实陈述，存在相互推诿的情形。在出租方起诉主张权利后，承租方抗辩称其未与出租方签订合同，合同上的印章为他人私刻，办理租赁业务和对账业务的人员非有权代表。对此情况，司法应如何处理？

（二）裁判观点

因建筑企业承包施工项目，将出租方提供的物资用于工程施工，从项目施工中受益。办理租赁业务的工作人员系工地的建筑企业公示或承认的物资管理人员。无论该人员与建筑企业系劳动关系还是雇佣关系，也无论印章是否系私刻，该工作人员具有代表建筑企业订立租赁合同的权利外观。该工作人员有权代表建筑企业签订租赁合同，该合同约束建筑企业。

（三）多发代表性案例

（2015）杭江商初字第215号①案例案情概况如下，贵州省某建设公司（本案承租方）因沫河口淮河广场项目工程施工需要，向杭州某实业公司租赁钢管、扣件及套管。双方签订租赁合同一份，该合同对租赁价格、租赁期限的计算、租赁经办人员、逾期付款违约责任、诉讼管辖等事项进行约定。

---

① 该案由笔者和何嘉川律师代理。

合同订立后，出租方应承租方要求于2013年开始向承租方提供钢管、扣件、套管等租赁物。合同履行至2014年12月23日，共计产生租金698 719.32元，杂费1569.57元，但承租方从始至终未付租金。

出租方将案件起诉至法院后，承租方抗辩称：案涉项目是贵州省某建设公司承建，但合同上的项目公章不是贵州省某建设公司的，合同上的项目公章是假的；租赁合同不是贵州省某建设公司签订的，其对合同不承认，故不应承担合同责任。

法院审理认为，本案的争议焦点为出租方提供的租赁合同是否对双方有约束力，承租方应付的租金及违约金数额。因承租方承认使用出租方出租的建筑材料，双方存在租赁合同关系应无异议。根据承租方对张某某身份的陈述，张某某系贵州省某建设公司案涉项目租赁材料的负责人，法院认为出租方有理由相信张某某有权代表贵州省某建设公司与其签订合同，本案的租赁合同对双方有约束力。因此判决支持原告的诉讼请求。

与前述案例相似，最高人民法院在（2018）最高法民申3089号民事裁定书中认为，因天津市某建筑公司承包了涉诉金舍如意山水温泉小镇一期一标段项目，而北京某建筑设备租赁公司向该工程项目提供了涉诉的租赁物资，所以应当认为天津市某建筑公司从项目中受益。在秦皇岛经济技术开发区人民法院（2013）秦开民初字第234号租赁纠纷案中，因天津市某建筑公司认可晏某某在本案涉诉工程项目上可以代理该公司与他人签订租赁合同，而且涉诉工程工地公示牌上载明的材料员为晏某某，所以无论晏某某与天津市某建筑公司是否存在劳动关系或雇佣关系，也无论印章是否为私刻，晏某某在涉诉工程项目上都具有代天津市某建筑公司订立租赁合同的权利外观。晏某某订立的涉诉《租赁合同》可以约束天津市某建筑公司。二审判决令天津市某建筑公司按照上述合同约定向北京某建筑租赁公司支付款项，并无不妥。因此，最高人民法院裁定驳回天津市某建筑公司的再审申请。

（四）理论解析——普通职员的职务代理问题

在司法实务中，商事交往领域因职务行为与个人行为混淆而引发的纠纷频发，本问题的两个案件即为代表，当出租方起诉合同书中记载的承租人要求其承担支付租金责任时，承租人通常以印章为他人私刻，其并非合同当事人作为抗辩理由，若该抗辩成立，则出租方的起诉将会被驳回。所以，在此类案件审理中，法官应查明从事行为之人为个人还是代理他人办理事务，若是代理，则被代理人为何人？这对于法院判决确认合同效果归属于何人十分重要。

1. 交易相对人的识别

契约自由为私法自治原则的重要体现，选择交易相对人的自由是契约自由的重要内容。在现代法中，合同作为交易的主要法律形式，主要是作为一种可期待的信用，能够把未来的财富引入现实的交易之中。意思表示一致达成合同与履行行为的分离是合同制度存在的前提。通过代理人进行的民事交往中，出面与相对人缔约的是代理人，代理行为一旦完成，代理人即退出该法律关系，民事法律行为的效果直接归属本人。因此，合同缔结会特别考虑本人的信用和履约能力，需知道本人的存在和身份，即相对人必须知悉交易对手，以便明了义务向谁履行、权利向谁主张。一般而言，在建筑设备租赁合同缔约过程中，出租方会选择与实际负责施工的建筑企业签订合同，而不愿意与实际施工人建立合同关系。当建筑企业的代理人以建筑企业名义与出租方签订合同，出租方即会认为是与建筑企业而非代理人个人订立合同，法律需要保护这种善意的信赖。

就建筑企业的职务代理问题，除上文提及的项目经理外，建筑企业的项目部还存在其他人员代理对外签订合同的情况，但其他人员的身份较为复杂，这些人员可能与建筑企业建立劳动关系，还可能直接与挂靠、转包、违法分包的实际施工人建立劳务关系，或者其本身就是实际施工人。从职务外观看，此等人员的职权范围显然有别于项目经理，但由于无制度层面的明确规制，这些人员权限范围较为模糊，界限不清，由此，项目部的其他人员代理签订合同的行为属职务行为、委托代理或是无权代理，存在甄别上的困难。

民商法视角下如何判断职务行为的学说源于早期英美法国家的雇主责任

理论，经过后世各国法学的发展和引申，目前大致形成了以下学说：一是意志说，即以人之主观意图或意志的内容作为判断某行为是否为职务行为的标准。二是法人意志说或法人主观说，即以法人用以明确授权事项范围的意思表示为认定职务行为的基准。具体又分为三种，第一种是利益归属说或法人工作成员主观说，即以行为人作出行为时是否主观上持有使行为的法律后果（通常为利益）归属于法人的意图为认定职务行为的基准。相反，行为人为自己的利益而行为时，不构成职务行为。第二种是外观说，或称客观说，即只要具备基本智识水平的社会一般民众能较容易地从行为的外在形式便可确信该行为属于职务行为，则应对该行为的职务性质加以认定。此种观点在司法实践中较有代表性，且相较于主观说更具有合理性。常用的据以识别职务行为的外观特征的“指标”包括：行为以法人的名义作出；行为人持有法人的授权文件或类似的授权“标志”（包括外表授权）；行为在法人经营场所作出等。此外，客观标准说也是表见代理/表见代表制度的理论根据之一，对于保障善意相对人的利益（尤其是基于合同关系的信赖保护利益）尤为有利。第三种是折中说，亦称综合说，即将前两种观点加以糅合，并使之相互印证与配合，以图克服两者各自的缺点和不足。一般而言，“中庸之道”总是相对合理的，尤其是对于相对“保守”的法律来说，更应尽力避免极端和激进。因此，折中说是一种相对合理的对职务行为进行判断的原则和方法。但仍需注意的是，在从综合视角作出判断时，应以客观说为主要依据，以主观说为辅助，唯此，才可不致司法衡量结果的偏颇。

2. 普通员工的职务代理的构成要件

现代社会事务繁杂，分工精细，从事交易活动，想要事必躬亲是不可能的，尤其是法人或者非法人组织，公司法人是一种法律拟制实体，依法定而获虚拟人格，并得依自由意志为商业交往行为。然而，法人毕竟非自然人，其作为一种目的性法律构造物，本身只是由“法律零件”制成的一具“躯壳”，不具有自然属性，不可能由法人本身从事特定交易活动，必须借助自然人之手，由此必会产生代表权或代理权问题。代理是指代理人以被代理人名义实施的、其法律效果直接归属于被代理人的民事法律行为。在代理关系中，被代理人又称为本人，代理他人从事民事法律行为的人称为代理人，与代理人实施民事法律行为的人称为相对人。

在我国《民法典》的代理制度设计中，代理分为法定代理和委托代理，《民法典》第163条第1款规定："代理包括委托代理和法定代理。"需要指出的是，《民法通则》第64条除了规定上述两种代理之外，还规定了指定代理，该条规定，"指定代理人按照人民法院或者指定单位的指定行使代理权"。但《民法典》改变了这一规定，因为按照立法者的观点，指定代理只是法定代理的一种特殊形式，不属于独立的与法定代理和委托代理并列的概念。法定代理和指定代理都是基于法律的直接规定而产生的代理权，在指定代理的情形中只不过多了一个指定程序而已，并不影响其法定代理的性质。①

法定代理是直接依据法律规定产生而不依赖于任何授权行为的代理。取得法定代理人资格不需要当事人作出意思表示，一般也不需要取得被代理人的同意。同时，由于法定代理人是基于法律的规定而享有代理权，而不是根据代理权授予行为而享有代理权，代理人只能在法律规定的权限范围内行使代理权。② 产生委托代理需要有基础关系，基础关系除了我们常见的委托合同外，还包括劳动关系、职务关系、合伙协议、身份关系等。职务代理属于委托代理的一种，对此，《民法典》第170条第1款规定："执行法人或者非法人组织工作任务的人员，就其职权范围内的事项，以法人或者非法人组织的名义实施民事法律行为，对法人或者非法人组织发生效力。"这就是法律关于职务代理行为和效果归属的规定。但要将自然人的行为的法律后果归属于法人或非法人组织，产生职务代理的效果，需要具备以下几个构成要件：一是身份，该自然人在身份上需隶属于组织，即代理人应是法人或者非法人组织的工作人员。如果代理人不是该法人或非法人组织的工作人员，其按照被代理人的授权从事代理行为，则属于一般的委托代理，比如保险公司正式

① 参见李适时主编：《中华人民共和国民法总则释义》，法律出版社2017年版，第509页。

② 参见郑玉波：《民法总则》，中国政法大学出版社2003年版，第408页。

员工不属于保险代理人，其展业行为系职务行为，视为保险人的行为，而保险代理人所从事的保险代理活动就属于一般的委托代理。二是职责，代理人实施的行为必须是其职权范围内的事项。这一职权范围内的事项，可以理解为该法人或者非法人组织对该工作人员（代理人）的“一揽子”授权，无须在每次与第三人交易时都提交有关书面授权书，其职务、职权本身就是委托授权的证明。例如，材料员核对材料的数字，财务人员进行款项数据的核对，均属于职责范围。三是名义，该行为应当以法人或者非法人组织的名义从事，这是代理的一般构成要件。在职务代理中通常没有明示的代理授权行为，但是由于代理人与被代理人内部基础关系的存在，只要被代理人没有明确的相反意思，就可以推断被代理人意图使代理人在职务范围内拥有代理权。在职务代理权产生与默示的代理授权行为的情形中，关键是职权范围即代理权限的认定，这不同于一般的代理行为。对一般的代理行为，代理人要有明确的代理权限范围，而代理人也只能在代理权限范围内实施代理行为，相对人在与代理人从事具体交易时，需要审查代理人的代理权限。而对职务代理，代理权限产生于职务关系，相对人一般只要审核该职务身份即可，并不需要对其享有的代理权限进行审核。该职权范围一般没有期限或特定事项的限制，但可以依据法律和行政法规的规定、交易习惯、相对人知悉的法人章程或合伙协议，以及法人或非法人组织的规定来确定。①

3. 职务代理的法律后果

合同关系建立后，出租方要求承租人支付租金或履行其他合同义务，法律上属于一种请求权。请求权是指法律关系的一方主体请求另一方主体为或不为一定行为的权利。请求权是相对权的典范，即仅相对于某个特定的人产生效力。在合同纠纷中，请求权人能否找到另一方主体，是其请求权能否如愿实现的最为重要的一环。对于以代理关系从事民事法律行为的某一事件来说，确定被代理人的身份和后果，是合同相对人权利实现的关键。代理的法

① 参见王利明：《民法总则》，中国人民大学出版社 2022 年版，第 390 页。

律后果，就是民事行为的法律效果归属于被代理人，也是请求权的相对人确定问题。职务代理发生与一般委托代理相同的后果，即其于代理实施的民事法律行为对该法人或非法人组织发生效力。在此需要注意的是，本条规定的职务代理的被代理人仅是法人或者非法人组织，在对它们进行界定时要适用《民法典》总则编的有关规定。同时，法律虽然没有规定个体工商户经营活动中的工作人员实施的行为是否属于职务代理的问题，但按照职务代理制度的基本内涵，其本质在于依据其职务或者职权而以被代理人的名义实施民事法律行为，因此法律规定的职务代理及有关法律后果对于个体工商户作为被代理人的情形可以类推适用。

回归前文所援引的案例，首先，前述（2015）杭江商初字第215号案例中，张某某系贵州省某建设公司案涉项目租赁材料的负责人，（2018）最高法民申3089号案例中，涉诉工程工地公示牌上载明的材料员为晏某某，显然，上述人员均隶属于建筑公司。其次，该两人均为材料管理人员，在建设工程项目的施工过程中，对外采购或者租赁建筑设备材料显然属于其工作职责范围。对于职务人员职责范围的确认，在有明确书面授权的情况下，应以书面授权为准。在被代理人没有明确意思的情形下，应当以法律、行政法规、交易习惯、相对人知悉的公司章程或合伙协议及法人或非法人组织的规定具体判断职务代理人的职权范围。若非工作人员职责范围内的事务，则属越权代理，法人或者非法人组织可以主张其工作人员越权代理实施的民事法律行为对其不发生效力。最后，职务代理应明确被代理人，即应明确其系为本人从事民事法律行为，在前述案例中，合同上均盖有项目公司的公章，表明职务代理人代理行为的效果归属。此外，前述两案中，法院审理查明，该项目实际使用了出租方提供的租赁材料。由此，法院判决材料管理人员的行为构成职务代理，合同对建筑公司发生效力，应当承担责任，其结果无疑是正确的。

（五）合规要点

建筑设备租赁合同的主体识别的复杂性源于建筑行业本身的复杂性，出租方需对此有清醒的认识并予以高度重视。因为工程项目部印章“真假”的辨别难度较大且不符合商事交易追求效率的价值导向，故出租方在办理租赁业务时，对相对人识别的重点应从印章转向代理人员，因此需要对职务代理的构成要件有较为准确的认识。在办理租赁业务时，首选的是工程项目部经理，然后是工程项目部的材料管理人员。对代理人员的身份，一般可以对照工程项目部的公示牌予以辨别。

03 无权代理人签订租赁合同的责任归属问题

（一）现实难题

在建筑设备租赁合同纠纷中，被告主张合同上的公章或项目章为私刻的情形较为常见。原因在于，在建设工程实践中，总承包人在施工过程中，会将其承揽之部分工程违法分包于建筑公司、劳务公司或个人。当工程施工需要租赁建筑设备时，常由前述违法分包之实际施工人或其雇员出面签订合同，而建筑设备的出租方出于风险控制考虑，不愿意与实际施工人签订合同。在此情况下，实际施工人为施工作业的开展，私刻项目部印章，以建筑企业或项目部名义签订合同。在此情况下，案件该如何处理呢？

（二）裁判观点

行为人以建筑企业或项目部名义与建筑设备出租方签订租赁合同时并未取得该建筑企业或项目部的授权，且建筑企业事后拒绝追认，故行为人的代理行为对建筑企业不发生效力，应由行为人自己承担法律行为的后果，出租方有权要求行为人履行合同义务，承担合同责任。

（三）多发代表性案例

（2021）浙0102民初3672号①案件概况如下：浙江某建筑设备公司提交签订时间为2013年8月7日的《周转物资租赁合同》一份，载明承租方

① 该案由笔者团队律师朱传帅、詹刚代理。

（甲方）为河北某建设集团公司梧贵高速公路第三施工合同段项目经理部，出租方（乙方）为浙江某建筑设备公司，项目名称为贵梧高速桂平人行天桥，工程地点为广西桂平。该合同条款载明：甲方向乙方承租立杆、横杆及可调上、下托，立杆、横杆月租金0.022元/（米·天），可调上、下托月租金0.05元/（套·天），预计租赁期3个月，即自2013年8月至11月；黄某某系甲方委托代理人，凡有关租赁物验收、对账、赔偿确认、结算付款以及本合同涉及的相关文件签署事宜均由其办理。合同还对其他有关权利义务进行约定。该合同落款处盖有“河北某建设集团有限公司梧贵高速公路第三施工合同段项目经理部”印章，并在法定代表人一栏签有“胡某”的名字，黄某某作为委托代理人签字。

合同签订后，浙江某建筑设备公司即提供租赁物。合同履行过程中，周某某向浙江某建筑设备公司支付费用28 300元。租赁合同项下尚欠付租金、维修费等费用，尚有租赁物横杆、立杆、可调顶托、可调底座等租赁物资未归还。

案件审理过程中，河北某建设集团公司申请人民法院委托鉴定机构对《周转物资租赁合同》落款处“河北某建设集团有限公司梧贵高速公路第三施工合同段项目经理部”印章印文与日期分别为“2013.8.3”和“2013.7.25”的两份《梧州至贵港高速公路（贵港段）第三项目经理部涵洞通道劳务协作合同》落款处“河北某建设集团有限公司梧贵高速公路第三施工合同段项目经理部”印章印文是否为同一枚印章进行司法鉴定，对《周转物资租赁合同》落款处“胡某”签名字迹的真实性进行司法鉴定。2016年10月10日，鉴定机构作出司法鉴定意见书，鉴定意见为：（1）《周转物资租赁合同》落款处“河北某建设集团有限公司梧贵高速公路第三施工合同段项目经理部”印章印文与日期分别为“2013.8.3”和“2013.7.25”的两份《梧州至贵港高速公路（贵港段）第三项目经理部涵洞通道劳务协作合同》落款处“河北某建设集团有限公司梧贵高速公路第三施工合同段项目经理部”印章印文不是同一枚盖章所形成；（2）《周转物资租赁合同》落款处“胡某”签名字迹不是胡某本人所写。

判决认为，行为人没有代理权、超越代理权或者代理权终止后，仍然实施代理行为，未被代理人追认的，对被代理人不发生效力。行为人实施的行为未被追认的，善意相对人有权请求行为人履行债务或者就其受到的损害请求赔偿。但是，赔偿的范围不得超过被代理人追认时相对人所能获得的利益。本案中，被告黄某某作为代理人以河北某建设集团公司梧贵高速公路第三施工合同段项目经理部的名义与原告浙江某建筑设备公司签订《周转物资租赁合同》时并未取得该项目经理部的授权，且第三人河北某建设集团公司事后拒绝追认，故被告黄某某的代理行为对第三人不发生效力，原告与被告黄某某之间仍发生代理实施的法律行为的法律效果，原告有权要求被告黄某某履行合同义务。

在（2006）穗中法民二终字第1322号民事判决中，广州市中级人民法院判决认为：李某某据以起诉的《租用建筑材料协议》在乙方（租用方）栏处由王某某、崔某某签名，并加盖“广东省煤炭建设（集团）有限公司保卫科”印章，现李某某主张租用人是煤炭公司及崔某某，煤炭公司不予确认，并否认其授权王某某签订该合同。对此，广州市中级人民法院认为，煤炭公司的保卫科是其内设机构，其职能范围应限于该公司内部与安全保卫有关的事项，“广东省煤炭建设（集团）有限公司保卫科”印章也只能用于其内部管理，显然不能用于对外签订经济合同，即使《租用建筑材料协议》所盖的“广东省煤炭建设（集团）有限公司保卫科”印章真实，作为签订合同的善意相对人，基于正常人的一般认识水平，也不应据此认定煤炭公司对签订该合同予以授权或认可。王某某无论是煤炭公司保卫科科长还是煤炭公司下属二分公司的经理，都无权代表煤炭公司签订本案《租用建筑材料协议》，在该合同的履行过程中，虽然王某某以煤炭公司的名义收取及退还有关建筑材料，但李某某未能举证证实存在煤炭公司对王某某签订的《租用建筑材料协议》予以追认，或煤炭公司明知王某某以其名义签订合同及王某某以其名义履行合同而不表示异议的情形，依据《合同法》第48条“行为人没有代理权、超越代理权或者代理权终止后以被代理人名义订立的合同，未经被代理人追认，对被代理人不发生效力，由行为人承担责任”的规定，《租用建筑材料协议》对煤炭公司不发生效力，应由签约行为人王某某、崔某某承担责任。《民法通则》第43条“企业法人对它的法定代表人和其他工作人员的经营活动，承担民事责任”中的经营活动，是指法定代表人代表企业法人所为或其他工作人员经企业法人授权所为的经营活动，而非本案王某某所进行的这种无权代理行为，原审法院依据该法条确认《租用建筑材料协议》的租用方是煤炭公司属适用法律错误，广州市中级人民法院予以纠正。

（四）理论解析——无权代理的责任归属问题

以上案例是建筑设备租赁业务中经常发生之无权代理之案例。所谓无权代理，是指代理人在从事代理行为时不具有代理权。代理权是代理行为发生的基础和前提，代理人只有基于代理权才能从事有效的代理行为。无权代理分为两类，即狭义的无权代理和表见代理。狭义的无权代理，是指行为人既没有被代理人的实际授权，也没有足以使第三人善意误信其有代理权外观的代理。简单地讲，是指表见代理以外的欠缺代理权的代理。①

1. 狭义无权代理的构成和认定

在没有代理权的情况下所实施的任何行为，都构成无权代理。对于无权代理，我国《民法典》第171条第1款规定：“行为人没有代理权、超越代理权或者代理权终止后，仍然实施代理行为，未经被代理人追认的，对被代理人不发生效力。”根据法律的规定，可以将无权代理解构为：第一，需为民事法律行为。其适用以意思表示的发出或者接受为基础，原则上应当仅适用于民法上的表意行为，而事实行为、侵权行为不能适用代理。代理签订合同即属于典型的民事法律行为。第二，以代理为前提。这要求代理人以被代理人的名义作出民事法律行为。无权代理与有权代理的区别仅仅在于行为人有无代理权，两者的其他构成要件相同。在（2021）浙0102民初3672号案

① 参见江帆：《代理法律制度研究》，中国法制出版社2000年版，第163页。

中，黄某某即以被代理人“河北某建设集团有限公司梧贵高速公路第三施工合同段项目经理部”名义与浙江某建筑设备公司签订合同，这构成了代理行为。第三，没有代理权。具体包括以下几种情形：（1）行为人自始没有代理权，包括被代理人没有作出代理授权行为，代理授权行为本身无效或被撤销，被代理人和行为人之间的基础关系无效或被撤销等具有溯及自始的效力导致代理授权行为无效等情形；（2）行为人享有代理权但超越了代理权，即行为人有代理权但超越了代理权限；（3）行为人在代理权终止后继续作出代理行为。行为人之前享有代理权，但其代理权依据《民法典》第 173 条规定之情形终止且不具有溯及自始的效力，之后行为人依然作出代理行为。在（2021）浙 0102 民初 3672 号案中，据河北某建设集团公司代理人披露，项目部确有将部分工程分包于（包括劳务及建筑设备租赁）黄某某所在劳务队，但并未授权其以项目部名义对外签订租赁合同。黄某某并未被授予代理权，即属自始无代理权的情形。对于在建设工程领域无权代理之认定，浙江省高级人民法院民二庭发布的《关于审理涉建筑施工企业项目部纠纷的疑难问题解答》第 6 条认为：“合同上的印章是项目经理、实际施工人或其他人伪造或私刻，签订的合同是否对建筑施工企业发生法律效力？一般情况下，合同上加盖项目经理、实际施工人或其他人伪造或私刻的印章，其不代表建筑施工企业的真实意思表示，不对建筑施工企业发生法律效力。但是，如果综合全案其他证据，能够认定行为人的行为构成有权代理行为或表见代理行为的，仍应由建筑施工企业承担相应的合同责任。”

2. 被代理人的追认权

无权代理行为属于效力待定行为，若被代理人追认该代理行为，则因被代理人的承认而溯及其成立时发生效力，被代理人拒绝承认时，无权代理的法律行为对被代理人不产生效力。民法对于无权代理行为为被代理人设置了追认权。其本意在于，代理人从事行为，又有将从事民事行为的法律效果归属于被代理人的意思，尽管在从事代理行为前，代理人并未被授予代理权，但是代理行为是否有利于被代理人，应由被代理人作出判断并作出追认或者否认的决定。《民法典》第171条第2款规定："相对人可以催告被代理人自收到通知之日起三十日内予以追认。被代理人未作表示的，视为拒绝追认。行为人实施的行为被追认前，善意相对人有撤销的权利。撤销应当以通知的方式作出。"在建筑设备租赁合同租赁纠纷案件中，基本的争议类型是，建筑企业把部分工程（包括劳务和建筑设备租赁）分包于无资质的公司或者个人，而建筑企业与分包人的结算中已经包括了建筑设备租赁及人工费用，在无权代理的情况下，若建筑企业追认该无权代理行为，将意味着要承担并支付两笔建筑设备材料的租赁费用，这显然不利于建筑企业。因此，一般情况下，建筑企业对无权代理行为均拒绝追认，以保护自身的利益。

3. 无权代理人的责任

在被代理人不承担代理行为后果的情况下，为保护相对人的利益，善意相对人可以要求行为人履行债务或者就受到的损害请求行为人赔偿。《民法典》第171条第3款规定："行为人实施的行为未被追认的，善意相对人有权请求行为人履行债务或者就受到的损害请求行为人赔偿。但是，赔偿的范围不得超过被代理人追认时相对人所能获得的利益。"

就无权代理人的法律责任问题，我国的法律经历了逐步完善的过程，1986年颁布实施的《民法通则》第66条第1款规定："没有代理权、超越代理权或者代理权终止后的行为，只有经过代理人的追认，被代理人才承担责任。未经追认的行为，由行为人承担民事责任。本人知道他人以本人名义实施民事行为而不作否认表示的，视为同意。"但行为人应该承担什么责任，《民法通则》对此语焉不详。此后，1999年实施的《合同法》第48条第1款规定："行为人没有代理权、超越代理权或者代理权终止后以被代理人名义订立的合同，未经被代理人追认，对被代理人不发生效力，由行为人承担责任。"与《民法通则》相一致，在无权代理行为未经追认的情况下，无权代理人应当承担什么责任，《合同法》仍付之阙如。对此，我国台湾地区"民法"第110条规定："无代理权人，以他人之代理人名义所为之法律行为，对于善意之相对人，负损害赔偿责任。"《德国民法典》第179条第1款规定："以代理人的身份订立契约者，如不能证明其有代理权，而被代理人又拒绝追认者，相对人有权依其选择，得责令代理人履行或赔偿损害。"日本民法继承了这一模式，《日本民法典》第117条第1款规定："作为他人代理人缔结契约者，如不能证明其代理权，且得不到本人追认时，应依相对人的选择，或履行契约，或负损害赔偿责任。"应该说，对于无权代理人的责任问题，《民法典》确定的规则借鉴先进的经验，比《民法通则》及《合同法》的规定已经取得不小的进步。在具体适用该制度时，我们需注意以下几点：第一，行为人所承担的责任。根据《民法典》第171条第3款、第4款的规定，区分相对人的善意和恶意而有所不同。对于善意的相对人，有权要求行为人履行债务或者就其受到的损害承担责任。对于恶意的相对人，即知道或者应当知道行为人无权代理的，相对人和行为人按照各自的过错承担责任。第二，善意相对人的选择权。不知道行为人无权代理的善意相对人信赖的是行为人有权代理。在不能构成表见代理的情形，为保护善意相对人的此种信赖，虽然被代理人不承担代理行为的后果，但应由行为人承担代理行为的后果，如同代理行为对行为人发生了效力。因此，善意相对人有权选择请求行为人履行债务，或者就其受到的损害请求无权代理人赔偿。如果善意相对人请求行为人履行债务，则在相对人和行为人之间形成法定的债之关系，行为人自然应负有其有权代理时被代理人所应负有的履行债务义务。如果相对人请求行为人赔偿，则赔偿范围应当包括履行利益，代理行为中所约定的违约金、定金条款也应适用，如同代理行为对行为人发生了效力。在本问题的两则案例中，出租方选择并由法院判决行为人承担合同责任。第三，赔偿范围的限制。对善意相对人信赖的保护不能超过被代理人追认时或者行为人有权代理时相对人所能获得的利益，因此，履行利益的赔偿应等于而不能超过被代理人追认或行为人有权代理时相对人所能获得的利益。

（五）合规要点

我国社会的诚信体系尚在建设中，在建筑设备租赁实践中，实际施工人或其雇员未经授权便以项目部名义对外签订租赁合同的现象在一定范围内存在，《民法典》对无权代理人的责任已经进行规制，但实际施工人的履约能力相对较弱，因此，若由无权代理的实际施工人承担履约责任或赔偿责任将使出租方面临债权无法实现的风险。由于出租方对于表彰代理权的项目章的真伪识别存在困难，一般在签署协议时无法察觉，但无权代理行为并非无迹可寻，一般情况下，在合同履行中，若租赁合同项下的款项由第三人而不是项目部支付或者发票并不开具给建筑企业，出租方应当警觉，此时，根据《民法典》第171条的规定，出租方应当向项目部发出催告，要求对无权代理人的行为进行追认，若项目部拒绝追认或不予回应，则出租方应当采取解除合同、停止供应出租物资等方式进行维权，以避免损失进一步扩大。

04　建筑设备租赁合同的表见代理认定问题

（一）现实难题

实践中，实际施工人或者实际施工人聘用的人员在未经授权的情况下即以建筑企业项目部的名义对外从事建筑设备租赁活动的情况屡见不鲜。一旦发生纠纷，出租方可依据表见代理的相关法律制度要求建筑企业承担责任。法律对表见代理的构成要件缺乏可适用的细致规定，那么，司法实务中，法院对于表见代理的构成如何进行认定？

（二）裁判观点

行为人在与出租人签订租赁合同时，尽管未获得建筑企业的授权，为无权代理，然因行为人具有有权代理之法律外观，且租赁物交付至项目工地，出租人对其身份产生合理信赖，出租人有理由相信行为人有代理权。行为人之行为构成表见代理，行为人对外签订的租赁合同可约束建筑企业。

（三）多发代表性案例

（2022）鲁16民终2699号案件概况如下，王某田系洪君租赁站经营者。2020年9月8日，洪君租赁站与杨某签订建筑设备租赁合同一份，杨某从王某田处租赁钢架管、管卡等建筑设备一宗，用于山东某建筑装饰集团有限公司（以下简称滨中公司）承建的小清河防洪治理金桥闸除险加固工程；合同约定了租金及租金的计算方式，损坏、丢失等的赔偿标准，同时约定了违约责任的承担方式。合同履行过程中，2021 年 12 月 3 日，经对账结算：尚有租赁费 127 319 元未支付，杨某在结算单上签字确认。其一，山东水利小清河防洪综合治理工程金桥闸除险加固工程项目经理部作为总包单位（甲方）与滨中公司签订建设工程施工分包合同，将案涉工程分包给滨中公司，合同尾部乙方有滨中公司的合同专用章，委托代理人处有杨某签字，庭审中，杨某对其签字无异议；同时，该合同第 6 条第 2 款第 1 项写明乙方（滨中公司）委派杨某为本工程技术、安全等负责人，全面负责施工管理工作。其二，庭审后，滨中公司提交其作为发包方与徐某于 2020 年 9 月 15 日签订的承包合同，约定其将涉案工程分包给了徐某。

因租赁合同项下尚有欠付费用，王某田起诉要求杨某、滨中公司承担支付租金等责任，山东省水利工程局有限公司在未付工程款的范围内承担连带赔偿责任。

二审法院山东省滨州市中级人民法院经审理认为：本案的争议焦点为，滨中公司应否向王某田支付租赁费。结合本案查明的事实，在涉案租赁合同签订时，杨某向王某田出示《山东省水利工程局有限公司建设工程施工分包合同》，使被上诉人王某田有理由相信杨某系代表滨中公司与其签约，且租赁设备运送至滨中公司施工的工地，杨某构成表见代理，滨中公司应对杨某与王某田签订的租赁合同承担相应的民事责任，应向王某田支付租赁费。滨中公司主张其已将涉案工程承包给案外人徐某，且签订了承包合同，即使该合同是真实有效的，其签订时间为 2020 年 9 月 15 日，而本案租赁合同签订于 2020 年 9 月 8 日，因此，滨中公司的该主张与本案无关联性，山东省滨州市中级人民法院判决不予以支付。

与前案相似的江苏省苏州市中级人民法院（2022）苏 05 民终 7298 号民事判决书判决认为：本案系建筑设备租赁合同纠纷，不受建设施工合同相关法律规定调整。朱某某一审诉讼请求基础为租赁合同相对方为中建二局一公司，中建二局一公司对此不认可，主张已经将包括挖机租赁在内的工作内容分包给崇和公司（笔者注：中建二局一公司认为李某某、王某某系崇和公司聘用的人员），江苏省苏州市中级人民法院认为，李某某、王某某长期在案涉工地项目部工作，向朱某某提供的租赁合同、结算单上加盖有中建二局一公司项目部印章，李某某、王某某多次在案涉工程相关协议中作为中建二局一公司一方工作人员出现，朱某某提供的设备实际用于案涉工程施工，中建二局一公司在此过程中未提出任何异议，故朱某某有理由相信李某某、王某某有权代表中建二局一公司签订协议、结算，中建二局一公司应当向朱某某承担相应付款义务。至于其与崇和公司、李某某、王某某之间内部关系与本案无关，可另行处理。

（四）理论解析——建筑设备租赁合同中的表见代理

前述案例比较典型，均是在建筑设备租赁合同纠纷中被法院认为构成表见代理的案例。被告的抗辩理由均为，建筑企业已经将工程转包给了第三人，对外签订建筑设备租赁合同的工作人员并非其员工，而是第三人的工作人员，租赁合同的责任应当由转承包人承担。然而，前两案的判决均援引《民法典》第172条的规定判决由建筑企业承担合同责任，其依据何在？

1. 表见代理制度的价值

《民法典》第172条规定："行为人没有代理权、超越代理权或者代理权终止后，仍然实施代理行为，相对人有理由相信行为人有代理权的，代理行为有效。"从表见代理的规定和前述两个案例来看，一方面，尽管相对人有充分理由相信代理人有权代理本人从事某种行为，但实际上并未得到授权，法律让本人对代理人的行为承担责任，实质上是对本人意志的一种强制；另一方面，表见代理制度的建构在很大程度上是因为代理人的财产和信誉已经不足以保护善意相对人的利益，如果本人不对代理人的行为负责，相对人的利益就无法被保护。表见代理制度的目的在于保护善意相对人，使相对人在行为人无权代理的情形下，仍有权请求被代理人承担代理行为的后果，从而使善意相对人不承担行为人破产或履行不能的风险，维护交易的安全。因此，表见代理是在保护本人权益与保护善意相对人权益这两者之间作出利益平衡，其背后反映的是在个体正义和社会秩序冲突时法律作出的抉择。这样的制度在民法上不乏其例，除了表见代理外，还有取得时效制度、善意取得制度等。民法的基本作用在于利益衡量，利益衡量的必要性及原因在于不同利益之间发生冲突的必然性，而公正与秩序发生冲突的原因则正在于相互对抗的两种利益中，一种利益为公正的载体，而另一种利益则是秩序的载体。在以权利为基础所建立的正义与以公民社会整体利益为基础建立的整体秩序一旦发生冲突时，民法所做的，当然是舍弃公正而保护秩序，这是一个历史事实。[①]

2. 表见代理的构成要件

一般认为，表见代理制度始于1900年的《德国民法典》，大部分国家和地区确立了该项制度，但在立法中均未明文出现“表见代理”一词，而汉语中的“表见代理”一词则由日本学者首创。[②] 我国在《合同法》第49条、《民法典》第172条规定了该项制度。表见代理制度虽然在法律层面确立，但理论上对其构成要件一直存有争论。在《合同法》的起草过程中，学说上就已经形成“单一要件说”和“双重要件说”两种对立的观点。依“单一要件说”，表见代理的成立只要相对人无过失地信赖代理人享有代理权，或者说相对人有充分的理由相信代理人有代理权，不要求被代理人有过失。依“双重要件说”，表见代理有两个特别构成要件：一是被代理人的过失行为使相对人确信代理人有代理权；二是相对人不知也不应知代理人无代理权，即当事人有充分理由相信代理人有代理权。实质上，该两种学说本质上并无差别，“单一要件说”中，相对人有充分理由相信代理人有代理权，其本质上是本人的过失造成代理人拥有代理权的表征，如建筑施工企业对外进行挂靠、转包、违法分包建设工程，但其又隐藏而不向相对人公示，使代理人有了“可乘之机”。“单一要件说”中，隐藏着本人过错的要件。近年来，“双重要

① 参见尹田：《民法思维之展开》，北京大学出版社2014年版，第86页。

② 参见王浩：《表见代理中的本人可归责性问题研究》，载《华东政法大学学报》2014年第3期。

件说”逐渐成为学说上的有力说，有渐成通说之势。①

最高人民法院于2009年出台的《民商事合同纠纷审理意见》第13条规定，表见代理制度不仅要求代理人的无权代理行为在客观上形成具有代理权的表象，而且要求相对人在主观上善意且无过失地相信行为人有代理权。对法律的规定进行解构，构成表见代理可分为三个要件，具体为：（1）需为无权代理。表见代理以构成无权代理为前提。首先是代理行为，其次要求行为人未被授予代理权，包括行为人自始无代理权、享有代理权但超越代理权授权的范围以及在代理权终止之后继续代理的行为。（2）需拥有代理权的外观。这构成表见代理的核心要件。《民法典》对权利外观的形成是否与被代理人有关没有作出规定，司法解释也回避了这一问题。对此，王利明老师认为：“在判断权利外观时，应当考虑权利外观的形成是否与被代理人有关。只要被代理人的行为于权利外观的形成具有一定的可归责性，被代理人就应当承受表见代理的后果。反之，如果被代理人对权利外观的形成不具有可归责性，则不构成表见代理。”② 从代理权利外观的考量因素出发，上海市高级人民法院颁布的《商事合同案件适用表见代理要件指引（试行）》第6条列举了若干的情形，可作为参考：①合同是否以被代理人名义订立。若签订合同未使用被代理人名义，合同文本没有任何与被代理人有关联的文字表述，须慎重认定表见代理。②行为人的身份、职务是否与被代理人有关联。如行为人在被代理人处职务越高、与从事业务关联度越强，或者与被代理人之间的其他身份联系越密切，对表见代理的证明力就越强；反之则越弱。③被代理人对行为人是否存在可合理推断的授权关系。如行为人原有代理权已被终止但被代理人未对外告知等情形。④合同等对外文件材料上是否加盖与被代理人有关的、可正常对外使用的有效印章。如合同上加盖的被代理人项目部真实印章按常理可对外授权使用的，可作为考量因素；若按常理应当属于单位内部使用印章，须慎重认定。⑤合同关系的建立方式是否与双方以往的交

① 参见冉克平：《表见代理本人归责性要件的反思与重构》，载《法律科学》2016年第1期。

② 王利明：《民法总则》，中国人民大学出版社2022年版，第417页。

易方式相符。如以往交易长期由某部门负责人实际操作进行，且被代理人从无异议并正常结算认可，此次有争议交易也采用相同方式的，可参考以往交易行为判断。⑥合同订立过程、交易环境和周围情势等是否与被代理人有关。如行为人签约前曾陪同合同相对人参观考察被代理人的施工现场，签约地在被代理人营业地或办公场所的，可以作为判断因素。⑦被代理人是否存在能够使人相信其参与合同履行的行为。如被代理人实际支付过合同价款，被代理人与合同相对人就履约问题进行过交涉等，可作为考量因素。⑧标的物的用途、交付方式与交付地点等是否与被代理人有关，被代理人是否取得履行合同的利益。如合同标的物交付至被代理人营业场所或负责管理的其他场所，标的物被应用于被代理人本身或者直接从事的业务所需的，可以作为考量因素。⑨其他具有代理权客观表象的情形。行为人在交易过程中存在其他行为，足以使一般商人合理推断该行为系基于被代理人合法授权的，可以作为考量因素。判断是否存在代理权外观，往往需要综合考量众多因素，上述因素及其组合可能形成或强或弱的代理权外观。(3) 相对人为善意。根据《民商事合同纠纷审理意见》第 14 条的规定，人民法院在判断合同相对人主观上是否属于善意且无过失时，应当结合合同缔结与履行过程中的各种因素综合判断合同相对人是否尽到合理注意义务，此外还要考虑合同的缔结时间、以谁的名义签字、是否盖有相关印章及印章真伪、标的物的交付方式与地点、购买的材料、租赁的器材、所借款项的用途、建筑单位是否知道项目经理的行为、是否参与合同履行等各种因素，作出综合分析判断。对于相对人善意的主要考量因素，上海市高级人民法院《商事合同案件适用表见代理要件指引（试行）》第 7 条做了列举：对主观要素的考量应当结合合同订立和履行过程中的各种因素，综合判断合同相对人是否为善意且无过失，即合同相对人不知道行为人无代理权，其在作出相应判断时已尽到合理注意，不存在明显的疏忽或懈怠。一般而言，权利外观因素越充分，越能够说明合同相对人主观上善意无过失。此外，可用于判断相对人主观善意的其他考量因素还可包括：①合同相对人与被代理人之间是否存在交易历史以及相互熟识程度。如交易双方彼此陌生，则相对人需说明并证明其对行为人代理权产生信赖的理由。②合同相对人在订立合同之前是否已充分知悉权利外观事实。对权利外观事实的充分收集，是合理信任行为人具有代理权的前提。相对人主张自己善意且无过失，应证明自己知悉权利外观事实的时间早于实施交易行为，实施交易行为后或风险产生后才了解的相关事实则一般不能支持对相对人善意的判断。如某案合同相对人举证的权利外观证据系纠纷发生后为诉讼之需而收集获取，不足以证明相对人交易行为发生之时的主观善意。③合同相对人注意义务与交易规模大小是否相称。一般而言，标的物数量大、金额高的大宗交易，合同相对人应更加谨慎，此类情况下其是否善意的审查判断标准也需相应更高；反之，小额、便捷的交易，审查判断相对人是否善意的标准相对降低。④交易对效率的要求与合同相对人核实代理权限的成本是否相称。若合同相对人核实代理权所需的时间和经济成本过高，并可能妨碍交易目的实现，且其为追求效率而放松对代理权限的核实并承担相应风险在商业上是合理的，可作为判断善意与否的考量因素；反之，合同相对人有机会通过方便、廉价手段核实代理权限但并未采取相关措施，因此而承担了不合理商业风险的，可作为判断其过失的考量因素。⑤其他影响合同相对人主观判断的因素。

总之，代理权外观和相对人善意的要求都是判断相对人信赖的合理性，都需要面向个案及其所处场景来具体作出判断，司法技术上可采理性人标准之判断模式，通过理性人标准的构建、理性人所处场景的重构，来判断相应的理性人在所重构的场景中对个案中呈现的代理权外观会不会产生合理的信赖。

3. 举证责任分配

依据最高人民法院《关于适用〈中华人民共和国民法典〉总则编若干问题的解释》第 28 条第 2 款的规定："因是否构成表见代理发生争议的，相对人应当就无权代理符合前款第一项规定的条件承担举证责任；被代理人应当就相对人不符合前款第二项规定的条件承担举证责任。"该条款确定了表见代理的举证责任分配原则，相对人负有证明存在代理权外观的举证责任，相对人举证责任完成后，被代理人如果主张即使存在代理权外观但相对人知道或应当知道无权代理人没有获得授权，此时被代理人要对此承担举证责任。

回归前述两案，在（2022）鲁16民终2699号案例中，总包单位与滨中公司签订建设工程施工分包合同，合同尾部乙方有滨中公司的合同专用章，委托代理人处有杨某签字，同时，该合同第6条第2款第1项写明乙方（滨中公司）委派杨某为本工程技术、安全等负责人，全面负责施工管理工作，杨某具有滨中公司代理人的权利外观，使出租方产生了杨某代理滨中公司的合理信赖。在（2022）苏05民终7298号案例中，李某某、王某某长期在案涉工地项目部工作，向出租方朱某某提供的租赁合同、结算单上加盖有中建二局一公司项目部印章，李某某、王某某多次在案涉工程相关协议中作为中建二局一公司的工作人员出现，朱某某提供的设备实际用于案涉工程施工，中建二局一公司在此过程中未提出任何异议，故朱某某对李某某、王某某的代理权外观产生了合理信赖，最终判决由本人承担合同责任。

（五）合规要点

表见代理制度涉及各方利益的平衡，加上法律规定的原则性，在个案中，法官考量的因素很多，由此也出现了同案异判的现象。一般而言，在挂靠、违法分包和转包的情况下，出现无权代理人代理签订租赁合同的现象较多，而实际施工人往往无力承担风险。因此，出租人在办理租赁业务时，特别需要关注代理人的身份，审查其权利外观，一般而言，效力较强的有任命文件、授权委托书、建设工程合同书或公示牌上的项目经理职务等，此外，还有许多证明代理身份或权限的文件，如项目部的会议纪要、施工企业内部文件、加盖企业公章的对外证明材料以及施工图纸。对此，出租方应当在签订合同时注意收集证明代理人代理身份的证据。

05 “虚假印章”对租赁合同效力和相对人认定的影响

（一）现实难题

有些建筑企业使用公章签订合同，有些企业授权项目部签订合同，因此，实践中签订合同时可能使用合同专用章、项目部章、技术专用章或材料专用章等，不一而足，又因为建筑行业普遍存在转包、违法分包和挂靠施工情况，建筑企业对外签订合同使用印章的情况较为复杂，以致“真伪”难辨。在出租方与承租方签订租赁合同引发纠纷后，不少案件的承租方以印章为他人私刻作为抗辩理由，或者经鉴定后证实争议合同的印章与提供的样本确不一致，在此情况下，印章对租赁合同的效力和相对人认定将会产生何种影响？

（二）裁判观点

合同上印章的真假并非判断当事人意思表示是否真实的唯一依据，合同是否为当事人的真实意思表示，应当综合审查签约人于盖章之时有无代表权或者代理权，合同相对人对签约人的代表权或者代理权是否进行了谨慎审查等情形进行判断，从而根据代表或者代理的相关规则来确定合同的效力和认定合同相对人。

（三）多发代表性案例

（2015）浙杭商终字第2611号[①]案件概况如下，2013年7月，杭州某实业公司与福建某建设公司签订租赁合同，合同上加盖福建某建设公司的印章，内容为福建某建设公司为翰林银座项目向杭州某实业公司租赁钢管扣件等建筑材料，经鉴定，该合同上承租方所盖印章与备案印章不一致。2013年8月至2014年12月31日，杭州某实业公司与江某、王某某进行过16次对账，租费单由江某签字，确认累计欠租费300余万元。2013年8月1日，福建某建设公司向杭州某实业公司转账10 000元，标注为押金。2014年7月29日，林某某向王某某转账200 000元，2014年9月22日，林某某向王某某转账100 000元，福建某建设公司称林某某为公司出纳，杭州某实业公司称王某某为杭州某实业公司安徽分公司负责人。2013年7月26日，福建某建设公司与武汉某钢管脚手架公司签订钢管脚手架承包协议书及外墙钢管架搭设补充协议各一份，约定福建某建设公司将翰林银座项目的钢管脚手架搭设拆除工

---

① 参见（2015）杭江商初字第219号民事判决书，该案由笔者和何嘉川律师代理。

程委托武汉某钢管脚手架有限公司承包施工。2013 年 11 月至 2015 年 2 月，福建某建设公司陆续履行了支付工程款义务，形式包括银行转账、报销、现金领款及借款等，其中多笔转账系从林某某账户转出，林某某亦在福建某建设公司的记账凭证财务审核意见栏中签名，多次转账转入江某、黄某某、徐某某的账户。福建某建设公司提供的两份授权委托书复印件显示江某某于 2014 年 12 月 16 日授权黄某某就翰林银座项目与福建某建设公司进行结算，代为领取工程款；于 2015 年 1 月 1 日授权徐某某全权办理翰林银座 8 ~ 15 号楼后期工程一切相关事宜。2015 年 7 月 15 日，福建某建设公司经理陈某某就公司印章被伪造案向蚌埠市公安局经济开发区分局报案，并经受理。福建某建设公司称公安立案需对印章另行鉴定。另查明，庭审中杭州某实业公司称租赁合同系在案涉项目办公区与江某某进行商谈，江某某自称案涉项目负责人但未出示表明其身份的材料，次日由江某某将租赁合同盖好印章交给杭州某实业公司业务人员。福建某建设公司称其汇给杭州某实业公司的 20 000 元系江某称要通过公司账户支付货款，其中一笔 10 000 元系江某先将现金交给福建某建设公司。

一审法院判决认为：本案的争议焦点为福建某建设公司与杭州某实业公司之间是否成立租赁合同关系。虽然杭州某实业公司提供了租赁合同，但经鉴定，合同上福建某建设公司的印章与备案印章不一致，亦无任何签名，凭此合同不能证明双方之间存在合意。杭州某实业公司并未提供证据表明其在合同签订及履行过程中有理由相信江某某可以代表福建某建设公司，根据杭州某实业公司的陈述，在签订合同时江某某未出示过表明其可以代表福建某建设公司的材料。虽福建某建设公司曾通过其账户分两次各转账 10 000 元，其中一笔标注为货款，一笔标注为押金，但并不能以此证明双方存在租赁合同关系；虽然林某某向王某某转账 300 000 元，林某某为福建某建设公司的财务人员，但从其个人账户转出的款项并不能代表福建某建设公司，福建某建设公司提供的付款凭证中亦有多笔林某某转给案外人的款项，福建某建设公司称该款项系受江某某的指示转出可信，故林某某的付款不能证明双方成立租赁合同关系。福建某建设公司提供的钢管脚手架承包协议书、外墙钢管架设协议，可以证明福建某建设公司将案涉的脚手架工程分包给案外人，而江某某系实际施工负责人，福建某建设公司提供的付款凭证可以证明其陆续履行了支付分包工程款的义务，其并未直接向杭州某实业公司租赁钢管材料。基于以上理由，一审认为福建某建设公司与杭州某实业公司并无达成案涉租赁合同的合意，合同不成立。杭州某实业公司无证据证明其有理由相信江某可以代表福建某建设公司签订或履行案涉租赁合同，亦无证据证明福建某建设公司实际履行了租赁合同义务从而证明双方建立租赁合同关系，故驳回杭州某实业公司对福建某建设公司的诉讼请求。

二审判决认为，本案现有证据表明，案涉租赁合同落款处福建某建设公司的公章经鉴定与其备案公章不一致，且福建某建设公司对该合同亦不予认可，故该书面合同对福建某建设公司无约束力。然而，福建某建设公司分别于2013年8月1日和26日向杭州某实业公司转账各10 000元，其中一笔标注为货款，另一笔标注为押金，福建某建设公司对为何向杭州某实业公司支付押金和货款并未作出合理解释，结合其认可案涉翰林银座项目工程系由其承建，且争议租赁物确系送至并用于该工地，法院认为其支付货款和押金的行为应视为实际履行，故双方之间存在事实上的租赁关系。对于双方实际发生的租金费用予以支持，但案涉租赁合同对福建某建设公司无约束力，合同约定的违约金不予支持。因此改判了一审判决。

关于“虚假公章”的判例，江苏省高级人民法院（2018）苏民再41号民事判决认为：建筑行业存在大量以单位部门、项目经理乃至个人名义签订或实际履行合同的情形，进而因合同主体和效力认定问题引发表见代理纠纷，因此，对于表见代理的认定应持审慎态度。本案中，与南京市某租赁部直接联系的周某华，并无充分代表安徽某建设公司的表象。南京市某租赁部在签订涉案租赁合同时，对张某某和周某华的身份并未充分核实，仅依据陈某某的胸牌就认为其三人拥有代表安徽某建设公司对外签订合同的权力。在产生怀疑后，南京市某租赁部也未对合同上加盖的安徽某建设公司的公章的真实性进一步明确核实，且经一审委托鉴定，涉案租赁合同及陈某某胸牌上加盖的安徽某建设公司的公章系伪造。在合同履行过程中，南京市某租赁部将材料运至工地时亦未对安徽某建设公司承接工程的情况加以确认。作为专门从事钢管、扣件出租业务的材料商，南京市某租赁部熟知建筑行业的规定、交易习惯及潜在风险，而其从订约至履约，并未尽到谨慎注意义务，存在一定过错。另外，南京市某租赁部对其提供的钢管、扣件实际用于安徽某建设公司承建的楼幢无明确证据加以证明，且根据全椒县公安局的辨认笔录和周某华、冯某、刘某等人的陈述，南京市某租赁部的钢管、扣件系用于安徽某建筑安装有限公司承建的楼幢。故由安徽某建设公司承担涉案钢管、扣件的租赁费用亦无合理理由。据此改判一、二审的判决事项。

（四）理论解析——“虚假印章”对租赁合同相对人认定的影响

在民商事诉讼案件中，“虚假印章”问题时有出现，而在建筑企业与相对人签订的买卖、租赁合同纠纷中显得尤为突出，在此类案件中，“虚假印章”对于合同效力和相对人认定往往成为案件争议焦点，就如本问题所引用的两则案例。在（2015）浙杭商终字第2611号案件中，一审法院判决认为合同上“虚假印章”所显示的承租人与出租方无达成租赁合同的合意，判决驳回出租方的诉请，而二审法院持相反观点。在（2018）苏民再41号案例中，一、二审人民判决认为周某华的行为构成表见代理，“虚假印章”显示的企业需承担合同责任，而再审法院判决与此截然相反。“虚假印章”问题在合同纠纷实务中频发，对此问题进行分析评判极具现实意义。

1. 印章的规范和“虚假印章”的认定

我国目前关于印章管理最高层级的规范性文件为国务院《关于国家行政机关和企业事业单位社会团体印章管理的规定》（国发〔1999〕25号），其主要内容是对印章的样式等进行规范。同时，该规定第26条明确：“对伪造印章或使用伪造印章者，要依照国家有关法规查处。如发现伪造印章或使用伪造印章者，应及时向公安机关或印章所刊名称单位举报。具体的印章社会治安管理办法，由公安部会同有关部门制定。”因文件性质所限，该规定并未规定使用“虚假印章”的法律后果，没有涉及印章备案的要求。

除此之外，关于印章的规范，民政部颁发了两部规章，分别为《民办非企业单位印章管理规定》和《社会团体印章管理规定》，这两个规定均明确要求印章经登记管理机关、公安机关（社会团体为业务主管部门）备案后方可启用。

根据以上关于印章管理的制度溯源可知，在法律、行政法规层面，我国并无对印章备案的明确规定，除上述公安部和民政部颁发的法律文件，还有一些地区以地方性法规、地方规章和主管机关规范性文件形式，确定企业公章备案制度。但由于决定民事行为效力的仅为违反法律、行政法规的强制性规定，而规章、地方性法规或更低级别的规范性文件不能作为判断民事行为效力的依据，使用非备案印章就不能成为否定合同效力的依据。

“虚假印章”属日常用语，从法律规范层面，并没有“虚假印章”的概念，法院也很少使用“虚假印章”一词。司法判例中，法院一般通过鉴定确定涉案合同中所使用的印章与备案印章、曾使用的印章是否一致，通过调查印章是否被他人冒用、私刻、伪造等来判断是否属于“虚假印章”问题。判断“虚假印章”一般从以下几个角度展开：第一，如果涉案合同使用的印章与备案的印章一致，即属于真印章；第二，如果印章被鉴定与备案印章不一致，但该印章曾被企业在其他场合使用，也不属于“虚假印章”；第三，确被证实由他人私刻，且排除曾使用、排除企业认可或容忍使用的，将被确认为“虚假印章”。

2. “虚假印章”对合同效力和相对人认定的影响

印章在证明协议相对人上尚属初步证据，人民法院认定协议的真实性和判断责任承担主体，尚需综合考虑其他证据及事实。协议形成行为与印章加盖行为具有相对独立性，协议内容是双方合意行为的表现形式，而印章加盖行为是确认双方合意内容的方式，二者相互关联又相对独立。在证据意义上，印章真实一般即可推定协议真实，但在有证据否定或怀疑合意形成行为真实性的情况下，即不能根据印章的真实性直接推定协议的真实性，即使合同上使用了企业的真实印章，但若该企业无订立合同之意思亦无履约行为，也不能认定为合同成立。最高人民法院在（2014）民提字第178号——陈某浴与内蒙古昌宇石业有限公司合同纠纷案的再审判决中就持这种意见。进而言之，合同上使用“虚假印章”，有可能由“虚假印章”上显示的企业承担合同责任，因为可能构成表见代理、职务代理或者成立事实上的合同关系，（2015）浙杭商终字第2611号案例即属此种情况；也有可能由第三人承担责任，因为印章显示的主体无成立合同的意思，也无证据证明构成表见代理或职务代理，（2018）苏民再41号案例就属于第二种情况。

盖章之行为对合同效力的影响主要应当审查盖章之人的代理权问题，《九民会议纪要》第41条认为：“司法实践中，有些公司有意刻制两套甚至多套公章，有的法定代表人或者代理人甚至私刻公章，订立合同时恶意加盖非备案的公章或者假公章，发生纠纷后法人以加盖的是假公章为由否定合同效力的情形并不鲜见。人民法院在审理案件时，应当主要审查签约人于盖章之时有无代表权或者代理权，从而根据代表或者代理的相关规则来确定合同的效力。法定代表人或者其授权之人在合同上加盖法人公章的行为，表明其是以法人名义签订合同，除《公司法》第16条等法律对其职权有特别规定的情形外，应当由法人承担相应的法律后果。法人以法定代表人事后已无代表权、加盖的是假章、所盖之章与备案公章不一致等为由否定合同效力的，人民法院不予支持。代理人以被代理人名义签订合同，要取得合法授权。代理人取得合法授权后，以被代理人名义签订的合同，应当由被代理人承担责任。被代理人以代理人事后已无代理权、加盖的是假章、所盖之章与备案公章不一致等为由否定合同效力的，人民法院不予支持。”对此，《民法典合同编通则司法解释》第22条第1款也表达相同的意旨：“法定代表人、负责人或者工作人员以法人、非法人组织的名义订立合同且未超越权限，法人、非法人组织仅以合同加盖的印章不是备案印章或者系伪造的印章为由主张该合同对其不发生效力的，人民法院不予支持。”

3. 盖章之代理权对合同效力影响的类型

根据上述《九民会议纪要》的意见，我们可以将印章之代理权对于合同效力和相对人认定的影响区分为以下几种类型来确定：(1) 法定代表人或者授权代理人在合同上加盖印章的，一般认为合同成立并生效，印章的真假对合同效力无影响，除非法定代表人或代理人超越权限且相对人知情。其法律依据为《民法典》第61条、第170条的规定。但是，如果法定代表人私刻公章，从事明显超越代表权限的行为，违反法定代表人对公司应负的忠诚义务，且相对人知道或者应当知道的，公司不承担责任。最高人民法院在宁波绣丰彩印实业有限公司、浙江杭州湾汽配机电市场经营服务有限公司、慈溪道新投资咨询有限公司、慈溪道新汽配贸易有限公司、慈溪市一得工贸有限公司以及孙某生合同纠纷案中［最高人民法院（2012）民提字第208号］即作出如此判决。(2) 无权代理人使用无论是真还是“虚假印章”对外签订合同，若构成表见代理，适用表见代理规则，由印章显示的主体承担合同责任，《民法典》第172条对此做了规定。(3) 使用非备案的印章或者私刻、伪造的印章签订合同，该企业知晓其使用而不做否认表示，应当认定合同对该企业发生效力。在现实中，企业刻制多枚印章的情况并不鲜见，由于法律并未规定必须使用备案印章签订合同，只要印章所属的企业曾用该印章签订合同，则表明该企业认可该枚印章的效力。此外，若第三人私刻、伪造印章签订合同，本人知道他人以本人名义实施民事行为而不做否认表示，视为同意，属于容忍代理行为。(4) “虚假印章”与备案印章、曾使用的印章不一致，且无证据证明签约人构成表见代表、表见代理、职务代理、容忍代理等情形的，则由签约人承担责任。《民法典》第171条第3款、第4款规定，行为人实施的行为未被追认的，善意相对人有权请求行为人履行债务或者就其受到的损害请求行为人赔偿。但是，赔偿的范围不得超过被代理人追认时相对人所能获得的利益。相对人知道或者应当知道行为人无权代理的，相对人和行为人按照各自的过错承担责任。

总之，法律对合同并不拘泥于特定的形式，采取合同形式自由原则。租赁合同是诺成、非要式合同，合同书只是合同成立的一种方式，合同书上印章显示的承租方并非合同相对人识别的唯一证据，而需综合盖章之代理人的代理权等的证据综合进行认定。

（五）合规要点

从风险控制和经营合规角度考虑，出租方在租赁行为中的第一要务是识别合同的相对人。但是，要识别印章的真假和代理人的权限问题，确实非常困难，对付“虚假公章”的终极武器是遵守“四流”合一财税规则，即合同流、资金流、货物（服务）流、发票流要保持合一，在合同的主体、资金流的主体、货物流的主体以及发票主体均保持一致的情况下，印章的真假问题不再是争议问题。

06　建筑设备质量不符合强制性标准对租赁合同效力的影响

（一）现实难题

在行业发展初期，建筑设备租赁企业为追求更好的经济效益或者因为质量意识的淡薄，可能有意或无意地提供质量不符合强制性标准的建筑设备，承租人在接受建筑设备时未提出质量异议，但在出租人将租赁合同纠纷起诉于法院后，承租人以出租方提供的建筑设备不符合强制性标准为由主张租赁合同无效，在此情况下，法院对于合同的效力应如何进行认定？

（二）裁判观点

因设备质量低于出租合同约定或合同未约定但出租人提供设备的质量低于国家对建筑设备质量管理的强制性规定，当事人要求确认合同无效的，不予支持。国家对于建筑设备质量管理的强制性规定不属于效力性法律法规的范畴，不作为认定租赁合同无效的依据；出租的建筑设备即使存在质量问题，也属于出租方是否按约履行合同、是否违约的认定范畴，不影响合同的效力认定。

（三）多发代表性案例

（2017）豫民再228号案件概况如下，2011年7月31日，杜某某与张某某签订《租赁合同》，约定杜某某将一台 35 米塔吊租赁给金城公司使用，月租金为 5000 元。合同签订后，张某某向杜某某支付 5000 元押金。后因杜某某未能按规定向金城公司提供涉案塔吊的相关手续致使该塔吊无法正式投入使用。

另查明，法院依金城公司申请，委托河南国是司法鉴定中心对塔吊（35 米）是否达到安全技术标准及是否有安全有效的安全保护装置进行司法鉴定。2014 年 12 月 5 日，河南国是司法鉴定中心出具豫国是司鉴中心［2014］建质鉴字第 2014120501 号司法鉴定意见书，鉴定意见为：经论证，放置在司法鉴定申请方工地西南侧的这台塔式起重机不能达到安全技术标准、不能在安全有效的安全保护装置下正常使用，不符合安全施工要求。

一审新乡市牧野区人民法院判决认为，《合同法》第 216 条规定："出租人应当按照约定将租赁物交付承租人，并在租赁期间保持租赁物符合约定的用途。"《建筑起重机械安全监督管理规定》第 4 条规定："出租单位出租的建筑起重机械和使用单位购置、租赁、使用的建筑起重机械应当具有特种设备制造许可证、产品合格证、制造监督检验证明。"第 6 条规定："出租单位应当在签订的建筑起重机械租赁合同中，明确租赁双方的安全责任，并出具建筑起重机械特种设备制造许可证、产品合格证、制造监督检验证明、备案证明和自检合格证明，提交安装使用说明书。"第 7 条规定："有下列情形之一的建筑起重机械，不得出租、使用：（一）属国家明令淘汰或者禁止使用的；（二）超过安全技术标准或者制造厂家规定的使用年限的；（三）经检验达不到安全技术标准规定的；（四）没有完整安全技术档案的……"本案中，双方签订合同后，金城公司按照约定向杜某某支付押金 5000 元，杜某某未按规定向金城公司提供涉案塔吊的建筑起重机械特种设备制造许可证、产品合格证、制造监督检验证明、备案证明和自检合格证明、安装使用说明书，致使涉案塔吊未能实际投入使用，且涉案塔吊经相关部门鉴定不能达到安全技术标准、不能在安全有效的安全保护装置下正常使用，不符合安全施工要求。另外，杜某某在庭审中向法院提供的产品合格证上显示塔吊独立高度是 25

米，而合同上显示双方约定使用的塔吊是35米，所以性能参数和合同上约定的塔机数据不符，不能证明杜某某出租给金城公司的塔吊就是产品合格证上载明的型号为QTG25A的塔吊。因杜某某未向金城公司提供具有相应使用功能的塔吊及塔吊使用所需的相关证件资料等，致使金城公司无法使用该塔吊，故对杜某某要求金城公司完整无损归还型号为QTG25A塔吊并支付运费3000元，请求判令每月按5000元计算租赁费及10%违约金的诉讼请求不予支持。但金城公司应返还杜某某35米塔吊一台。关于金城公司提出的要求杜某某返还金城公司5000元押金的反诉请求，予以支持。关于金城公司要求杜某某支付保管费86 400元的反诉请求，因金城公司所举证据不足以证明该主张成立，故对该反诉请求不予支持。关于杜某某提出的被鉴定塔吊不是其出租给金城公司的塔吊，因未能提供证据予以证明，不予支持。杜某某要求张某某承担责任，因张某某系金城公司工作人员，其与杜某某签订租赁合同系履行的职务行为，故对杜某某要求张某某承担责任的诉讼请求不予支持。于是，一审判决金城公司返还杜某某35米塔吊一台；驳回杜某某的其他诉讼请求。

此后，该案由河南省高级人民法院进行再审，再审判决认为：关于案涉租赁合同是否有效的问题。杜某某与金城公司签订的租赁合同均为当事人的真实意思表示，且内容不违反法律、行政法规效力性的强制规定，租赁合同合法有效，法院予以确认。再审中，金城公司主张所依据的《建设工程安全生产管理条例》《建筑起重机械安全监督管理规定》等相关规定，河南省高级人民法院认为，上述规定属于管理性规范，不能作为认定本案租赁合同无效的法律依据。因此，金城公司主张租赁合同无效的理由不能成立，河南省高级人民法院不予支持。

关于产品质量问题对合同效力影响的类似案例，杭州市中级人民法院(2019)浙01民终8828号民事判决认为，案涉《租赁合同》系双方当事人的真实意思表示，且不存在违反法律法规强制性规定的情形，应当认定为有效。该合同标的物即钢管、扣件是否存在质量问题，属于是否按约履行合同的认定范畴，不影响该合同的效力认定，故瀚海公司以钢管、扣件存在质量问题为由主张合同无效，依据不足，该法院未予支持。

（四）理论解析——出租的建筑设备质量对合同效力的影响

在建筑设备租赁合同纠纷中，在出租方起诉要求承租人支付租金后，承租人常以出租人提供的建筑设备质量不符合强制性规定为由，要求确认合同无效。法院在对合同纠纷案件进行审理时，对合同效力的评判，是裁决合同当事人承担约定责任还是法定责任的先决条件。若法院认为合同有效，意味着发生了当事人预期的法律效果，当事人所追求的目的得到实现。若合同无效，合同约定的除结算清理条款外的条款将不具有约束力，不发生履行效力。对于租赁合同而言，因合同无效，则租赁价格条款、租金支付进度条款、违约金条款将失去拘束力，出租方基于合同有效的诉讼请求将失去支撑，承租人当然“乐见其成”，这也是承租人主张合同无效的动力所在。

1. 合同效力评价的前提

在建筑设备租赁合同纠纷实务中，对于建筑设备质量不符合强制性规定对合同效力的影响问题，应当区分两种情形，一种是租赁合同明确约定出租物的质量低于强制性质量标准的（如合同约定出租方提供不符合安全技术标准的塔式起重机、出租的房屋经消防验收不合格的[①]、出租提供建筑脚手架钢管壁厚小于3.6mm情形的[②]，该类合同纠纷实务中较为少见），该类合同效力如何评判；另一种是合同并未约定出租方提供低于强制性标准的租赁物，甚至是明确约定出租方应当提供符合甚至高于强制性质量标准的租赁物，但在合同履行过程中，出租方提供了低于强制性标准的租赁物，在此情况下，对于合同效力的影响问题。对于第二种情形，可以明确地说，该种情形并不涉及合同效力评价问题。理由在于，我们判断合同效力的时点是合同成立之

---

① 《消防法》第13条第3款规定：“依法应当进行消防验收的建设工程，未经消防验收或者经消防验收不合格的，禁止投入使用；其他建设工程经依法抽查不合格的，应当停止使用。”

② 《建筑施工扣件式钢管脚手架安全技术规范》（JGJ130—2011）规定钢管规格应为 $\phi 48.3 \times 3.6$，壁厚3.6mm。

时，而不是根据合同的履行情况进行回溯判断，合同标的物是否符合合同约定或者强制性规定，属于是否按约履行合同的认定范畴，不影响该合同的效力认定。但实务中，大量案件承租人以出租方提供的租赁物不符合强制性标准要求法院确认合同无效，这显然是混淆合同效力评价和合同履行是否违约评价这两个不同法律范畴的问题，属于基本逻辑错误。

对于租赁合同而言，对于合同的效力评价，应当立足于第一种情形，即合同当事人约定出租方提供低于强制性标准的租赁物，是否导致合同无效的问题，下文在这个前提下展开讨论。

2. 强制性规定对合同效力的影响

合同约定租赁物低于国家强制性规定的，是否导致合同无效，对此，实务中存在有效、无效两种观点。持无效的观点认为，一方面，对于出租物的使用规定属于强制性规定，出租方违反此规定属于违反《民法典》第153条规定——违反法律、行政法规强制性规定之情形，应当确认租赁合同无效；另一方面，从社会效果考虑，对租赁物的强制性规定，往往涉及安全管理，不确认其无效，不进行否定性评价，会增加安全事故发生的概率和可能性。持有效的观点认为，从规范的功能分析，强制性规定可分为效力性的强制性规范和非效力性的强制性规范。对于物的诸多使用规定，是为了行政管理的需要，非属效力性强制性规定，其规范是物的使用行为，违反该类规定的后果为行政违法，但不影响民事合同效力。

3. 国家对于出租物质量强制性规定规范性质

《民法典》第153条第1款规定："违反法律、行政法规的强制性规定的民事法律行为无效。但是，该强制性规定不导致该民事法律行为无效的除外。"那么，对于该类问题的解决，需要评判强制性规定的性质。确认违反强制性规定的合同无效，该强制性规定应当具备两个品格：一是从规范性质看，该强制性规定应属于效力性强制性规定；二是从规范层级看，该强制性规定是属于法律或行政法规。

对于诸多的强制性规定是否属于效力性强制性规定的评判，历来是法学理论和实务的一个难题，一个世界性难题。从强制性规定类型化区分的制度演变看，《合同法解释（二）》第14条将《合同法》第52条第5项的“强制性规定”限缩解释为“效力性强制性”，但该解释颁布不久，最高人民法院的态度即发生改变。《民商事合同纠纷审理意见》指出：“违反效力性强制规定的，人民法院应当认定合同无效；违反管理性强制规定的，人民法院应当根据具体情形认定其效力。”但对于效力性强制性规定和管理性强制性规定的二分格局，在方法论上仍有诸多需要检讨之处，一是效力性强制性规定和管理性强制性规定并非非此即彼的关系，将强制性规定区分为管理性和效力性并不周延，不能涵盖所有的强制性规定。欲围绕《合同法》第52条第5项对强制性规定再做区分，一项前提工作是将合同效力已做另一维度之评价的“能为规范”剔除出其适用范围，相应地，“效力性”和“管理性”的二分也就不构成对与任意性规定相对之强制性规定的封闭式分类。[①] 二是效力性强制规定与管理性强制性规定的区分本身就存在循环论证的逻辑错误：[②] 法条之所以为效力性强制性规定，是因为它能影响合同效力；合同效力之所以被否定，是因为它违反了效力性强制性规定。[③] 因此，《民商事合同纠纷审理意见》指出，违反管理性强制规定的，人民法院应当根据具体情形认定其效力，这里的“情形”包括“法律法规的意旨”“相互冲突的权益、交易的安全以及其所规制的对象等”。《民法总则》第153条第1款规定：“违反法律、行政法规的强制性规定的民事法律行为无效，但是该强制性规定不导致该民事法律行为无效的除外。”立法者明确抛弃了司法实践中广为采用的“效力性强制性规定”与“管理性强制性规定”二元化区分模式。[④] 转而采用与德国类似的规范目的保留模式，授权法官考察强制性规定的规范目的，以判定违法合同是否应归于无效。对此，《民法典》第153条规定的适用，其

---

① 参见姚明斌：《“效力性”强制规范裁判之考察与检讨——以〈合同法解释二〉第14条的实务进展为中心》，载《中外法学》2016年第5期。

② 参见黄忠：《违法合同的效力判定路径之辨识》，载《中国法学》2010年第5期。

③ 参见高圣平：《公司担保相关法律问题研究》，载《中国法学》2013年第2期。

④ 参见李适时主编：《中华人民共和国民法总则释义》，法律出版社2017年版，第447页。

实际上旨在区分效力性强制性规定和非效力性强制性规定，并要求以效力性强制性规定判断无效。法院应当依据该条所确立的标准认定民事法律行为的效力。[①]《九民会议纪要》第 30 条第 2 款规定："人民法院在审理合同纠纷案件时，要依据《民法总则》第 153 条第 1 款和合同法司法解释（二）第 14 条的规定慎重判断'强制性规定'的性质，特别是要在考量强制性规定所保护的法益类型、违法行为的法律后果以及交易安全保护等因素的基础上认定其性质，并在裁判文书中充分说明理由……"

如何将强制性的规定确定为效力性规定或非效力性规定，是法律适用的难题。概念思维强调法学概念的本质所在和意义体现必须固定不变，以此保持法律规范和法律体系的逻辑严密性。由于现实生活内容具有无限的扩张趋势，但法律规范却是有限的，任何法律规范只能针对某一种事实类型进行一般而抽象的规定，从而使概念思维不可避免地带有抽象性和封闭性的特质。"当抽象一般概念及其逻辑体系不足以掌握某生活现象或意义脉络的多样表现形态时，大家首先会想到的补助思考形式是'类型'。"[②] 综合以上的效力性强制性规定分析范式，就标的物使用的强制性规范是否属于效力性规定，笔者以为：首先，对物使用的强制性规范，规范目的着重于管理和处罚违反规定对物进行使用的行为，旨在对物的使用进行限制，但并不否认民事行为在民商法上的效力。《民法典合同编通则司法解释》第 16 条规定："合同违反法律、行政法规的强制性规定，有下列情形之一，由行为人承担行政责任或者刑事责任能够实现强制性规定的立法目的的，人民法院可以依据民法典第一百五十三条第一款关于'该强制性规定不导致该民事法律行为无效的除外'的规定认定该合同不因违反强制性规定无效……"其次，从强制性规定保护的法益看，对于此类出租物的使用，属个人事务，如有损害，也仅是个

① 参见王利明：《论效力性和非效力性强制性规定的区分——以〈民法典〉第 153 条为中心》，载《法学评论》2023 年第 2 期。

② ［德］卡尔·拉伦茨：《法学方法论》，陈爱娥译，商务印书馆 2003 年版，第 337 页。

人利益，不涉及损害“金融安全、市场秩序、国家宏观政策等公序良俗”等被类型化的国家利益、社会公共利益。由此，对照效力性强制性规定的类型，对于约定低于强制性规定的租赁合同，不属于人民法院应当认定合同因违反效力性强制性规定的任一情形。因此，对出租物使用层级的强制性规定不属于效力性强制性规定。

从强制规范的层级上，该强制性规范不属于法律、行政法规层级的强制性规定。《民法典》第153条第1款仍然规定了法律、行政法规的位阶限制，这意味着，如果民事法律行为违反了规章，在认定其无效时将突破该条第1款的法律位阶限制。因为，用规章作为判断合同效力的标准应当进行严格限制，具体而言：一是有上位法依据。这就是说，如果规章只是上位法的细化规定，在此情形是可以适用规章的。二是会给公共利益造成重大损害。通常来说，如果涉及重大公共利益，一般都会反映到法律、行政法规中。由于诸多因素，如出现新业态、新情况，法律行政法规来不及规定，而先由规章作为规定，此时法官认为违反规章导致合同无效就应当以公序良俗作为判断合同效力的标准。除依据《九民会议纪要》的规定外，还需要结合该强制性规范是否属于为了实施法律、行政法规的强制性规定而制定的具体规定，若是，人民法院应当依据《民法典》第153条第1款的规定认定合同效力。[①] 而对于物使用的强制性规定，不属于法律、行政法规层级的规范文件，也不属于可以适用的规章。因此，不能作为认定合同无效的依据。

（五）合规要点

为合规经营和避免风险发生，在订立建筑设备租赁合同时，应当明确建筑设备的质量标准，出租人按照约定标准提供租赁物，若合同对此无约定，出租方应当诚信经营，对照各项建筑设备的强制性标准的质量要求提供建筑租赁设备，一些特种设备还需提供特种设备制造许可证、产品合格

---

① 参见王利明：《论效力性和非效力性强制性规定的区分——以〈民法典〉第153条为中心》，载《法学评论》2023年第2期。

证、制造监督检验证明、备案证明等文件，对于不符合强制性规定租赁物而需出租的，应当在合同或有关文件中进行明确的说明和披露，并征得承租人的同意。

07　租赁合同的“背靠背”条款效力认定和适用问题

（一）现实难题

“背靠背”条款最初常见于建设工程分包领域，现今，“背靠背”条款已逐步扩大到建设工程的买卖和建筑设备租赁合同中。目前，我国法律、行政法规、最高人民法院司法解释并未对“背靠背”条款进行规制。立法和司法解释的缺位，导致不同法院间甚至同一人民法院内部对“背靠背”条款的性质、效力、举证责任分配等问题处理持相反之观点，造成司法判决一定程度的混乱。关于“背靠背”条款的性质和效力等问题，司法裁判应如何进行认定和处理？

（二）裁判观点

司法裁判中对“背靠背”条款的效力和适用未形成统一的意见，主流观点认为“背靠背”条款是当事人对自身权利义务的安排，未违反法律、行政法规的强制性规定，应为有效。对于该条款的具体适用，应当结合条款的文义去探究双方当事人的真实思想，进行举证责任的恰当分配，作出符合当事人双方利益平衡和权利义务有偿等价原则的公平裁判。

（三）多发代表性案例

（2021）川01民终17784号案件概况如下，宏吉公司系大邑县“春熙江岸”项目施工单位，利源公司系该项目劳务分包方。2017年4月10日，鑫强信公司分别与宏吉公司、利源公司签订建筑施工机械租赁合同（合同名称均为：春熙江岸建筑施工机械租赁合同；合同编号均为：春熙江岸×××号），与宏吉公司签订合同地点为宏吉公司办公室，与利源公司签订合同地点为利源公司办公室，两份合同内容相同，约定如下：项目名称春熙江岸项目，施工内容为起重机械施工，使用地点为大邑县内蒙古大道春熙江岸工程，施工机械：塔式起重机 QTZ5013 型 4 台、QTZ6010 型 3 台，并约定了租金和各项费用。对租赁费用支付的约定为，承租方每次收到建筑总承包单位工程计价款后 15 个工作日内向出租方支付到节点之前所发生 50% 的租赁费，租赁机械设备报停后，出租方在所有机械设备退场前双方办理完成租赁总结算手续并在 15 个工作日内向出租方支付到租赁总结算费用的 70%，剩余 30% 待工程竣工结算后，承租方在 15 个工作日内全额支付。合同还对其他事项做了约定。两份合同签订后，鑫强信公司陆续提供了案涉的 7 台塔机，分别是 QTZ501 型 4 台、QTZ6010 型 3 台。由于施工的需要，临时增加了 1 台 QTZ5013 型塔机。8 台塔机建筑起重机械使用登记证显示使用单位是四川宏吉建设工程有限公司。2018 年至 2019 年，利源公司委托宏吉公司支付鑫强信公司塔机租赁费 1 200 000 元，利源公司承诺该款项由利源公司承担，从劳务费结算总款中扣除。2019 年 10 月 29 日，鑫强信公司与利源公司进行结算，对 8 台塔机的所有费用明细进行了对账，共计费用为 3 654 947 元，剩余未付款 1 140 000 元。结算单有利源公司案涉项目负责人杨某兴的签字、鑫强信公司的公章和负责人签字。同日，利源公司与鑫强信公司签订《塔吊租赁清算协议》，其第 4 条约定，剩余款项在春熙江岸项目整体竣工验收合格后，利源公司与建筑总承包方办理完成工程竣工总结算且利源公司收到结算款后 15 个工作日内支付给鑫强信公司剩余款项。结算后，利源公司于 2020 年 1 月 23 日支付鑫强信公司 54 000 元。后当事人因租金支付等发生争议，遂成讼。

鑫强信公司将案件上诉于成都市中级人民法院，就争议的“背靠背”条款的效力问题，该院判决认为：关于利源公司支付剩余 30% 租金的条件是否成就。已查明，利源公司与鑫强信公司签订的《塔吊租赁清算协议》约定，利源公司应在春熙江岸项目整体竣工验收合格后，利源公司与宏吉公司办理完成工程竣工总结算，且利源公司收到结算款后 15 个工作日内支付鑫强信公司剩余租金。二审中，鑫强信公司、利源公司均认可上述约定属于付款条件，本案中，没有证据证明春熙江岸项目整体竣工验收合格，利源公司与宏吉公司办理完成工程竣工总结算，且利源公司收到结算款，也没有证据证明利源公司为了自己的利益不正当地阻止条件成就，成都市中级人民法院认为，利源公司与鑫强新公司约定的付款条件尚未成就，本案中，鑫强信公司无权主张利源公司支付剩余租金。关于鑫强信公司主张与利源公司约定的付款条件是无效条款，成都市中级人民法院认为，本案没有证据证明该约定有《合同法》第 52 条规定的情形，且利源公司与宏吉公司之间的合同关系是否有效，并不必然导致利源公司与鑫强信公司之间的约定是否无效，故对鑫强信公司主张与利源公司约定的付款条件无效的意见，成都市中级人民法院不予支持。

同类型的案件，成都市中级人民法院关于彭州市鼎立建筑设备租赁站、成都达力机械设备有限公司建筑设备租赁合同纠纷二审民事判决［（2020）川 01 民终 7488 号］认为：本案中，达力公司认为根据《电梯、塔机租赁代理协议》中“租赁费的付款时间按承租使用方付款的时间为准，甲方与承租使用方结算后支付给乙方”的约定，因达力公司未与承租使用方进行结算，案涉塔机租赁费用支付条件未成就。对此成都市中级人民法院认为，根据本案查明事实，结合二审中达力公司的陈述，案涉租赁合同履行期间为 2016 年至 2018 年年初，在一审查明案涉塔机停用后，达力公司并未举证证明其与案涉项目发包方进行过结算，或向案涉项目发包方进行过催告，应视为其故意阻却案涉合同租赁费用支付条件的成就，根据《合同法》第 45 条的规定，一审判决认为达力公司向鼎立租赁站支付欠付租金的条件未成就结论错误，法院依法予以纠正。

（四）理论解析——“背靠背”条款的性质、效力及适用

1. 问题的提出

本问题援引的两则案例判决均涉及“背靠背”条款问题，“背靠背”条

款是指施工总承包商从业主处承包工程后，在与分包商签订施工分包合同时约定“总承包商在收到业主（发包人）付款后，才对分包商进行付款”。因该条款具有为总承包商分担业主支付风险的作用而颇受青睐，实践中，该条款在总承包商与分包商签订的建设工程施工分包合同中被大量采用，在总承包商与材料商、设备租赁商签订的买卖、租赁合同中也不乏其例。“背靠背”条款在《民法典》编纂的立法研讨过程中也曾是讨论的议题之一，但因种种原因，《民法典》对于建筑商业活动中广泛存在且备受争议的合同现象并无回应和规制。有论者指出，对于建设工程合同，《民法典》最后仅对《合同法》个别条文进行了修订，这使《民法典》在建设工程合同部分仅表现为现行法的延续，而无任何“革命性变化”。①

在比较法上，在英美法系国家，尽管各国关于“背靠背”条款的使用和规定不尽相同，但总体上还是持否定或严格限制的态度。例如，英国于1996年通过的《住房许可、建设和重建法令》明确禁止“Pay - when - paid”条款，除非业主破产；而2009年通过的《地方民主、经济发展和建设法令》则对禁止“Pay - when - paid”条款使用的情形作出更为详尽的解释。在美国，各州法院及联邦法院对“背靠背”条款的态度略有差异，不过基本能够达成共识，即出于对分包方利益的保护，严格限制该条款的使用，除非条款中清晰而明确地表述了双方的意图，即总包方将业主破产的风险转移给分包方。而在澳大利亚、新西兰、新加坡和马来西亚等国家，总体上都禁止在分包合同中使用“Pay - if - paid”和“Pay - when - paid”条款。②

由于实证法的缺位、比较法上不同法域的不同态度、理论上的论证未充分等原因，我国司法实务中对“背靠背”条款的效力认定和具体适用处在“百家争鸣”之状态，观点各异、适用方法不一，具体情形有以下几种：第

① 参见石友佳：《〈民法典〉建设工程合同修订的争议问题》，载《社会科学辑刊》2020年第6期。

② 参见包艳萍、孟友瑞：《国际工程分包合同中“Pay - if - paid”和“Pay - when - paid”条款辨析》，载《国际经济合作》2014年第11期。

一种情形是直接认可“背靠背”条款的合法性与合理性；第二种情形是承认“背靠背”条款的效力，但对于承包人苛以较为严格的举证责任，要求承包人举证证明已积极向发包人主张权利而并未怠于行使；第三种情形则是认为分包人应对发包人付款情况承担举证责任；第四种情形是以约定不明为由，对承包人援引“背靠背”条款的抗辩不予支持；第五种情形则是以违反公平为由直接否定“背靠背”条款的效力。①

对于“背靠背”条款效力认定和具体使用歧见纷呈的状况、同案不同判的结果，极大地影响了法律权威，这不是法治社会的应然状态。制度虽有欠缺，但体系绝无漏洞，《民法典》对于“背靠背”条款虽无具体的制度规制，但可以利用《民法典》体系化功能，对具体问题进行分析，准确适用法律。为此，笔者结合《民法典》的规定，通过本书，对“背靠背”条款的性质和效力问题发表管窥之见。

2. 概念的澄清

对于“背靠背”条款，理论和实务中是合同附条件、期限还是合同条款附条件、期限存在概念定性分歧。“背靠背”条款是承包人与分包人之间约定风险负担的条款，而在民法上，“‘民法’总则规定了两个管控法律行为风险的制度：一为条件；二为期限”。②《民法典》第158条、第160条规定了民事法律行为可以附条件或期限。所谓附条件或期限的民事法律行为，是指民事法律行为本身的生效或失效以条件或期限是否成就或届至，对于合同而言，其关涉的是合同本身的效力（生效、失效）。就如附条件民事法律行为中的条件，是当事人用以限定民事法律行为生效或者失效的附属意思表示，而不属于民事法律行为本身的内容。“附条件”中的“附”，是指附属的意思。也就是说，应当将所附条件与民事法律行为中的供货条件、付款条件等

① 参见张永亮：《建设工程合同中背靠背条款的适用及其规制》，载《山东法官培训学院学报（山东审判）》2018年第6期。

② 王泽鉴：《民法总则》，北京大学出版社2009年版，第395页。

相互区分，后者是民事法律行为自身内容的一部分，而非决定其生效或者失效的附属意思表示，前者则不是民事法律行为本身的内容。① 因此，从概念定性上，“背靠背”条款不属于合同附条件或期限，而是合同条款附条件或期限。对此，崔建远教授认为：“在实务中整个法律行为附条件固然存在，但大量情形却是整个法律行为已经生效，所附条件仅仅限制着法律行为项下的某项义务或某几项义务的履行效力。”② 王轶教授也指出：“实践中，有的是合同行为的某个条款或者部分条款附了生效条件，在这种条件下合同行为的其他条款都毫无障碍地在依法成立的时候就生效了；有的是整个合同行为都被附了一个生效条件，必须约定的条件满足后合同才生效。”③

3. “背靠背”条款属于附条件还是期限

关于“背靠背”条款性质上属于附条件还是期限的问题，部分观点认为是附期限，其理由为，分包方与总包方签订“背靠背”条款的初衷在于与总包方共同承担业主迟延支付工程款的风险，而非承担业主不支付工程款的风险。换言之，根据法律的基本原则及相关规定，在工程质量合格的前提下，业主支付工程款应为确定的事实，仅是付款期限的长短问题。④ 也有观点认为，“背靠背”条款属于附条件，理由为，发包人的支付行为发生在承包人和分包人签订合同之后，属于将来发生的事实，发包人将工程款支付给承包人后，承包人再同步或在约定的期限内支付给分包人，该事实合法，但发包人的支付行为属于附条件，应当认定为附条件条款，众多裁判文书直接援引民法关于附条件民事法律行为的相关规定判断承包人是否承担付款义务。⑤

对于以上争议，笔者认为，对于“背靠背”条款性质上属于附条件还是

---

① 参见最高人民法院民法典贯彻实施工作领导小组主编：《中华人民共和国民法典总则编理解与适用》，人民法院出版社2020年版，第794页。

② 崔建远：《论法律行或其条款附条件》，载《法商研究》2015年第4期。

③ 王轶：《〈民法典〉合同编理解与适用的重点问题》，载《法律适用》2020年第19期。

④ 参见袁华之、丑斌：《分包合同中的“背靠背”条款浅析》，载《财经法学》2017年第2期。

⑤ 参见上海市第二中级人民法院二审民事判决书，（2020）沪02民终4054号；最高人民法院二审民事判决书，（2020）最高法民终106号。

附期限条款，应通过合同的意思表示进行定性。若合同文义明确，则以文义约定为准，若文义存在不同的解释可能，则需要通过合同解释的细化规则“应当以词句的通常含义为基础，结合相关条款、合同的性质和目的、习惯以及诚信原则，参考缔约背景、磋商过程、履行行为等因素确定争议条款的含义”[①] 进行综合判断。条件和期限乃同以将来的事实为内容，其主要区别在于条件系针对客观上不确定的事实，期限作为确定发生的事实。[②] 若合同意思表示清晰而明确地表明，以业主付款作为条件，业主不付款，则总承包商就不付款且有权终局豁免付款义务，则属于附条件；若只表示总承包商需待业主付款时再予以支付，未表明分包商同意在业主不付款时豁免该笔债权的，则属于附期限。此种区分的实益在于，业主遭遇破产导致总包商终局性未能获得清偿时，总包商是否有权拒付款项。具体而言，若合同的意思表示表明，合同约定总价是明确且总承包商必须支付的，则合同条款属于附期限而非条件，如在（2021）川01民终17784号案件中，合同约定：“剩余30%待工程竣工结算后，承租方在15个工作日内全额支付。”合同只约定付款时间，并未表明，若业主单位不支付工程结算款，则总包商有权不予支付且可以豁免。因此，该“背靠背”条款属于合同条款附期限而非条件。然而，部分的“背靠背”条款则属于附条件，如合同约定，对于某部分的价款支付，在发生某类事件后，债务人有权得以豁免，则为条件。如北京市第三中级人民法院（2016）京03民初27号民事判决案中，涉案《股权转让合同》条款约定：“目标公司30亿元人民币债券募集完成后15个工作日内，受让方向转让方支付第三笔股权转让款肆仟贰佰伍拾万元，如目标公司未能成功发行30亿元人民币债券，且转让方有充分证据证明发行失败是由受让方造成的，则受让方仍需向转让方支付股权转让款中的第三笔股权转让款肆仟贰佰伍拾万元。”在该条款中，其文义非常明确，若债券发生失败，且失败是由受让方造成的，是为不支付第三笔款项设置的条件，该“背靠背”条款属于合同附

---

① 《民法典合同编通则司法解释》第1条。

② 参见王泽鉴：《民法总则》，北京大学出版社2009年版，第396页。

条件。[①] 此外，在英文语境，“背靠背”条款又称为“Pay – when – paid”或“Pay – if – paid”，两者经常被混用。笔者以为，仅从英文的字面含义看，两者也存在一定的差异，“Pay – when – paid”，when 暗含时间的约定，属于合同条款附期限，期限届满，无论业主是否已经付款，分包商均有权要求总包商向其支付款项；而“Pay – if – paid”，if 暗含条件的约定，属于附条件条款，总承包商是以得到业主支付的工程款作为其向分包商付款的前提。从抗辩权角度考察，合同条款附期限，期限未届至，只赋予债务人延期抗辩权；若附条件，如生效条件已经确定不成就，则会赋予债务人债务消灭的抗辩权，债务可从债务中解脱。

4. “背靠背”条款的效力

对于“背靠背”条款的效力，一种观点认为，“背靠背”条款无效。无效的理由有：一是承包商和分包商之间应当遵循合同相对性原则，“背靠背”条款违反了合同相对性，发包人与分包人并非分包合同的两造，以发包人付款作为分包合同的付款前提，该约定明显有违公平；二是“背靠背”条款违反诚实信用和公平原则；三是“背靠背”条款属于排除对方主要权利的格式条款，故属无效，应被排除适用。另一种观点认为，承包商与分包商之间约定以业主的支付作为总承包商向分包商支付工程款的前提，是作为理性商事交易主体对建筑市场资金风险判断的共识，是当事人意思自治的自由，并未违反法律、行政法规的强制性规定，亦不涉及社会公共利益，应为有效条款。

笔者认为，对于“背靠背”条款的效力问题分析，应当分两步进行。第一步是确定分包合同本身的效力。在《民法典》体系下，合同行为的效力大致做了六种区分：一是生效的合同行为；二是绝对无效的合同行为；三是相对特定第三人无效的合同行为；四是尚未完全生效的合同行为；五是可撤销的合同行为；六是效力待定的合同行为。[②]《建筑法》第 29 条规定：“建筑工

① 参见崔建远：《合同条款附条件绝非合同附期限》，载《中州学刊》2017 年第 7 期。
② 参见王轶：《〈民法典〉合同编理解与适用的重点问题》，载《法律适用》2020 年第 19 期。

程总承包单位可以将承包工程中的部分工程发包给具有相应资质条件的分包单位；但是，除总承包合同中约定的分包外，必须经建设单位认可。施工总承包的，建筑工程主体结构的施工必须由总承包单位自行完成。”对于分包合同，在分包单位具备相应资质且分包工程不属于主体结构的情况下，分包合同的效力有可能是效力待定、有效或者无效。业主对分包行为的态度对合同效力有决定性影响，若业主授权或认可分包行为，则分包合同有效，若业主事先未授权或事后不认可，则分包合同无效。按照《民法典》第507条之规定，若分包合同本身无效，则除争议解决方法条款外，其他条款包括“背靠背”条款均无效，这是基于整体与部分逻辑推理的必然。第二步，在分包合同有效的前提下，确定“背靠背”条款的效力。针对实践中对于“背靠背”条款无效的理由，有“关公战秦琼”之意，笔者认为：一是违反合同相对性原则导致合同条款无效的理由不成立。因为，合同相对性原则只是涉及权利义务的约束对象，相对性原则的违反不影响合同条款效力。二是违反诚信原则和公平原则导致合同条款无效的理由不成立。在法理和实证法上，影响合同效力的是法律法规的强制性规定、公序良俗，而公平原则、诚信原则不确定合同是否有效，而是衡平当事人各方的利益，调整各方的权利义务。[①]三是该条款属于格式条款也不成立。根据《民法典》第496条的规定，格式条款是当事人为了重复使用而预先拟订，并在订立合同时未与对方协商的条款。而分包合同“背靠背”条款不符合为了重复使用而预先拟订格式条款的定性，其法律后果也不应当是无效。因此，认定“背靠背”条款无效的理由，既无法理依据，也无实证法的支撑，其观点均不成立。

笔者认为，“背靠背”条款为有效条款，其理由为：一是在价值判断上，“背靠背”条款有其存在的合理性。在建设工程领域，出于对整体工程质量、标准的统一性考虑，就分包合同指向的特定工程项目而言，其图纸、工程质量标准等方面应当与主合同（业主单位与承包商之间的合同）保持一致，就

① 参见耿林：《强制性规范与合同效力》，中国民主法制出版社2009年版，第111~115页。

如同主合同的相关条款“传递”至分包合同。同时，考虑到商业运行模式，业主向总承包商的付款也是总承包商向分包商支付工程款的重要资金来源，所谓“上游有了水、下游才有水”。尽管“背靠背”条款在实务中被处于优势地位的总包方过度利用而受诟病，但不可否认的是，“背靠背”条款已经成为业界通行的做法，其存在具有合理性。二是从法律判断上，认定“背靠背”条款无效也无依据。我国《民法典》对于合同的立法宗旨在于鼓励交易，在《民法典》合同编中主要体现为所有的规则设计都尽可能地促成合同关系的成立，都应该让成立的合同尽可能地成为生效的合同，都应该让生效合同中的债权尽可能地得以圆满实现。[①] 在这一立法宗旨下，我国民法对合同无效持十分严格、审慎的立场，《民法典》认定合同行为绝对无效的条文主要涉及第 144 条、第 146 条和第 153 条，分别为无民事行为能力人实施的民事法律行为无效，行为人与相对人以虚假的意思表示实施的民事法律行为无效，违反法律、行政法规强制性规定、违背公序良俗的民事法律行为无效。但“背靠背”条款的约定，均不符合民法关于民事行为无效的规定。此外，总承包商与分包商之间属于平等的民事主体，分包商不属于《民法典》第 128 条规定的未成年人、老年人、残疾人、妇女、消费者等需要对其民事权利进行特别保护的群体。因此，承包商和分包商均为商事主体，基于对建设市场资金风险判断的认识，可以理性地计算各自的风险，因此它们之间在自愿基础上签订的“背靠背”条款，并未违反法律、行政法规的强制性规定，并未违反公序良俗，应为有效。对此，在司法意见方面，北京市高级人民法院《关于审理建设工程施工合同纠纷案件若干疑难问题的解答》第 22 条规定：“分包合同中约定待总包人与发包人进行结算且发包人支付工程款后，总包人再向分包人支付工程款的，该约定有效……”

5. “背靠背”条款的具体适用

尽管总承包商与分包商为平等的民事主体，但不可否认的是，双方在谈

---

① 参见王轶：《〈民法典〉合同编理解与适用的重点问题》，载《法律适用》2020 年第 19 期。

判地位上，分包商处于弱势，因此，在认定“背靠背”条款合法有效的观点之下，对于具体适用该条款时，应当进行利益平衡：一是应设置较为严苛的适用条件和证明责任。需要总承包商举证证明其未怠于行使到期债权、已经积极向上游的相对方主张权利。如总承包商不能举证证明积极主张债权，则不能拒付款项。二是对“背靠背”条款设置的条件或期限应当明确具体。但若合同条款对于所附期限或条件指向没有明确具体，应当视为双方对价款的履行期限和条件约定不明，债权人可以随时要求履行。

综上，对于“背靠背”条款在概念上是属于合同条款附条件还是期限，定性上是属于附条件还是期限，应当结合合同的意思表示进行判断；“背靠背”条款应认定为有效，但在具体适用上，在意思表达不清或总包商怠于向业主主张权利的情况下，应当对分包商进行适当的保护，排除“背靠背”条款的适用。

（五）合规要点

总体而言，“背靠背”条款的采用，增加出租方收款的风险，因为，无论建设单位因资金链断裂客观上无力付款抑或主观上有意拖延付款，都会延长出租方的回款周期。因此，对于出租方而言，首先，应尽量保持建筑设备租赁款结算和支付的独立性，避免将建设单位支付总承包人（承租人）工程款作为总承包人（承租人）支付租金的条件或期限；其次，若因谈判地位的弱势而必须接受“背靠背”条款，需要非常注意条款的表述，尽量要求承租方明确，在建设单位无法支付款项时，付款责任由谁承担；最后，如确需要采用“背靠背”，应在合同中明确约定最迟付款期限，以避免租金支付期限的过分拖延。

08 项目部为租赁合同提供担保的效力问题

（一）现实难题

建筑企业设立项目部，代表企业履行特定项目的施工管理职能，为工程建设实践所常见。建筑设备租赁合同实务中，在转包、违法分包等情形下的实际施工人需要租赁建筑设备时，出租方常为防范风险事件发生而要求承租人提供增信措施。其中，由项目部作为租赁合同的保证人提供担保的案例不在少数。由此引发的问题为，项目部作为保证人的担保合同是否有效，建筑企业是否需要承担责任?

（二）裁判观点

工程项目部为建筑企业的职能部门，项目部在未经建筑企业有效决议授权或事后追认的情况下，其为实际施工人与出租方签订的建筑设备租赁合同提供担保，属于越权行为，在出租方非善意的情况下，该担保行为对建筑企业不发生效力，建筑企业对此不承担赔偿责任。

（三）多发代表性案例

（2011）杭江商初字第761号案例①概况如下，中国一冶武汉某公司中标承建武汉市二环线发展大道四标段工程，后将四标段工程特定作业分包于海南中航某建筑公司施工。因施工需要，海南中航某建筑公司与浙江某设备租赁公司签订建筑设备《租赁合同》，中国一冶武汉某公司“汉口段工程项目部”在《租赁合同》上盖章。《租赁合同》约定，合同履行中若承租方未及时支付相关费用，则由中国一冶武汉某公司“汉口段工程项目”部直接支付给出租方。在合同履行过程中，因海南中航某建筑公司未及时支付租金、违约金及其他相关费用，遂成讼。出租方起诉要求海南中航某建筑公司承担租赁合同租金支付等的违约责任，要求中国一冶武汉某公司承担保证责任。

对于本案的保证责任问题，一审法院判决认为：关于浙江某设备租赁公司要求中国一冶武汉某公司承担保证责任的诉讼请求，因中国一冶武汉某公司“汉口段工程项目部”以自己名义提供担保，且加盖的系项目部公章，根据最高人民法院《担保法司法解释》第18条第1款的规定，该保证合同无效，经法院释明，浙江某设备租赁公司坚持合同有效，不变更诉讼请求，故

① 笔者代理设立项目部的中国一冶武汉某公司参与该案诉讼。

浙江某设备租赁公司基于合同有效而要求中国一冶武汉某公司对海南中航某建筑公司欠付租金及违约金、赔偿金承担保证责任的诉讼请求于法无据，不予支持。后浙江某设备租赁公司将案件上诉于杭州市中级人民法院，二审判决驳回上诉，维持原判。

在另一则由项目部提供担保的案例中，甘肃省高级人民法院（2015）甘民一终字第125号民事判决认为：四冶公司项目部既是《租赁合同》中租赁物的担保人，也是租赁物的实际使用人，截至目前，租赁物仍在四冶公司处。四冶公司项目部作为四冶公司内设的职能部门，不具有担保资格，却在《租赁合同》上签字盖章确认承担连带保证责任，应对《租赁合同》的保证无效承担过错责任。王某某作为自然人，在四冶公司“万家灯火”住宅小区项目存在并实际施工、四冶公司项目部与腾达公司签有《脚手架工程施工合同》的情况下，有理由相信四冶公司项目部具有担保资格，其已尽到了注意义务，故王某某对担保合同无效不承担过错责任。一审认定王某某对担保合同的无效存在过错不当，应当纠正。根据《担保法司法解释》第7条第1款的规定，主合同有效而担保合同无效，债权人无过错的，担保人与债务人对主合同债权人的经济损失承担连带赔偿责任。据此，四冶公司应当对于腾达公司在本案中的债务承担连带赔偿责任，一审判决四冶公司仅承担50%的补充清偿责任，属适用法律不当，应当纠正。王某某对此的上诉理由成立。四冶公司关于其承担过错责任的比例不超过三分之一的上诉理由不能成立。

（四）理论解析——项目部为租赁合同提供担保的责任归属

通过裁判文书网等各项法律文书数据库的搜索，能够查找到不少关于项目部提供担保的法律效力和责任承担认定的判例，在《民法典》实施前，法院对于项目部提供担保的法律效力和责任承担问题主要分成四类判决观点：一是认为担保合同无效，建筑企业不承担责任，如（2011）杭江商初字第761号案例持有的观点。二是认为担保合同无效，建筑企业承担连带赔偿责任，如（2015）甘民一终字第125号案例的判决观点。三是认为担保行为无效，建筑企业对主债务人不能清偿部分承担赔偿责任，如（2014）鲁商终字第289号案件判决观点[①]。四是认为担保行为有效，由建筑企业承担保证责任，（2015）闽民终字第343号案件持有该种观点[②]。上述四类判决基本涵盖法院关于项目部对外担保的法律效力和责任承担的观点。

1. 公司对外担保效力规则演变

作为市场经济中最重要的商事主体，公司为他人债务提供担保是信用授受过程中常见的增信措施，建筑企业作为一类商事主体，在某些特定情况下，也有合同相对人要求建筑企业项目部为某一类合同提供担保的情况。对项目部提供担保的效力归属和责任承担争议问题的解决，需要整体了解我国担保法律制度涉及公司对外提供担保的裁判观点的演化过程以及制度体系。

我国《公司法》2005年修订之前，对公司的担保行为与正常的经营行为

① （2014）鲁商终字第289号判决书认为："上诉人京冶工程公司是否应对涉案债务承担赔偿责任及具体赔偿责任范围。本院认为：2010年3月，临沂市阳光租赁公司（出租方）与菏泽天一物资有限公司（承租方）签订租赁合同一份……因该租赁合同书的担保人落款处由京冶公司所设山东某土建工程项目经理部盖章并由经办人员郭某签字，诉讼过程中京冶公司虽对该项目经理部公章表示无法确定，但亦未提交反驳证据。根据《最高人民法院关于民事诉讼证据若干规定》第二条之规定，京冶公司应当对其举证不能的行为承担的不利后果。根据《中华人民共和国担保法》第十条之规定：企业法人的分支机构、职能部门不得为保证人。根据《最高人民法院关于适用〈中华人民共和国担保法〉若干问题解释》第十七条规定，企业法人的分支机构未经法人的书面授权提供保证的，保证合同无效。第十八条规定，企业法人的职能部门提供保证的，保证合同无效。因本案京冶公司所设立山东某二环线工程项目经理部不具备独立的法人资格，不能独立对外承担民事责任，所以设立的项目部不具有保证资格，其作出的保证应属无效。根据《最高人民法院关于适用〈中华人民共和国担保法〉若干问题的解释》第七条规定，主合同有效但担保合同无效，债权人无过错的，担保人与债务人对主合同债权人的损失承担连带赔偿责任。债权人、担保人有过错的，担保人承担民事责任的部分，不应超过债务人不能清偿部分的二分之一。因项目部不能独立承担民事责任，故其缔约过程中的过失责任应当由京冶公司承担……原审法院结合京冶工程公司和阳光租赁公司双方的过错程度，酌定京冶公司对主债务人不能清偿部分的五分之二承担连带赔偿责任并无不当。京冶公司关于原审法院的适用法律错误的上诉理由不成立，本院不予以支持。"

② （2015）闽民终字第343号判决书认为："关于来宝公司项目部提供担保的效力问题，《中华人民共和国担保法》第二十九条规定：'企业法人的分支机构未经法人的书面授权或者超过授权范围与债权人订立保证合同的，该合同无效或者超出授权范围的部分无效，债权人和企业法人有过错的，应当根据其过错各自承担相应的责任，债权人无过错的，由企业法人承担民事责任。'来宝项目部系来宝公司为中央名仕汇工程施工管理而设立的部门，系来宝公司设立的负责项目管理及目标实现的临时性机构。来宝项目部为讼争项目脚手架的供应提供担保，系其职能范围，可以认为：来宝项目部对外提供担保，在其内部授权范围内。故一审判决认定来宝项目部提供的担保合法有效并无不当。"

并未加以区分,[①] 我国企业的法定代表人在经营活动中极度忽视股东利益，任由法定代表人或控股股东通过担保谋一己私利而损害公司利益的行为泛滥，在日益严重的公司“滥保”现象之下，不仅公司、中小股东及一般债权人的利益受到极大损害，不受限制的公司担保更是在福建、深圳、新疆等地形成了危及整个金融体系和区域安全的“担保圈”。[②] 公司对外担保，会侵害公司资本充实和股东利益，为了治理公司对外担保行为，许多国家和地区的规定对公司为他人提供担保采取禁止[③]或者限制的做法，从公司的行为能力角度进行规制。[④] 但在我国商业银行主要采用担保贷款的大背景下，《公司法》并无意从权利能力或者行为能力的角度否定公司的担保能力，转而基于担保可能危及公司资产安全的事实对公司担保作出特别限制。[⑤] 于是，我国《公司法》于2005年修订时对公司为他人债务提供担保作出规制，其中第16条第1款规定：“公司向其他企业投资或者为他人提供担保，依照公司章程的规定，由董事会或者股东会、股东大会决议；公司章程对投资或者担保的总额及单项投资或者担保的数额有限额规定的，不得超过限额的规定。”（2023年修订后调整为第15条）当然，《公司法》规定担保事项需经公司决议程序只针对普通的营利法人，对于金融机构开立保函或者担保公司提供担保业务，因系此类营利法人的常规业务，无须经董事会或者股东会的决议程序。

《公司法》第15条就公司对外担保设置了程序性限制，但并未规定违反后的法律效果。就法定代表人未经决议程序超越权限提供担保的效力，解释上一直存在分歧。一种观点认为，该法条属于效力性强制性规定，违反法条

① 参见曹士兵：《公司法修订前后关于公司担保规定的解读》，载《人民司法》2008年第1期。

② 参见夏志琼：《担保链：危及区域金融安全》，载《经营与管理》2004年第2期。

③ 我国台湾地区“公司法”第16条规定：“公司除其他法律或者公司章程规定得为保证者外，不得为任何人保证人。”

④ 我国台湾地区1955年台上字第156号判决认为：“被上诉人甲、乙丙股份有限公司，均非以保证为业务，被上诉人丙、丁分别以法定代理人之资格，用各该公司名义保证主债务人向上诉人借款，显非执行职务，亦非业务之执行，不论该被上诉人丙、丁等是否负损害赔偿之责，殊难据第28条、‘公司法’第30条，令各该公司负损害赔偿责任，上诉人对此部分上诉显无理由。”

⑤ 参见高圣平：《担保法前沿问题与判解研究》，人民法院出版社2019年版，第63页。

规定的担保合同无效。因为该法条拘束对象不仅包括公司及内部人员——法定代表人、控制股东、董事和高级管理人员，而且涵盖相对人——担保债权人，在性质上属于效力性强制性规定，以此达到遏制公司无序、恶意担保行为发生的政策目标。① 另持管理性强制性规定的观点认为，该法条并没有规定违反该法条将导致担保合同无效，如认定担保合同有效可能损害的只是公司及其股东的利益，而非国家利益或社会公共利益。因此，违反该规定的后果是使相应主体承担其他法律责任，而非担保合同无效。

从《公司法》第 15 条的规范性质出发解决担保合同效力认定的进路，并非解决该问题恰当路径。有学者指出，“效力性强制性规定与管理性强制性规定的区分本身在合理性上即存疑义，私法上的越权交易更是不能囊括在此二分格局之下。更为重要的是，法定代表人越权担保的效力问题核心首先在于该行为后果是否应由公司承担，至于规范性质所指向的合同效力问题则属于第二层次的问题。因此，就公司法定代表人越权担保的效力问题，与其囿于在方法论和法律适用上都存在缺陷的规范性质进路，不如另寻解释路径”。②

讨论多年后，2019 年年底最高人民法院发布的《九民会议纪要》和 2020 年年底发布的《民法典担保制度司法解释》改变了规范性质进路确定担保合同效力思路。二者的共同基调是，公司法定代表人越权订立的担保合同适用代表规则，未经公司决议前提下对外提供担保，构成越权代表。其中，《九民会议纪要》第 17 条规定：“为防止法定代表人随意代表公司为他人提供担保给公司造成损失，损害中小股东利益，《公司法》第 16 条对法定代表人的代表权进行了限制。根据该条规定，担保行为不是法定代表人所能单独决定的事项，而必须以公司股东（大）会、董事会等公司机关的决议作为授权的基础和来源。法定代表人未经授权擅自为他人提供担保的，构成越权代

① 参见华德波：《论〈公司法〉第 16 条的理解与适用：以公司担保债权人的审查义务为中心》，载《法律适用》2011 年第 3 期。

② 高圣平：《担保法前沿问题与判解研究》，人民法院出版社 2019 年版，第 67 页。

表，人民法院应当根据《合同法》第 50 条关于法定代表人越权代表的规定，区分订立合同时债权人是否善意分别认定合同效力：债权人善意的，合同有效；反之，合同无效。”《民法典担保制度司法解释》第 7 条规定：“公司的法定代表人违反公司法关于公司对外担保决议程序的规定，超越权限代表公司与相对人订立担保合同，人民法院应当依照民法典第六十一条和五百零四条的规定处理：（一）相对人善意的，担保合同对公司发生效力；相对人请求公司承担担保责任的，人民法院应予支持。（二）相对人非善意的，担保合同对公司不发生效力；相对人请求公司承担赔偿责任的，参照适用本解释第十七条的相关规定。法定代表人超越权限提供担保造成公司损失，公司请求法定代表人承担赔偿责任的，人民法院应予支持。第一款所称善意，是指相对人在订立担保合同时不知道且不应当知道法定代表人超越权限。相对人有证据证明自己对公司决议进行了合理审查，人民法院应当认定其构成善意，但是公司有证据证明相对人知道或者应当知道决议系伪造，变造的除外。”由此，《九民会议纪要》《民法典》《民法典担保制度司法解释》共同构成解决法定代表人越权提供担保的效力认定和责任归属的制度体系。

2. 企业法人分支机构担保的规则

对于企业法人分支机构与职能部门能否担任保证人的问题，我国法律经历了一个由禁止，到原则禁止，再到允许的过程。[①]《民法典》第 683 条不限制企业法人的分支机构提供担保。对其担保问题需要借助《民法典》总则编有关代理权限问题进行解决。

我国实行代理与代表的双轨制，项目经理适用代理规则，法定代表人适用代表规则，但两者之间并无实质差别，代表规范和代理规范同属法律行为的效果归属规范，即为将公司人员的行为所产生的法律后果归属于公司的规定。[②] 项目部是项目经理领导和管理下的建筑企业的职能部门，项目部对外担保本质上是项目经理代理建筑企业对外提供担保，适用代理规范，可以适

① 参见江必新编著：《民法典编纂若干争议问题实录》，人民法院出版社 2021 年版，第 201 页。

② 参见王泽鉴：《民法总则》，北京大学出版社 2012 年版，第 421 页。

用有关公司法定代表人对外提供担保的效力认定规则。

就代表权的限制而言，分为法定限制和意定限制。法定限制是指法律对代表权所做的限制。如《公司法》第15条规定，公司对外提供担保，需经公司决议程序。意定限制，包括公司章程对代表权的一般性限制，以及股东会、股东大会等公司权力机构对代表权所做的个别限制。但根据《民法典》第61条第3款有关“法人章程或者法人权力机构对法定代表人代表权的限制，不得对抗善意相对人”的规定，意定限制仅具内部效力，在相对人为善意的情况下，仍有可能构成表见代表。但对于法定代表人越权担保行为，因为法律的规定，推定所有人均知晓。在法定代表人越权担保的情况下，往往意味着相对人并非善意。

建筑企业的业务性质决定其有别于担保公司或者金融机构，其不以为他人提供担保作为日常业务。建筑企业为他人债务提供担保时，无法从担保权人处取得相应对价，在债务人未履行时，还要以公司财产为债务承担代偿责任，由此而决定，建筑企业为他人债务提供担保本身并不具有经营性质或营利性质，在一定程度上背离了建筑企业设立本旨和存在目的。而项目经理的职责在于对具体工程项目建设进行管理，对外提供担保并非其职责范围。依照《公司法》第15条的规定，根据“举重以明轻”的解释规则，对于项目经理对外提供担保的行为，同样需要履行特定的程序；这是法律对公司职员代理对外提供担保行为的特别限制，任何人不得以不知道法律规定为由免除注意义务。在项目经理未经董事会或股东会决议程序授权或追认的情况下，其对外提供担保的行为构成越权代理。在相对人明知法律规定限制的情况下，在项目经理越权代理的情况下，相对人难谓善意。

3. 项目经理越权代理签订担保合同的责任认定

项目经理越权代理与出租人订立担保合同，在出租人知道或者应当知道项目经理超越代理权限，且建筑企业拒绝追认时，该担保合同的效力不归属于建筑企业，应无疑问。但此时建筑企业是否需要对出租人承担赔偿责任，理论和实务中产生了分歧。

笔者认为，在项目经理越权代理的法律效果不归属于建筑企业的情况下，建筑企业是否承担责任的问题，亦应当类推适用无权代理规则。在出租方对项目经理对外提供担保的权限未尽审查义务、知道或者应当知道其为无权代理的情况下，其显非善意的相对人。在《民法典》第171条第4款的规定之下，本人未追认无权代理行为，自不必承受相应法律行为的后果，亦无损害赔偿责任可言。《担保法司法解释》第18条第1款规定也明确该种法律后果："企业法人的职能部门提供保证的，保证合同无效。债权人知道或者应当知道保证人为企业法人的职能部门的，因此造成的损失由债权人自行承担。"另一视角下，公司法定代表人越权代理与项目经理越权代理而产生对公司的责任应区别对待。项目经理的代理权有别于法定代表人的代表权，《民法典担保制度司法解释》第7条第1款规定："……相对人非善意的，担保合同对公司不发生效力；相对人请求公司承担赔偿责任的，参照适用本解释第十七条的有关规定。"该规定是法人实在说理论与裁判中追求公平的价值取向相结合的产物。其中的法理基础是，代表制度有别于代理制度，代表人的行为就是公司的行为，公司作为订约主体应当对相对人承担赔偿责任；法定代表人就是公司的机关。[①] 在公司法定代表人越权提供担保的情况下，公司有过错，相对人亦有过错，应当分担责任。该裁判规则符合基本法理且结果大致公平，与既有的裁判思路大体保持一致，符合我国国情。[②] 这一规则也体现在分支机构未经公司有权机关决议对外提供担保的责任处理。《民法典担保制度司法解释》第11条第4款规定："公司的分支机构对外提供担保，相对人非善意，请求公司承担赔偿责任的，参照本解释第十七条的有关规定处理。"

当然，基于无权代理规则，该代理人提供担保行为的后果不能归属于建筑企业，但在无权代理人（项目经理）与出租人之间，根据《民法典》第

① 参见最高人民法院民事审判第二庭编著：《〈全国法院民商事审判工作会议纪要〉理解与适用》，人民法院出版社2019年版，第191页。

② 参见最高人民法院民事审判第二庭编著：《〈全国法院民商事审判工作会议纪要〉理解与适用》，人民法院出版社2019年版，第192页。

171 条第 4 款“相对人知道或者应当知道行为人无权代理的，相对人和行为人按照各自的过错承担责任”的规定，出租人的相应损失应在项目经理和出租人之间基于过错进行分担。

（五）合规要点

长久以来，公司担保案件的法律适用问题一直是民商事审判中的疑难问题，担保问题横跨公司法、合同法与物权法领域，涉及公司与公司债权人利益、公司和公司代表人之间的平衡，公司、公司分支机构、职能部门对外签订担保合同的效力认定及效果归属纠纷长期以来都是民商事法律适用难点问题之一。为规避和控制风险，出租方在承租方资信不足以控制风险而需要第三方提供担保时，应注意建筑企业项目部提供担保的权限问题，为确保担保合同效力，项目部应提供取得建筑企业股东会或董事会决议的凭证。

09 “以房抵债（租金）”协议的性质、效力和责任问题

（一）现实难题

中国民法对于代物清偿契约并未明确作出规定，但现实生活中存在大量以替代物清偿以消灭原债务关系的合同。在出租人提供租赁物后，在某些项目中，承租方以现金方式支付租金存在困难，出租人无奈接受承租方以商品房抵顶租金的方案。在出租人直接与商品房的开发商签订房屋买卖合同以代为清偿债务时，若用于抵顶的房屋未办理产权过户登记而发生纠纷，该抵顶债务的合同性质、效力和责任如何认定？

（二）裁判观点

以物抵债，系债务清偿的方式之一，是当事人之间对于如何清偿债务作出的安排，并不以债权人现实地受领抵债物，或取得抵债物所有权、使用权等财产权利为成立或生效要件，只要双方当事人的意思表示真实，不违反法律、行政法规的强制性规定，合同即为有效。债务清偿期届满后，债权人与

债务人所签订的以物抵债协议，如未约定消灭原有的金钱给付债务，应认定系双方当事人另行增加一种清偿债务的履行方式，而非原金钱给付债务的消灭。债务人按以物抵债协议约定，已经交付的，债权人享有抵债物的所有权；没有交付的，可以要求履行原协议，也可以要求履行以物抵债协议。

（三）多发代表性案例

（2022）鲁1092民初552号民事案件概况如下，某平租赁部成立于2002年4月22日，类型为个体工商户，经营者为于某平，经营范围为钢模板、扣件、钢管的租赁服务。2015年8月26日，某平租赁部与杨某某签订建筑施工物资租赁合同一份，合同对租赁物的规格型号、租金标准、租赁期限、租金支付方式、违约责任等事项做了约定。

2020年1月14日，刘某某（甲方）代表杨某某与于某平（乙方）签订抵顶房屋协议书，约定因乙方2017年至2019年就文登天福抱龙居工地给甲方提供钢管扣件租赁服务，双方现约定将荣成市启航万润城89号楼×室，住宅面积：44.04平方米，单价6300元/平方米，共计277 452元的房产抵顶在乙方名下（抵顶乙方钢管扣件租赁费：226 450元，因房屋总价大于租赁费用，经双方协商乙方一次性给甲方35 000元作为房屋款），甲方在收到乙方35 000元房屋款后，甲方负责带领乙方办理此房屋的正式购房合同，正式购房合同签订后，文登天福抱龙居工地所有钢管扣件租赁单据及钢管扣件租赁合同作废。

2020年1月15日，启航公司（甲方）、刘某某（乙方）、于某平（丙方）签订补充协议，约定启航公司与杨某某劳务队因丹霞小区88号、89号楼开发建设，因此产生的劳务费用，双方协商达成一致意见，启航公司将89号楼×室（面积44.04平方米）以6500元/平方米总计286 260元抵顶给杨某某劳务队用作支付农民工工资。该栋房屋由杨某某出售给于某平（杨某某现委托刘某某与启航公司办理相关抵顶手续）。

2020年1月15日，启航公司与于某平签订内部订购协议，于某平优先认购启航公司开发的启航万润城89号楼×室，住宅面积44.04平方米，单价6500元，共计286 260元，并约定该套房源在2021年12月31日前需具备交房条件，客户可办理相关手续，该日期未能达到交付标准，客户可向公司提出退房及适当的赔偿。同日，启航公司向于某平出具金额为286 260元的收款收据，事由记载为89号楼×室购房款。另查明，涉案房产启航万润城89号楼×室于2021年12月31日前未具备交付条件，并未向于某平交付。

某平租赁部以启航公司未按协议约定的期限向其交付案涉房产，导致债权并未获得实现为由向法院提起诉讼，要求杨某某给付租金、退还差价款、违约金及赔偿款、律师代理费等，启航公司承担连带责任。

一审法院认为，本案的争议焦点为：某平租赁部在签订以房抵债协议后是否有权以租赁合同关系要求杨某某支付租金、退还购房款差价款等，启航公司对此是否应当承担连带责任。当事人在债务履行期限届满后达成的以物抵债协议，因以物抵债形成的新债系作为履行旧债的方式，并不导致旧债的消灭，当债务人不履行新债时，债权人既可以依据新债主张继续履行，也可以恢复旧债的履行。本案中，杨某某与某平租赁部之间系租赁合同关系，杨某某为支付租金将启航公司抵顶给其的案涉房产再行抵顶给某平租赁部，并由某平租赁部的经营者于某平与启航公司签订内部认购协议。现启航公司未按协议约定的期限向某平租赁部交付案涉房产，导致某平租赁部的债权未获得实现，故某平租赁部有权选择恢复旧债即租赁合同的履行，要求杨某某支付租金。

杨某某上诉后，二审山东省威海市中级人民法院维持一审的判决。

同类型的案例，最高人民法院（2015）民申字第1324号民事裁定书认为：原判决认定的基本事实并无不当。首先，虽然双方原约定的租金履行方式是以房屋抵偿，但是双方同时约定抵偿时间为2012年6月4日至10月1日，在此期间内，天翼公司未能按照合同约定提供五套房屋，以及为吴某某办理抵偿房屋的入住手续。在超过双方约定的抵偿时间，即2012年10月1日后，双方对于租金以房抵债还是现金支付，未再行约定。其次，双方的

《建筑设备租赁合同》已于2013年8月30日期限届满，且直至2014年7月，双方原约定用于抵偿的房屋才取得商品房预（销）售许可证，也就是说，天翼公司不仅在双方约定的抵偿期间内没有符合条件的房屋可以抵偿，在合同期限届满，甚至在吴某某向一审法院提起诉讼时，亦无符合条件的房屋可以抵偿，也不能按照合同约定为吴某某办理入住手续。因此，在双方原约定内容无法成就，以及双方并无再行约定的情形下，一、二审法院根据吴某某的请求，判决天翼公司以现金方式支付租金，符合法律规定和交易习惯，并无不当。

（四）理论解析——以物抵债的若干法律问题

合同严守原则要求，债务人应当按照合同约定履行债务，债权人有权拒绝债务人的他种给付。但因各种原因，债务人与债权人以他种给付代替原定给付的事常有发生。例如，房地产属于资金密集型行业，在商品房未具备销售条件或者在房地产市场行情低迷时，开发商无力以现金清偿债务，便以商品房抵偿债务；此种情形下，若商品房未能按期交付，便引发以房抵债的法律纠纷。以房抵债协议如何定性？是否有效？是否有对抗第三人的效力？这便是以房抵押实务中激烈争论的问题，本书就此问题展开讨论。

1. 以房抵债协议的定性

以房抵债协议，并非法律概念，《民法典》未设明文，其属于非典型合同，因使用场景不同，可能对应不同的法律概念：（1）冠以以房抵债之名，实为让与担保。让与担保，是指债务人或者第三人与债权人约定，将财产形式上转让至债权人名下，债务人到期清偿债务，债权人则将财产返还给债务人或第三人；债务人到期没有清偿债务的，债权人可以对让与担保的财产折价或者以拍卖、变卖的财产清偿。让与担保是大陆法系德日等国经由判例、学说所形成的一种非典型的担保方式。我国在《九民会议纪要》第71条，《民法典》第388条第1款，《民法典担保制度司法解释》第68、69条等规定中进行明确，冠以以房抵债之名，实为让与担保的协议，常具有以下几个特征：一是从协议目的看，双方订立协议并非直接清偿债务，而是对原欠付的债务提供担保；二是从协议内容看，双方常约定开发商在一定期限内有回购权利，若未在约定时间内以现金方式清偿债务则房产归属债权人等内容。前述合同名为以房抵债，其目的并非达到物债两清的效果，而是为债权提供一种增信措施，属于让与担保性质的合同。（2）冠以以房抵债之名，实为新债清偿。所谓新债清偿，又称新债抵旧、间接清偿、旧债新偿或间接给付，是指债务人因清偿旧债务，而与债权人成立负担新债务的合同。例如，债务人负担金钱债务时，给付马一匹，由债权人出卖其马以充债务之支付。此时与代物清偿不同，为使债权人得受清偿之为给付，故旧债务不即归消灭，债权人实际上自给付受满足时，其债务始行消灭。① 本书引用的两则案例，即属于新债清偿。由于法律对于新偿清偿并未明确规定，属于非典型合同，理论上争议的主要是合同的性质是属于实践性的还是诺成性的。崔建远教授在《以物抵债的理论与实践》一文中认为："新债清偿是否为实践合同，存在着肯定说与否定说的分歧。中国大陆现行法对此尚无规定，需要总结实务经验，权衡各方利益，最后得出结论。从新债清偿合同成立旧债务不因此消灭，债务人不履行新债务时旧债务亦不消灭的法律效力方面观察，将新债清偿定性为诺成合同更符合逻辑。"对此，最高裁判机关也持同样观点。《九民会议纪要》第44条第1款规定："当事人在债务履行期限届满后达成以物抵债协议，抵债物尚未交付债权人，债权人请求债务人交付的，人民法院要着重审查以物抵债协议是否存在恶意损害第三人合法权益等情形，避免虚假诉讼的发生。经审查，不存在以上情况，且无其他无效事由的，人民法院依法予以支持。"（3）冠以以房抵债之名，实属代物清偿。代物清偿，系指债务人以他种给付替代原定给付，经债权人受领而使债消灭的现象。依债法原理和债的本旨，债务人原则上应以原定给付为清偿，不得以他种给付替代，唯以他种给付替代原定给付为清偿而经债权人同意，也发生清偿的效力。② 代物清偿，理论上属于要物契约，实践性合同。代物清偿之成立，唯有当事人之合

① 参见史尚宽：《债法总论》，中国政法大学出版社2000年版，第819页。

② 参见刘心稳：《债权法总论》，中国政法大学出版社2009年版，第262页。

意为不足，须代替原定给付，现实为他种之给付，故为要物契约。如不为现实之给付，唯负担将来应为一定给付，以使债务消灭之债务契约，则为更改或债务标的之变更。[①] 在以房抵债的语境下，要成立代物清偿的效果，需办理商品房的产权过户登记手续，只有当房产过户登记于债权人名下，才能发生消灭旧债之效果。（4）冠以以房抵债之名，实为债的更改。债的更改，是指成立新债务，而使旧债务消灭之契约。债务更改之结果为，债务新成立而使旧债务消灭，就旧债务言之，为债务消灭之原因。如双方在以房抵债协议中明确约定，当房屋抵债协议签订后，建筑设备租赁的旧债务消灭，不再履行，则属于债的更改，债权人无权要求恢复旧债务的履行。

2. 各种类型以房抵债协议的法律后果

以房抵债协议，根据合同的目的和履行方式的不同，其发生的法律后果也不同，具体分析如下：

一是若在债务履行期届满前达成以房抵债协议，抵债房屋尚未办理权属变更，债权人请求确认以房抵债协议效力并要求交付房产的，法院不予支持。《九民会议纪要》第45条规定："当事人在债务履行期届满前达成以物抵债协议，抵债物尚未交付债权人，债权人请求债务人交付的，因此种情况不同于本纪要第71条规定的让与担保，人民法院应当向其释明，其应当根据原债权债务关系提起诉讼。经释明后当事人仍拒绝变更诉讼请求的，应当驳回其诉讼请求，但不影响其根据原债权债务关系另行提起诉讼。"《民法典合同编通则司法解释》第28条第1款规定，债务人或者第三人与债权人在债务履行期限届满前达成以物抵债协议的，人民法院应当在审理债权债务关系的基础上认定该协议的效力。

二是债务履行期届满后达成以房抵债协议，未明确约定消灭旧债务的，则属于新债清偿。房屋权属未过户于债权人时，债权人请求确认合同效力并要求交付房屋的，若抵债协议不存在恶意损害第三人合法权益等情形，该合

① 参见史尚宽：《债法总论》，中国政法大学出版社2000年版，第815页。

同有效。此时，以房抵债协议成立后，同时存在新旧两债，债务人不履行以物抵债协议的，债权人既可以请求继续履行以物抵债协议，也可以请求恢复履行旧债。[①] 本问题两则案例持有该种观点。（2016）最高法民终字第484号通州建总集团有限公司与内蒙古兴华房地产有限责任公司建设工程施工合同案（《最高人民法院公报》2017年第9期）中，裁判要旨为：（1）对以物抵债协议的效力、履行等问题的认定，应以尊重当事人的意思自治为基本原则。一般而言，除当事人有明确约定外，当事人于债务清偿期届满后签订的以物抵债协议，并不以债权人现实的受领抵债物，或取得抵债物所有权、使用权等财产权利为成立或生效要件。只要双方当事人的意思表示真实，合同内容不违反法律、行政法规的强制性规定，合同即为有效。（2）当事人于债务清偿期届满后达成的以物抵债协议，可能构成债的更改，即成立新债务，同时消灭旧债务；亦可能属于新债清偿，即成立新债务，与旧债务并存。基于保护债权的理念，债的更改一般需有当事人明确消灭旧债的合意，否则，当事人于债务清偿期届满后达成的以物抵债协议，性质一般应为新债清偿。（3）在新债清偿情形下，旧债务于新债务履行之前不消灭，旧债务和新债务处于衔接并存的状态；在新债务合法有效并得以履行完毕后，因完成了债务清偿义务，旧债务才归于消灭。（4）在债权人与债务人达成以物抵债协议、新债务与旧债务并存时，确定债权是否得以实现，应以债务人是否按照约定全面履行自己的义务为依据。若新债务届期不履行，致使以物抵债协议目的不能实现，债权人有权请求债务人履行旧债务，且该请求权的行使并不以以物抵债协议无效、被撤销或者被解除为前提。《民法典合同编通则司法解释》第27条第2款也表达了同样的适用意见：债务人或者第三人未按照约定履行以物抵债协议，经催告后在合理期限内仍不履行，债权人选择请求履行原债务或者以物抵债协议的，人民法院应予支持，但是法律另有规定或者当事人另有约定的除外。

---

① 参见最高人民法院民事审判第二庭编著：《〈全国法院民商事审判工作会议纪要〉理解与适用》，人民法院出版社2019年版，第300页。

三是若以物抵债协议性质上属于让与担保，则会发生如下后果：(1) 事前约定进行清算的让与担保条款有效；(2) 债权人已经将房产形式上过户至债权人名下，债权人通过清算，对让与担保的房产价值优先受偿，可得到支持；(3) 协议约定产权归属于债权人，因违反法律禁止的流质流押条款，应为无效。《民法典担保制度司法解释》第68条第1款、第2款规定："债务人或者第三人与债权人约定将财产形式上转移至债权人名下，债务人不履行到期债务，债权人有权对财产折价或者以拍卖、变卖该财产所得价款偿还债务的，人民法院应当认定该约定有效。当事人已经完成财产权利变动的公示，债务人不履行到期债务，债权人请求参照民法典关于担保物权的有关规定就该财产优先受偿的，人民法院应予支持。债务人或者第三人与债权人约定将财产形式上转移至债权人名下，债务人不履行到期债务，财产归债权人所有的，人民法院应当认定该约定无效，但是不影响当事人有关提供担保的意思表示的效力。当事人已经完成财产权利变动的公示，债务人不履行到期债务，债权人请求对该财产享有所有权的，人民法院不予支持；债权人请求参照民法典关于担保物权的规定对财产折价或者以拍卖、变卖该财产所得的价款优先受偿的，人民法院应予支持；债务人履行债务后请求返还财产，或者请求对财产折价或者以拍卖、变卖所得的价款清偿债务的，人民法院应予支持。"

在让与担保情形下，只签订商品房买卖合同或进行网签，房产尚未从形式上转让至债权人名下的，则该财产属于债务人的一般责任财产。由于抵债房产债权人并非属于消费者购房人，不享有优先权，不得对抗金钱之债的执行。理由在于，设定以物抵债的目的在于消灭旧的金钱之债，以物抵债作为履行原来金钱之债的方法，其债权人享有的本质上仍然是金钱之债，不应优于另一个金钱之债。[①] 因此，以物抵债协议签订的商品房买卖合同不能对抗其他金钱之债的执行。此外，基于同样的理由，若抵债房产的开发商破产，

① 参见最高人民法院民事审判第二庭编著：《〈全国法院民商事审判工作会议纪要〉理解与适用》，人民法院出版社2019版，第304页。

债权人也无权要求继续履行房屋买卖合同，以及要求管理人交付约定抵债房产。

四是在债务履行期届满后，双方经过清算明确债务金额，债务人将房产过户于债权人名下，则属于代物清偿，自以物抵债房产过户至债权人名下之日起，新旧两债均归于消灭，债权人享有以物抵债房产的所有权。《民法典合同编通则司法解释》第 27 条第 2 款规定，债务人或者第三人履行以物抵债协议后，人民法院应当认定相应的债务同时消灭。

以上为实务中对于名为以房抵债而实际权利义务约定不同合同的定性和法律后果所做的梳理，由于不同定性的以物抵债协议对当事人权利影响巨大，当事人应当透过现象看本质，知晓其法律后果。

（五）合规要点

建筑设备租赁行业处于建筑产业链的末端，在谈判中处于相对弱势地位，尤其是在整个房地产行业低迷的情况下，由于开发商缺乏现金，债务人用开发之房产抵顶债务，这是出租人不得不接受的选项。以房抵债协议法律争议问题较多，出租方应特别加以关注：一是在签订以房抵债协议时，不能消灭原有债务，以确保在房产不能交付时，享有原租金债权的请求权；二是在可能的条件下，尽量将房产过户登记。

第二章

合同的履行

概　　述

合同是债权债务发生的一种原因。合法有效的合同即产生合同的效力，合同效力指因合同所生的权利和义务关系，或指合同有效成立后，为实现其内容，法律上所赋予的效果或权能。[①] 基于合同的效力，合同一方当事人可以向另一方当事人请求为或不为一定行为的权利，此请求权即为债权。

债权的实现需要债务人履行，基于合同所产生的债权，可以由债务人自愿履行得以实现，也可能因债务人未依债的本旨履行债务而构成合同不履行。当债务人不履行债务时，债权人可基于合同的效力，采取以下三种救济手段：一是利用国家强制力实现债务的内容，称为现实的强制履行；二是因债务人不履行债务的行为而使债权人遭受损害时，债权人可以请求损害赔偿；三是合同关系中债务人不履行债务导致合同目的无法实现时，债权人可以解除合同。

合同的履行不仅是合同法律效力的主要内容，而且是整个合同法律制度的核心，无论是合同的订立、生效，还是担保、违约责任的规定，究其实质，无一不是为了确保生效合同能得以切实履行，即都是围绕合同履行展开的。因此可以说，合同履行是其他一切合同法律制度的归宿和延伸。[②]

---

① 参见姚志明：《契约法总论》，台北，元照出版有限公司 2011 年版，第 85 页。
② 参见苏惠祥主编：《中国当代合同法论》，吉林大学出版社 1992 年版，第 146 页。

当事人该如何履行合同？法律基于生活的需要，设置一些规范和准则，用于规范合同的履行。其中，有些是基本的准则，用以指导合同的履行，通常称为合同履行的原则，如全面履行原则、亲自履行原则和同时履行原则；另外，有大量的具体准则（约定的或法定的），用以确定债务人行为的步骤等具体细节，称为合同履行的规则，合同履行规则中主要涉及合同履行的主体、履行的内容、履行的地点、期限、顺序和费用、涉他合同的履行、双务合同的履行抗辩权、履行的受领和拒绝、履行抵充等问题。合同履行的规则在整个合同制度中处于核心地位，由此发展出合同法上的一系列的概念和制度：就合同的义务群而言，有主给付义务和从给付义务、附随义务和不真正义务；就双务合同的抗辩权而言，包括同时履行抗辩权、后履行抗辩权和不安抗辩权问题；就合同涉及第三人问题，有向第三人履行合同和由第三人履行合同的制度等。这些概念和制度，对于合同履行的规则的完善具有重要的意义。原则确定合同履行的方向，规则作为合同履行的方法，各有侧重和作用。

通过本章的案例，我们就建筑设备租赁合同履行中的主要争议问题进行探讨。

10　建筑设备存在质量瑕疵的异议问题

（一）现实难题

租赁合同履行中，交付符合约定或者法定质量标准的设备，这是出租方最为核心的义务。在出租方交付建筑设备时，若承租方及时检验并处理（对符合约定的产品予以受领，对不符合约定的产品拒绝受领），此后双方一般不会发生争议。比较常见的情况是，承租方在受领建筑设备时并无异议且占有、使用，而在出租方起诉要求承租方支付租金时，承租方以建筑设备的质量不符合约定为由拒付租金，在此情况下，法院如何处理？

（二）裁判观点

出租人交付的建筑设备应当符合合同约定或法律规定的质量标准。在出租方交付建筑设备时，若建筑设备不符合质量标准，承租人应及时检验并通知承租人，承租人未在合理时间内通知出租方，则视为出租方的建筑设备符合合同约定或法律规定的质量标准，承租人应当支付租金。

（三）多发代表性案例

（2014）皖民二终字第00461号案件概况如下：2010年12月28日，芜湖市某钢管租赁站（甲方）与江苏省某建筑安装工程有限公司巢湖含达职业技术学院项目部（乙方）订立《租赁合同》，约定：乙方建筑公司向甲方租赁站租赁钢管及配件，钢管暂定50万米，扣件40万只；租赁期限为7个月（2011年1月至8月）；租赁物归还时双方须清点核对租赁物数量、规格，归还的装车、运输费用由乙方承担；归还租赁物缺少的按市场价赔偿；乙方不按时缴纳租金及材料费等每日按欠费的千分之一计算违约金。合同签订后，乙方建筑公司于2011年1月6日按合同约定向甲方租赁站支付了2000元押金，甲方租赁站收到押金后按合同约定分期分批共发出钢管263 970.1米、扣件157 880只、套管4800只。2012年8月1日，经建设单位巢湖含达教育发展有限公司决定，对乙方建筑公司所承建工程进行外脚手架和内排架拆除，其中内排架由甲方租赁站拆除，现场拆下的钢管、扣件由甲方租赁站组织人员清理、搬运、装车、运回，所有拆下钢管、扣件数量由甲方会同巢湖含达教育发展有限公司、含山县公证处进行清点。经各方清点，乙方建筑公司实际归还钢管175 797.4米、扣件98 910只、套管3387只，工地现场预留钢管51 528.9米、扣件26 819只，尚欠钢管36 643.8米、扣件32 151只、套管1413只未归还。甲方租赁站在脚手架拆除清理搬运中产生各种费用计15.72万元（人工费8.84万元、运费5.2万元、吊机费1.68万元）。含山县公证处对上述事实进行了证据保全。截至诉讼时，乙方支付甲方租金26万元，余款至今未付。甲方经向乙方催要租赁费及未归还的租赁物损失未果后，向法院提起诉讼。

对于出租物的质量是否符合约定的争议，二审判决认为：双方当事人在涉案合同第4条约定，承租方应根据工程实际需要严格把关租赁物资的验收，发现质量问题当场拒收，否则以后出现质量问题出租方概不负责。据此，乙方公司在接收甲方租赁站提供租赁物时并未对租赁物提出质量异议，仅在使用租赁物 2 年后的本案诉讼中辩称甲方租赁站提供的钢管及扣件存在质量问题，且未提供证据证明，亦与双方的约定不符，故二审法院不予采信。

在另一则关于建筑设备质量争议的案件中，四川省高级人民法院（2017）川民申 358 号民事裁定书认为：按贵州建工的方案，如系安装过程中发生质量问题，存在安全隐患，责任应由悦建公司（安装单位）承担，但如系设备本身存在质量问题等重大安全隐患，因《合同法》第 216 条规定“出租人应当按照约定将租赁物交付承租人，并在租赁期间保持租赁物符合约定的用途”，则贵州建工应通知盛宇公司提供符合安全标准的机械设备，或依据《合同法》第 233 条“租赁物危及承租人的安全或者健康的，即使承租人订立合同时明知该租赁物质量不合格，承租人仍然可以随时解除合同”的规定，随时行使合同解除权。四川省高级人民法院认为，本案中，贵州建工虽称施工升降机存在无安全生产许可证和无防坠装置等严重问题，但其始终未通知盛宇公司整改，或行使解除权结算后将设备归还盛宇公司，而是一直实际控制该设备直至 2014 年年底自行拆除，故原审根据客观事实判决贵州建工支付租金至 2015 年 6 月 30 日，并依合同约定判令其承担违约金并无不当。贵州建工提出的“检查维修记录表、施工升降机月检记录、盛宇公司机械设备管理制度、建筑机械设备检查制度等新证据证实已通知盛宇公司”的再审事由，经审查，贵州建工所提交的盛宇公司检查维修记录表、施工升降机月检记录、盛宇公司机械设备管理制度、建筑机械设备检查制度并不能证实贵州建工将设备存在的安全问题及时通知盛宇公司；相反，孙某某于 2014 年 12 月 8 日填写的检查维修记录表记载的“停用 4 个月后，启用前检查维修”却证实贵州建工系在使用长达 1 年多的时间后，才告知盛宇公司设备存在问题，并在告知后不久即自行拆除了施工升降机，四川省高级人民法院认为，贵州建工提交的证据不足以推翻原判决认定事实，该再审事由不成立。

（四）理论解析——租赁物质量瑕疵的异议

建筑设备租赁合同纠纷实务中，有不少关于标的物质量瑕疵问题的争议，本问题引用的两起案例是其中的代表。在部分案件的纠纷审理中，当出租人起诉要求承租人履行支付租金或其他费用义务时，承租人往往抗辩称出租人提供的租赁物质量不符合约定标准，请求法院判决驳回出租人的请求。关于租赁合同标的物质量瑕疵的争议，既有实体问题也有程序问题，实体问题为：出租的建筑设备的质量标准如何界定，出租方提供的建筑设备是否符合该标准，若有证据证实出租方提供的建筑设备的质量不符合合同约定或法律规定的标准，则出租方承担什么责任；程序问题是，承租人应在何时提出出租物质量瑕疵的异议，若未提出，则法律后果是什么？

买卖合同是典型的双务有偿合同，民法有关于买卖合同有关权利的瑕疵担保义务和物的瑕疵担保义务的规定，在其他双务有偿合同就此类问题未设置具体规定时，可以参照适用。对此，《民法典》第646条规定："法律对其他有偿合同有规定的，依照其规定；没有规定的，参照适用买卖合同的有关规定。"由此，关于租赁合同质量瑕疵的处理，基于《民法典》体系化的立法理念和技术，可以参照买卖合同的相关规则。

1. 质量标准的确定

《民法典》的租赁合同章对于租赁物的质量瑕疵的担保责任并无规定，对此，《民法典》买卖合同章第615条规定："出卖人应当按照约定的质量要求交付标的物。出卖人提供有关标的物质量说明的，交付的标的物应当符合该说明的质量要求。"《民法典》的该条规定，在传统民法理论上被称为出卖人物的瑕疵担保义务。该规则要求，出卖人提供的标的物应当符合合同约定的质量标准。标的物不应存在减少通用效用或合同预定效用的瑕疵，也不应存在所保证品质的欠缺。出卖人提供的标的物是否符合合同约定的质量标准，是判断出租方是否全面履行合同义务的前提。

若合同对质量标准未明确约定或无标的物质量说明，该如何确定，《民法典》第616条规定："当事人对标的物的质量要求没有约定或者约定不明确，依据本法第五百一十条的规定仍不能确定的，适用本法第五百一十一条第一项的规定。"质量标准属于买卖合同或租赁合同的非必要条款，在合同没有约定质量标准条款或者约定不明时，可以依据《民法典》第510条的规定补充确定，不能补充确定的，依据《民法典》第511条第1项的规定确定，即质量要求不明确的，按照强制性国家标准执行；没有强制性国家标准的，按照推荐性国家标准履行；没有推荐性国家标准的，按照行业标准履行；没有国家标准、行业标准的，按照通常标准或者符合合同目的的特定标准履行。这是合同争议中必须解决的问题，大陆法系有关的制度称之为瑕疵担保制度，英美法系则称之为默示担保制度。我国民法的法条主要是以英美法默示担保制度作为参考。

对于建筑设备的质量标准而言，由于用于出租的建筑设备种类繁多，对于建筑设备的质量标准，法律很难作出具体明确、整齐划一的规定，对于法律条款的适用需结合所遇到的个案进行具体分析，以确定“合同标准”“强制性国家标准”“推荐性国家标准”“行业标准”“通常标准”“符合同目的”标准的具体含义。如标的物属于《产品质量法》规范的产品的，产品的质量标准应当符合第26条第2款的规定：“产品质量应当符合下列要求：（一）不存在危及人身、财产安全的不合理的危险，没有保障人体健康和人身、财产安全的国家标准、行业标准的，应当符合该标准；（二）具备产品应当具备的使用性能，但是，对产品存在使用性能的瑕疵作出说明的除外；（三）符合在产品或者其包装上注明采用的产品标准，符合以产品说明、实物样品等方式表明的质量状况。”

当然，基于合同自愿原则，如果出租人和承租人约定减轻或者免除出租人对租赁物的质量瑕疵的担保责任，应当尊重当事人约定。但是，出租人因故意或重大过失不告知承租人出租物的质量瑕疵，则属于隐瞒事实真相的欺诈行为，有悖诚信原则，不支持出租人根据约定减轻或者免除责任。对此，《民法典》第618条规定：“当事人约定减轻或者免除出卖人对标的物瑕疵承担的责任，因出卖人故意或者重大过失不告知买受人标的物瑕疵的，出卖人无权主张减轻或者免除责任。”

2. 出租物不符合质量标准时的违约责任

出租方交付的建筑设备若不符合质量要求或者标准，应由出租方承担违约责任，《民法典》第617条规定："出卖人交付的标的物不符合质量要求的，买受人可以依本法第五百八十二条至第五百八十四条的规定请求承担违约责任。"《民法典》第582条规定："履行不符合约定的，应当按照当事人的约定承担违约责任。对违约责任没有约定或者约定不明确，依据本法第五百一十条的规定仍不能确定的，受损害方根据标的的性质以及损失的大小，可以合理选择请求对方承担修理、重作、更换、退货、减少价款或者报酬等违约责任。"此外，《民法典》第583条还规定，当事人一方不履行合同义务或者履行合同义务不符合约定的，在履行义务或者采取补救措施后，对方还有其他损失的，应当赔偿损失。《民法典》第584条规定了违约损失的赔偿范围，包括信赖利益损失及可得利益损失，但受可预见规则的限制。总体而言，对于出租方提供的建筑设备不符合合同约定标准或者法定标准的，应视违约情况由出租方承担合同解除、减少租费或赔偿损失的责任，出租方具体的违约责任承担应当根据个案的情况由承租方依法选择。

3. 质量瑕疵的异议期限

任何权利的行使，均有期限的限制，法律不保护眠于其上者。承租方对承租的建筑设备进行检验，既是其权利也是其义务。为了及时确立交易关系，促进商品的高速流转，《民法典》第620条规定："买受人收到标的物时应当在约定的检验期限内检验。没有约定检验期限的，应当及时检验。"第621条规定："当事人约定检验期限的，买受人应当在检验期限内将标的物的数量或者质量不符合约定的情形通知出卖人。买受人怠于通知的，视为标的物的数量或者质量符合约定。当事人没有约定检验期限的，买受人应当在发现或者应当发现标的物的数量或者质量不符合约定的合理期限内通知出卖人。买受人在合理期限内未通知或者自收到标的物之日起二年内未通知出卖人的，视为标的物的数量或者质量符合约定；但是，对标的物有质量保证期的，适用质量保证期，不适用该二年的规定。出卖人知道或者应当知道提供的标的物不符合约定的，买受人不受前两款规定的通知时间的限制。"关于买卖合同的检验期限，法律确定了规则适用的先后顺序：一是有约定检验期的，应当在约定检验期限内及时检验；二是未约定检验期的，应当在合理期限内进行检验，合理期间应限制在自收到标的物之日起的两年内；三是在质保期限内的，适用质量保证期的规定。对于租赁合同而言，应当适用前两项规则，即应当在约定期限和合理期限内检验。

民法规定了检验和通知期限，对于通知期间的法律性质，理论观点存在分歧，有观点认为是除斥期间，也有观点认为是消灭时效，还有观点认定，该通知期间与保证期间类似，既非诉讼时效期间，也非除斥期间，而是民法上一种独立的期间类型，属于或有期间。[①] 不管法理上如何定性异议期间的性质，其法律后果均为在通知期限内，若承租方通知出租方，即可取得寻求违约救济的请求权和形成权，该请求权随即开始诉讼时效期间的计算，该形成权随即开始除斥期间的计算。若未在期限内通知，期限经过后，即发生一项事实确定规则的适用，即标的物的质量视为符合合同约定。这就是说，在“视为标的物的数量或者质量符合约定”的情况下，即使标的物实际上不符合合同约定，出卖人也不用承担违约责任，其不利后果由买受人承担。该结论的主要理由是：买受人没有履行通知义务，属于违约行为。[②]

对于期限经过后的法律后果，需关注两个法律概念及相应之法律后果，一是“视为属于一种拟制，乃明知该事实为甲，但因法政策上之需要，乃以之为乙而处理之是也”。法律拟制的目的是使甲事实产生与乙事实相同的法律效果，甲事实的存在得到证明后，不允许对方当事人再提出证据来推翻乙事实。在租赁合同实务中，若合同约定了检验期限，承租方即使发现了租赁设备存在质量瑕疵，但未在约定期限内进行通知，就视为租赁设备的质量符合约定。二是承租人检验的义务。承租人检验的义务，在法学理论上属于不真正义务。不真正义务，是指合同相对人不得请求义务人履行，义务人违反亦不会发生损害赔偿责任，而仅使负担此义务者遭受权利减损或丧失后果的

---

① 参见王轶：《民法总则之期间立法研究》，载《法学家》2016 年第 5 期。

② 参见石宏主编：《〈中华人民共和国民法典〉解释与适用·合同编》，人民法院出版社 2020 年版，第 299 页。

义务，理论上也称间接义务。然此义务，非真正的法律上之义务，乃为使不失去瑕疵担保请求权不得不为之负担，实为一种间接义务。①

但是，若约定的异议期限过短，其效力如何，应视建筑设备租赁物的具体情况而定，《民法典》第622条规定："当事人约定的检验期限过短，根据标的物的性质和交易习惯，买受人在检验期限内难以完成全面检验的，该期限仅视为买受人对标的物的外观瑕疵提出异议的期限。约定的检验期限或者质量保证期短于法律、行政法规规定期限的，应当以法律、行政法规规定的期限为准。"

回归本问题的两则案例，承租人对出租物质量瑕疵有效的抗辩，一方面需要证明租赁合同的标的物不符合合同的约定或法律规定的质量标准，另一方面应当在合同约定的或者合同漏洞补充规则确定的期限内通知出租方。该两案的承租方均未按法律确定的规则提出质量瑕疵异议，故应当承担不利的法律后果。

（五）合规要点

出租方交付符合合同约定或者法定质量标准之租赁物，系出租方的主要合同义务。为保护出租方权益，避免因租赁设备的质量标准发生争议及避免因时间流逝导致交付租赁设备是否存在质量瑕疵发生争议，出租合同应当对租赁设备的质量标准进行明确的约定，同时应明确对租赁设备质量瑕疵的检验和异议期限，此外，出租方应当在交付建筑设备的有关单据中明确承租人在受领建筑设备时已经对于建筑设备的外在和内在质量进行检验，该租赁设备符合合同的约定或者法定的质量标准。

11　租赁支付与设备交付的履行抗辩权问题

（一）问题的提出

基于双务合同履行的牵连性，我国法律规定了同时履行抗辩权、后履行

① 参见史尚宽：《债法各论》，中国政法大学出版社2000年版，第30页。

抗辩权及不安抗辩权。以上抗辩权原则上可立于对价关系的债务应限于双方的主给付义务，以服务于合同目的的实现，通常并不存在于主给付义务与从给付义务及附随义务之间。那么，在建筑设备租赁合同履行中，哪些义务属于构成对价关系的主给付义务，可行使同时履行或后履行抗辩权呢？

（二）裁判观点

租金中的预付款或进度款的支付与交付建筑设备均系主给付义务，构成对价关系，承租方不履行预付款或进度款的支付义务，出租方延期交付租赁物，系其享有的后履行抗辩权，不构成违约，但在承租方已经按约支付租金的前提下，出租方逾期提供租赁物将构成违约，应承担违约责任。

（三）多发代表性案例

（2022）湘02民终1358号案件概况如下，2020年4月21日，越秀株洲分公司（甲方，承租方）与品维公司（乙方，出租方）签订《恒大悦珑台项目铝合金模板租赁合同》，合同对租赁物的制作、交付、退场、租赁期限、租金支付等做了约定。合同履行后，因欠付租金等发生争议，出租方起诉于湖南省株洲市天元区人民法院，要求承租方支付租金、变更费用等合计200余万元。承租方越秀公司向一审法院提起反诉，要求出租方品维公司赔偿各项损失260余万元。

一审法院认为，品维公司是否逾期交货以及若逾期交货违约金如何计算是该案争议焦点，双方签订的案涉合同约定“合同签订生效后3日内甲方向乙方支付合同暂定总额的30%作为预付款，乙方收到预付款后开始深化设计，双方对深化设计确认后，开始进行配模、生产”“深化设计图纸双方签字确认后30天内供货”“因下列原因造成乙方需延长设计期限的，乙方有权将本合同第四条规定的铝合金模板的交付期限相应顺延，且无须承担任何违约责任：……（4）甲方变更设计方案”。本案中，合同暂定总额的30%即1 004 758.2元为预付款，越秀公司于2020年5月12日支付品维公司铝模款100万元，虽尚差4758.2元的预付款未付，但因未付款项仅占应付金额的0.47%，结合品维公司于2020年5月12日将10万元定金原路退还，未扣除下差款项的事实，一审法院认为，品维公司与越秀公司在实际履行过程中将预付款金额变更为100万元，故越秀公司已完全履行了预付款支付义务。越秀公司于2020年5月3日同意15栋、19栋铝模深化设计方案，于2020年5月22日同意14栋、18栋铝模深化设计方案。之后，越秀公司于2020年5月25日对铝模深化设计方案进行了变更。因变更设计方案，品维公司有权将交付期限相应顺延。另合同约定"深化设计图纸双方签字确认后30天内供货"，品维公司于2020年5月30日回复"对于贵方来函中提出的变更要求，我司无异议"，是一种对变更设计进行确认的行为，因此品维公司应于2020年6月29日之前供货。案涉合同约定，"单栋总租赁期为8个月，起租日自乙方按甲方要求配置模板全部运到工地经甲方签收之日起算"，19栋最后一车于2020年6月9日签收，15栋最后一车于2020年7月25日签收，14栋最后一车于2020年8月6日签收，18栋最后一车于2020年8月22日签收，因此，品维公司15栋迟延交付26天，14栋迟延交付38天，18栋迟延交付54天，根据案涉合同的约定，"乙方逾期向甲方交付铝合金模板的，每日应该按照逾期交付部分设备租金的0.2%向甲方支付违约金。乙方逾期交付超过30日的，甲方有权解除本合同，并在收取上述违约金外对乙方罚款合同金额的20%作为补偿"，因此，品维公司14栋迟延交付38天应支付违约金226 913.4元，15栋迟延交付26天应支付违约金43 802.1元，18栋迟延交付54天应支付违约金259 443.2元，以上合计530 158.7元。越秀公司方面主张其实际损失超过了约定的违约金，因此要求品维公司赔偿其实际损失2 618 474元，一审法院认为越秀公司方面所提交的证据不足以证实其损失远远高于530 158.7元，故一审法院对超过530 158.7元的违约金不予支持。

关于越秀公司主张品维公司在拼装过程中存在诸多问题。一审法院认为，在铝模板的拼装过程中出现一些问题是不可避免的，品维公司应承担的违约责任应以继续履行、采取补救措施为主。本案中，越秀公司无证据证实品维公司拒绝继续履行、采取补救措施，因此，一审法院对越秀公司主张品维公司在拼装过程中存在诸多问题，要求品维公司承担赔偿损失的主张不予支持。

关于12栋、13栋、17栋，根据双方的合同约定，越秀公司应先行支付品维公司12栋、13栋、17栋预付款，因越秀公司未支付品维公司预付款，故品维公司享有后履行抗辩权，因此，越秀公司无权向品维公司主张未交付铝合金模板的违约责任。

一审法院关于越秀公司未支付预付款，品维公司享有后履行抗辩权的认定，得到二审法院的维持。

关于租赁合同履行抗辩权的相似案例，新疆维吾尔自治区高级人民法院（2022）新民申2347号民事裁定书认为：根据合同约定，武某某负有向章某某交付塔吊设备及相关手续的合同义务，章某某负有向武某某支付塔吊价款100 000元的合同义务。根据原审法院查明的事实，在合同履行过程中，武某某并未将案涉塔式起重机的相关手续及标准节等交付章某某，章某某据此未予支付剩余款项13 000元系合理履行抗辩权……

（四）理论解析——租赁合同中的后履行抗辩权

本问题两则案例是有关履行抗辩权理论和法律规定在司法实践中的生动应用，（2022）湘02民终1358号案例中租赁合同约定了双方履行合同义务的一系列顺序安排："合同签订生效后3日内甲方向乙方支付合同暂定总额的30%作为预付款，乙方收到预付款后开始深化设计，双方对深化设计确认后，开始进行配模、生产"和"深化设计图纸双方签字确认后30天内供货"。根据合同约定，承租人应先支付预付款，然后双方配合进行设计和确认，在双方对深化设计确认后，出租方进行供货。从合同义务的性质角度考虑，承租方的主要合同义务为支付租金（包括预付款和进度款），而出租方的主要义务为提供租赁物，该两项义务均为主给付义务，构成对价关系。任何一方不履行主给付义务，均会导致另一方合同目的不能实现。因此，当合同对于双方义务履行的次序有明确约定时，双方就应当遵守约定进行给付。在越秀公司已依约支付14栋、15栋、18栋预付款的情况下，品维公司迟延交付15栋租赁物26天，迟延交付14栋租赁物38天，迟延交付18栋租赁物54天，因此法院判决其承担了530 158.7元的违约金，而对于12栋、13栋、17栋，因越秀公司未支付品维公司预付款，故品维公司享有后履行抗辩权，因此，越秀公司无权向品维公司主张逾期交付铝合金模板的违约责任。

1. 履行抗辩权制度规定

《民法典》第526条规定："当事人互负债务，有先后履行顺序，应当先履行债务一方未履行的，后履行一方有权拒绝其履行请求。先履行一方履行债务不符合约定的，后履行一方有权拒绝其相应的履行请求。"该规则在我国学说上被称为"后履行抗辩权"，也称"先履行抗辩权"。在传统民法上，有同时履行抗辩权和不安抗辩权的制度，却无后履行抗辩权制度。相当于后履行抗辩权观念被包含在同时履行抗辩权之下，作为其中的一种特殊情形。学说认为我国《合同法》首次明确而独立地规定了这一抗辩权。① 合同法编纂过程中，就对是否规定后履行抗辩权存在不同意见。有的意见认为应当规定后履行抗辩权，因我国司法实践中存在一方当事人因应该先履行的另一方当事人不履行而没有履行债务，而被法院认为属于违约的情况。也有的意见认为，后履行抗辩权可以包括在同时履行抗辩权制度范畴内。还有的意见认为，后履行抗辩权与同时履行抗辩权可以细分出来，可以有针对性地规定。《合同法》最终参考《国际商事合同通则》，在规定了同时履行抗辩权的同时，又规定了后履行抗辩权。②《民法典》第526条沿袭了《合同法》第67条的规定。

2. 后履行抗辩权的制度定位和效果

后履行抗辩权制度定位于，有先后履行顺序的双务合同中，只有处于先履行顺序的债务超过了履行期、处于后履行顺序的债务才到履行期的情况下，才有后履行抗辩权的适用。这有别于同时履行抗辩权。后履行抗辩权制度，一方面尊重了当事人合意分配利益、风险的意思，另一方面贯彻了公平原则，维护了后履行一方的期限利益，对于维护合同履行秩序具有

① 参见崔建远主编：《合同法》（第4版），法律出版社2007年版，第136页。

② 参见石宏主编：《〈中华人民共和国民法典〉解释与适用·合同编》，人民法院出版社2020年版，第121页。

重要意义。

双务合同履行中的抗辩权的效果在于，在符合法定条件时，当事人一方对抗对方当事人的履行请求权，暂时拒绝履行自己债务的权利，是合同效力的体现，属于抗辩权中一时的抗辩（延期的抗辩），并无消灭对方请求权的效力，一旦产生抗辩的事由消灭，债务人仍应履行其债务。我们需要辨别一方与合同约定不符的履约行为到底是违约还是行使权利，行使后履行抗辩权，是权利的正当行使，而非违约，应受法律保护，不产生违约责任。在审判实务中，有些裁判文书误把不安抗辩权、同时履行抗辩权的行使当作“双方违约”处理，应予纠正。①

3. 后履行抗辩权行使的义务类型

履行抗辩权是基于双务合同的牵连性理论构造其理论基础，抗辩权的行使与合同义务的类型密切相关。抗辩权存在于主给付义务关系之中，理论上已无争议。但是否存在于主给付义务与从给付义务之间，则有分歧。何种债务之间有对价关系，能否从公平原则出发认定非对价关系的两项债务之间也有履行抗辩权利的行使，是一个十分重要的问题。有观点认为，从给付义务是否纳入双务契约履行上的牵连关系，虽有争论，但原则上应采肯定说，尤其是与契约目的实现具有密切关系的从给付义务，并应就具体案件依双务契约的类型及当事人的利益状态，依诚信原则定之。如此，名马的买受人似可以出卖人未交付得奖证书及血统证书而拒绝支付价款。② 此外，附随义务在合同中处于从属地位，与主合同义务不具有牵连性和对价性，因此，附随义务的违反通常不能产生履行抗辩权，但是，当附随义务的违反导致合同目的无法实现，对于主合同义务的履行也将失去意义，此时，附随义务与主合同义务之间即产生了牵连性，这些情况下，一方不履行附随义务，另一方可行使履行抗辩权。也即抗辩权也存在于主给付义务与从给付义务或附随义务之间。王泽鉴教授认为：“同时履行抗辩权，原则上固适用于具有对价关系之

---

① 参见崔建远、陈进：《债法总论》，法律出版社 2021 年版，第 89 页。

② 参见王泽鉴：《民法学说与判例研究》（第 6 册），北京大学出版社 2009 年版，第 108 页。

双方债务间。然而，虽非具有对价关系之双务契约而生之债务，其债务之对立，在实质上有牵连者，基于法律公平原则，亦非不许其准用或类推适用关于同时履行抗辩之规定。”①

就建筑设备租赁合同而言，需要分析常见的产生抗辩权的主给付义务。出租方的主给付义务：（1）交付约定使用收益目的之标的物；（2）在租赁关系存续期间，保持租赁物符合合同约定使用收益之状态；（3）租赁物的瑕疵担保义务，包含质量瑕疵担保责任和权利瑕疵担保责任。承租人的主给付义务为：（1）按照约定方法使用租赁物；（2）妥善保管租赁物；（3）支付租金。对此，崔建远教授对于给付类型和履行抗辩权的关系做了分类，对于租赁合同而言，存在这几类的履行抗辩关系：（1）在继续性合同的履行中，以一期未给付为理由而拒绝二期的对待给付，一般属于先履行抗辩权的行使范畴；就每期的对待给付拒绝自己的履行，属于同时履行抗辩权问题。（2）租赁物的使用收益减少与租金的相应降低之间构成同时履行关系。出租人不履行修缮义务，致使承租人不能享受租赁物使用、收益的，承租人可以行使同时履行抗辩权，拒付相应的租金。（3）押金返还与租赁物返还分属两项合同及终止所产生的义务，即使存在抗辩权，也不属于本来意义上的同时履行抗辩权或先履行抗辩权制度的领域，不过，考虑到承租人对抗出租人的手段极其有限，出租人返还押金一般来说不是一件特别困难的事情，即使存在困难，也不可归责于承租人，于此场合赋予承租人同时履行抗辩权或先履行抗辩权，有助于问题的早日解决，相对合理。（4）合同解除场合形成的两项不当得利返还义务之间成立同时履行抗辩权。（5）合同撤销场合形成的两项不当得利返还义务之间成立同时履行关系。② 对于前述第（3）项的押金返还与租赁物返还是否构成对待给付关系，尚有争论，史尚宽教授认为：“租赁关系终了，且返还租赁物时，由押租扣除不履行债务后之余额，发生返还请求权，承租人不得主张租赁物之返还与押租返还债务之同时履行，盖不独以返还租赁

① 王泽鉴：《民法学说与判例研究》（第6册），北京大学出版社2009年版，第108页。

② 参见崔建远、陈进：《债法总论》，法律出版社2021年版，第92~93页。

之时为押租发生返还请求权所导之当然结论，而且租赁物返还如有迟延，其间所生损害之赔偿，当然由押租扣除，以不认同时履行为公平也（但亦有主张因租赁关系终止发生返还请求权而认承租人有同时履行抗辩权……）”①笔者以为，对此问题的解决，还需借助诚实信用原则，若押金的孳息与租赁物租金不成比例，相差悬殊，则其之间不具有对价关系，不得主张同时履行，反之，则可主张同时履行抗辩权。具体应根据个案情况，由法官斟酌当事人的利益状态，依诚信原则定之。

总之，建筑设备租赁合同属于持续性合同，双方的义务顺序随着合同的履行而发生变化。按照交易习惯，建筑设备的租金一般是按时间或建设项目的形象节点支付，往往是分期履行的，在交付租赁物与支付租金之间，将会涉及后履行抗辩权行使问题。出租方的交付租赁物义务和承租方的支付租金义务构成对价关系，均为租赁合同的主给付义务，若租赁合同明确约定承租人负有先行支付预付款的义务，而承租人未支付的，出租方逾期交付租赁物，并不构成违约，而系其行使后履行抗辩权。而当承租人已经依约支付预付款的情况下，出租方的逾期交付租赁物则会构成违约，需承担违约责任。需予以注意的是，后履行抗辩权是法律赋予当事人的一项权利，当事人在诉讼外或诉讼中主张均可。在诉讼中，当事人必须提出该等抗辩，行使权利，法官始得进行审究，若当事人未提出行使权利的抗辩，法院不得依职权进行处理。

（五）合规要点

后履行抗辩权是法律赋予合同当事人双方的权利，在出租人与承租人签订租赁合同时，应当在合同中对义务履行顺位进行明确而妥适的安排；且在合同的履行过程中，对于承租方的违约行为，应当通过书面方式行使抗辩权，通过事中权利行使的制约，减少事后通过诉讼维权的风险，以切实维护出租人的合法权益。

---

① 史尚宽：《债法各论》，中国政法大学出版社2000年版，第217~218页。

12　承租人对出租人未依约开具发票的抗辩权问题

（一）现实难题

随着企业法律意识和财税合规意识的增强，发票入账的合规性日益得到企业重视。在越来越多的建筑设备租赁合同中，专门约定发票开具的条款，部分租赁合同进一步约定，若出租方不提供相应金额的发票，承租方有权拒绝支付款项。那么，在租赁合同约定以开票作为付款的前提时，出租方不依约提供发票，承租方是否享有履行抗辩权，暂停支付租金或其他费用呢？

（二）裁判观点

在建筑设备租赁合同中，开具发票并非出租人的主要合同义务，开具发票与支付款项并不构成对价关系，且未开具发票不影响承租方合同目的实现，因此，承租方不享有履行抗辩权，无权拒付相应款项。

（三）多发代表性案例

（2020）浙07民终4770号案件概况如下，某住宅建筑工程集团有限公司（本部分以下简称某住宅公司）因广东省佛山市顺德陈村万科翡翠江望花园项目施工需要与浙江某科技发展有限公司（本部分以下简称浙江某公司）于2018年4月17日签订案涉租赁合同，合同约定了租赁物规格数量、租赁期限、合同价款及支付结算、违约责任等事项。合同签订后，浙江某公司依约履行义务。后为明确款项支付的相关事宜，双方达成付款协议，依据协议约定，某住宅公司应在2019年8月31日前付清所有货款共计1 118 000元。截至一审开庭，某住宅建筑公司仍有租赁款346 000元未向浙江某公司支付，浙江某公司开具了4 123 351元发票，仍有122 095元发票未开具。浙江某公司因催讨无果，起诉至浙江省东阳市人民法院。

某住宅公司辩称：由于原告仍未开具齐全的发票，根据合同约定，被告有权拒绝支付剩余款项，而原告未履行相关义务，未配合办理相关结算，故被告不承担逾期付款的违约金。

一审判决认为：关于付款条件是否成就及被告是否应当支付违约金的问题，在租赁合同中，开具发票并非出租人的主要合同义务，而仅为附随义务。本案中，虽合同中约定每次付款时原告应同时提供符合规定的相关发票给被告，但上述约定只是原告的附随义务而非主要义务，附随义务的迟延履行并未直接影响到合同目的的实现。被告的付款义务和原告的开具发票义务并不具有合同对价关系。被告抗辩付款条件未成就但未举证证明，现原告已按约履行义务，约定的付款期限也已届满，且合同中约定逾期付款的违约责任为每延迟一日按所欠款项的日万分之五计算违约金，原告主张被告支付剩余租赁款 346 000 元及违约金 52 768.5 元（暂算至 2020 年 6 月 20 日，此后以未付款项 346 000 元为基数，按每日万分之五的标准计算至被告实际清偿日）具有事实和法律依据，一审法院予以支持。对于本案，二审金华市中级人民法院认为：本案双方当事人在案涉租赁合同中明确约定“乙方如未能提供相应的增值税专用发票，甲方有权拒绝支付工程款/预付款”，即浙江某公司负有提供增值税专用发票的开票义务，某住宅公司负有支付租赁款的付款义务，同时合同还约定了某住宅公司逾期付款的违约责任。本案中浙江某公司开票义务的迟延履行并未导致合同目的不能实现，某住宅公司以浙江某公司未开具足额发票为由拒绝支付租赁款的主张缺乏依据，一审判决其承担支付剩余租赁款 346 000 元及逾期付款违约金并无不当。某住宅公司支付剩余租赁款后，浙江某公司应及时向其开具相应的增值税专用发票。

在另一例笔者办理的涉及出租方未开具发票是否产生付款抗辩权的案件中，杭州市萧山区人民法院在（2022）浙 0109 民初 8747 号判决中认为：关于原告主张的违约金，原告分别于 2021 年 6 月 2 日、8 月 13 日开具金额为 150 000 元、350 000 元的发票，其余发票原告尚未开具，被告的租金支付义务为合同主给付义务，原告未开具其余金额的发票虽不能免除被告的租金支付义务，但在未开具发票金额内可免除被告逾期付款的违约责任，故根据原告的发票开具时间、双方合同约定的 90% 租金付款时间，及被告收到

350 000 元发票后仍未按约履行合同义务的事实，杭州市萧山区人民法院经核算，确定被告应支付截至 2022 年 3 月 31 日止按日万分之四计算的违约金 33 713.64 元，此后以 350 000 元为基数自 2022 年 4 月 1 日起按日万分之四计算至实际履行日止。

（四）理论解析——未开具发票与付款的抗辩权问题

正如前文所引案例所示，在出租方起诉要求承租方支付租金时，不少案件中承租人抗辩理由为：出租方未开具相应的发票，其有权行使先履行抗辩权，不予支付租金。司法实践中，此类争议属于多发案例，由于法律尚无明文，很有分析讨论之必要。

1. 发票与付款抗辩权关系的司法裁决观点

实践中，涉及发票开具的争议合同分为两类：一类是合同中对于是否开具发票以及何时开具未有明确约定或者约定应开具发票但未约定将其作为付款的前提条件；另一类是合同明确约定以出租方开具发票作为付款的前提条件。就第一类的合同争议，司法裁判一般不接受承租人以未收到发票作为拒付款项的合法抗辩理由。在三亚市天涯海角旅游发展有限公司与海南万联通电子磁卡系统工程有限公司合同纠纷再审案［案号：（2019）最高法民申 2588 号］的判决中法院指出："合同并未约定当事人付款必须以对方开具发票为前提，且税务发票体现的是国家与纳税人的纳税关系，是一种行政管理行为而非合同法上法定的先履行抗辩事项。因此，当事人开具发票既不是合同相对方支付价款的合同约定条件也不是法定条件，故付款方以对方未开具发票主张其逾期付款的先履行抗辩权无合同依据也无法律依据，法院不予支持。"在刘某年、成都市盛世隆新材料科技有限公司承揽合同纠纷［案号：（2019）浙 01 民终 7416 号］中，一审法院杭州市临安区人民法院认为：刘某年以对方未开具增值税发票为由抗辩不履行付款义务，但开票义务系合同的附随义务，在双方未约定该义务系付款前置条件的情况下，对刘某年的该项抗辩杭州市临安区人民法院不予采纳。就第二类的合同争议，即在合同明确约定先开票后付款的情况下，目前司法实践中有三类处理观点，第一种观点认为，虽有合同约定，但债务人不享有先履行抗辩权。在福建省惠三建设发展有限公司（以下简称惠三公司）、漳州市龙文区桂溪房地产开发有限公司买卖合同纠纷案［案号：（2019）最高法民申 4730 号］中，最高人民法院认为：开具发票系案涉合同的附随义务，不论广厦公司开具发票先后，均不能成为惠三公司不履行支付货款义务的抗辩理由。案涉《商品混凝土销售合同》虽有先开具发票后付款的约定，但双方 2012 年 11 月签订的付款协议并没有约定广厦公司先开具发票后惠三公司付款。且根据一审法院认定的事实，对于惠三公司已付的货款，广厦公司均已开具发票并交付惠三公司。因此，惠三公司以未收到广厦公司开具的发票为由主张其享有先履行抗辩权，不应支持。本问题中，笔者办理的第一则案例，一、二审法院也持该种观点。第二种观点认为，根据契约自由原则，合同约定先开票后付款的条款并不违反法律、行政法规的强制性规定，合法有效，应当恪守，在出租方未依约开具发票的前提下，承租方有权延付租金或者费用，直至债权方开具相应的发票。安徽省无为县人民法院（2019）皖 0225 民初 4879 号判决认为："本案的争议焦点为中天公司是否具有先履行抗辩权。依照双方合同约定，三赢公司向中天公司开具相应增值税发票的合同义务在先，中天公司按照三赢公司开具的增值税发票金额支付相应租赁费用等款项的义务在后。虽中天公司给付租金、代管服务费的主给付义务与三赢公司开具发票义务具有不对等性，但在合同有明确约定的情况下，应尊重当事人的意思自治。故，即便三赢公司与中天公司于 2018 年 7 月 31 日确认中天公司尚欠三赢公司租赁费用等费用共计 390 804 元，在三赢公司未依合同约定开具相应增值税发票的情况下，中天公司享有拒绝支付相应款项的先履行抗辩权……故对三赢公司有关逾期付款违约金的主张，本院亦暂不予支持。"第三种观点认为，合同约定先开票后付款的情况下，债权人未开具足额发票的，债务人有权顺延支付，但在诉讼中，支持债权方的付款请求权，但债务人无须承担逾期付款的违约责任。主要的理由是先开票后付款系双方的真实意思表示，双方应当严守约定。虽然开具发票系合同的附随义务，但是如果出租方未提前开具发票，可以认为承租方的付款期限未届至，因此承租方不存在逾期未付款的违约情况，故承租方无须承担相应的违约责任。本书援引的杭州市萧山区人民法院的（2022）浙0109民初8747号判决即持该种观点。

2. 抗辩权背后的法理

同一事项，给予不同的判决结果，这不是法治社会的正常状态，对于此问题的解决，寻求正确的裁决结果，还需要从基本的法理入手，以正确理解和适用抗辩权的规则。

抗辩权是一种分配风险的机制。合同的履行只要不是同时进行，存在时间差，即可谓存在一方授予相对人信用的情况，而信用结果本身与风险相伴，授信人要冒相对人失信的风险。法律为预防风险的发生，设置了多种措施。一种是担保措施，比如保证、抵押、质押、留置和定金等措施。此外，法律规定的债权人的代位权、撤销权等作为防止债权人的责任财产的不法减少的保全措施，也在实践中发挥着重要作用。另一种是抗辩权，对于双务合同，基于双方债务之间的牵连关系，尚可发生双务合同履行中的抗辩权；通过行使抗辩权，也可发生防范信用风险、增益债权实现的功能，"就其防患于未然这点而言，作用较违约责任还积极，比债的担保亦不逊色"①。

合同义务的类型，对于抗辩权的行使有重要影响。在租赁合同中，出租人负有将租赁物交付承租人使用、收益的义务，承租人负有支付租金的义务，均属主给付义务。就租赁合同双务性质而言，提供租赁物和给付租金构成对待给付义务，在对方未为对待给付之前，可以拒绝履行自己的给付。从给付义务，是不具有独立的意义，仅具有补足主给付义务功能的义务。其存在的目的，不在于决定债的类型，而在于确保能够最大地满足债权人利益。从给付义务，有些是基于法律的明文规定，有些是基于当事人的约定，还有些是基于诚实信用原则及补充的合同解释。比如，甲向乙购

---

① 崔建远主编：《合同法》，法律出版社2010年版，第137页。

买比赛得奖的名马时，交付马并转移其所有权，是出卖人的主给付义务，交付得奖证书及血统证书，是出卖人的从给付义务。附随义务，是指法律无明文规定，当事人亦无明确约定，为保护对方利益和稳定交易秩序，当事人依诚实信用原则所应负担的义务。在合同履行过程中，为辅助实现债权人之给付利益或周全保护债权人之人身或其财产利益，债务人遵循诚实信用原则，根据合同的性质、目的和交易习惯而履行的通知、协助、保密、保护等给付义务以外之义务。

3. 开具发票属于何种义务及未依约开具发票的责任

对于发票的开具，到底属于何种义务，需要进行辨析。根据《发票管理办法》第18条的规定，销售商品、提供服务以及从事其他经营活动的单位和个人，对外发生经营业务收取款项，收款方应当向付款方开具发票；特殊情况下，由付款方向收款方开具发票。首先，对于发票的义务性质，其不属于主给付义务，应无疑问。理由为，主给付义务是基于合同类型所固有的，具有确定性、特定性，并用以决定合同类型的基本义务。开具发票显然不符合这一特征，开具发票并不决定双方法律关系性质，无论是基于买卖、租赁还是承揽，只要发生款项的收付行为，均应当开具发票。其次，相较主给付义务，从给付义务与附随义务均属于附属地位，具有次要性、辅助性特征，二者区分存在一定难度。对于两者区别，通说以是否能够独立起诉请求履行作为从给付义务与附随义务的判断标准。对于从给付义务，权利人可以单独依诉讼方式要求对方当事人履行；一方违反附随义务的，另一方不得独立诉请履行，亦不得因此而解除合同，仅能主张对方构成不完全给付而要求损害赔偿。根据以上区分标准，开具发票应当构成从给付义务。一方面，最高人民法院已经通过案例明确开具发票属于法院受案范围，“开具发票、交付竣工资料等均属合同约定内容，属于民事合同义务范围……有义务开具发票的当事人在遵守税收法律法规的前提下，可以自主作出向其他民事主体开具发票的意思表示，该行为属于民事法律行为；对于接受发票的一方当事人来说，是否可以取得发票将影响其民事权益，因此当事人之间就一方自主申请开具发票与另一方取得发票的关系，属于民事法律关系范畴，人民法院应当依法审理"[①]。由此，当事人有权就开具发票事项单独诉请对方履行，这也表明开具发票属于从给付义务而非附随义务。另一方面，虽然我们很难对从给付义务和附随义务进行清晰区分，但从法律的定义还是可以对两类义务进行类型化识别，单证、资料、文件等的交付通常构成从给付义务，而告知、保密、协助事项属于附随义务范畴。《民法典》第509条第2款规定："当事人应当遵循诚信原则，根据合同的性质、目的和交易习惯履行通知、协助、保密等义务。"第599条规定："出卖人应当按照约定或者交易习惯向买受人交付提取标的物单证以外的有关单证和资料。"因此，发票作为票据单证，其开具、交付属于从给付义务之履行，这符合《民法典》第599条的规定。

通说认为，双方互负的债务既系基于双务合同而发生，自然应要求双方债务之间具有对价性，原则上可立于对价关系的双方债务，应限于双方的主给付义务，通常并不存在于主给付义务与从给付义务及附随义务之间。但也有学者主张，若从给付义务的履行与合同目的实现具有密切关系，从给付义务和主给付主义务存在同时履行关系，产生同时履行抗辩权。[②] 对于附随义务，附随义务在合同履行中的地位与作用与主合同义务不对等，即附随义务与主合同义务通常不具有牵连性，因此，一方不履行附随义务时，对方不可以拒不履行主合同义务进行抗辩，但当附随义务之违反导致合同目的不能实现时，该附随义务与主合同义务即具有牵连性，应当赋予对方当事人行使同时履行抗辩权以进行自我救济的权利，以此督促合同双方履行义务，这符合诚实信用原则。

从给付义务不履行通常不产生履行抗辩权，除非该义务不履行导致另一方合同目的不能实现。就此，在合同对开票义务无明确约定的情况下，发票开具行为系从给付义务，与付款行为不构成对价关系，承租方迟延开具发票，也不会导致承租方合同目的不能实现，相对人不能行使抗辩权，拒绝履行主

① 最高人民法院民事判决书，(2019) 最高法民再166号。
② 参见韩世远：《合同法总论》(第4版)，法律出版社2018年版，第410~411页。

给付义务。值得进一步讨论的是，在合同明确约定先开发票后付款的情况下，在出租方未开具发票时，另一方是否有权拒付款项且不需支付违约金？笔者认为：一方面，基于合同自由原则，当事人对于此种履行秩序的安排应当予以尊重，在出租方未开具相应金额发票时，承租人享有后履行抗辩权，有权拒付款项；另一方面，在出租方已经提供发票而承租方未足额支付情况下，对于未付已届期租金（未开具发票），基于诚信原则和承租人先行存在违约情况，承租人应不享有抗辩权。此时，法院应作交换履行判决①，判令承租人给付到期租金，并判令出租人在收到租金时开具相应金额的发票。对此，最高人民法院关于《民法典合同编通则司法解释》第 31 条第 2 款规定："当事人一方起诉请求对方履行债务，被告依据民法典第五百二十五条的规定主张双方同时履行的抗辩且抗辩成立，被告未提起反诉的，人民法院应当判决被告在原告履行债务的同时履行自己的债务，并在判项中明确原告申请强制执行的，人民法院应当在原告履行自己的债务后对被告采取执行行为；被告提起反诉的，人民法院应当判决双方同时履行自己的债务，并在判项中明确任何一方申请强制执行的，人民法院应当在该当事人履行自己的债务后对对方采取执行行为。"

（五）合规要点

对于出租方而言，从合规角度考虑：一是在合同正常履行的过程中，出租方应当严格依据法律规定、合同约定及交易方的付款情况开具符合要求的发票，尽量避免欠票的情况。同时，应当留存发票开具、送达或另一方拒收的证明及记录（如邮寄记录、快递签收记录、微信聊天记录、发票签收确认单等）。二是在合同约定先开票后付款的情况下，如付款方收到发票后未依约付款，出租方可暂缓开具剩余应开的发票，但应及时通过发送书面通知的形式固定该等事实，以便在后续的诉讼过程中证明承租方逾期未付的事实。

---

① 交换履行判决在德国法中有明确规定，在日本司法实务中也有运用。

13　母子公司的财产独立的证明和责任承担问题

（一）现实难题

母公司将其承揽的业务由其自身施工，享有工程款的债权，而将对外租赁的工作交由其子公司负责。当出租人起诉该子公司但未实现债权时，出租人如何向母子公司主张权利。换言之，在个人独资的情况下，当母公司过度操控子公司，滥用公司的有限责任制度，在此情况下，司法如何认定母公司对子公司债务的责任？

（二）裁判观点

一人有限责任公司，本质上仍然是有限公司，即原则上公司股东以其出资额为限对公司债务承担有限责任。但是，在较多情况下，一人有限责任公司股东除了享有一般的股东权利外，往往还会兼任执行董事，甚至经理职务，相较于一般有限公司因缺乏监管机制而更易引发经营道德风险。因此，一人有限责任公司的股东不能证明公司财产独立于股东自己的财产的，应当对公司债务承担连带责任。

（三）多发代表性案例

（2022）浙0108民初3301号案件概况①如下，因杭州地铁6号线一期工程SG6－7标江南大道诚业路及伟业路地铁站钢支撑安拆工程施工需要，中铁某局集团桥隧工程有限公司（本部分以下简称中铁某局桥隧公司）与浙江某应急设备科技股份有限公司（本部分以下简称浙江某公司）于2018年3月31日在浙江省杭州市滨江区签订一份《钢支撑安拆工程施工专业分包合同》，合同对工程名称、范围、工程内容、付款方式、违约责任等做了约定。

合同签订后，浙江某公司依约完成合同义务，经结算，截至2020年12月15日，产生工程款总额为8 042 962.35元，中铁某局桥隧公司仅付4 706 410元，

① 该案由笔者和朱传帅律师代理。

尚欠工程款及质保金共计 3 336 552.35 元。浙江某公司在催讨无果后，起诉至杭州市滨江区人民法院。

2021 年 9 月 24 日，经滨江区人民法院调解，出具（2021）浙 0108 民初 3756 号调解书。因中铁某局桥隧公司未依据该调解书支付所欠的工程款 3 083 292.35元及诉讼费、律师费、违约金等费用，浙江某公司向滨江法院申请强制执行，滨江区人民法院立案后，经滨江区人民法院审查并穷尽执行措施后，发现中铁某局桥隧公司无可供执行的财产，故法院于2022 年5 月19 日裁定终结本次执行程序。浙江某公司向滨江区人民法院提出执行异议并申请追加中铁某局集团有限公司（本部分以下简称中铁某局，系中铁某局桥隧公司的全资母公司）为被执行人。2022 年 6 月 22 日，法院作出（2022）浙 0108 执异 52 号裁定书，驳回了原告的异议申请。

2022 年 7 月 13 日，浙江某公司向滨江区人民法院起诉中铁某局追加、变更被执行人异议之诉。浙江某公司认为：（1）根据法律规定，一人有限责任公司的财产是否独立于股东的举证责任应当由被告承担，2018 年《公司法》第 63 条规定："一人有限责任公司的股东不能证明公司财产独立于股东自己的财产的，应当对公司债务承担连带责任。"本案中被告无确切证据证实母子公司的财产独立。（2）在原合同履行过程中确实存在中铁某局与中铁某局桥隧公司人格混同的情形。根据《九民会议纪要》第 10 条之精神："认定公司人格与股东人格是否存在混同，最根本的判断标准是公司是否具有独立意思和独立财产，最主要的表现是公司的财产与股东的财产是否混同且无法区分……"《钢支撑安拆工程施工专业分包合同》所涉工程为杭州地铁 6 号线一期工程土建施工 SG6 – 7 标，该工程的中标人即施工承包单位为中铁某局，但中铁某局却通过其全资子公司即中铁某局桥隧公司将该标段的钢支撑安拆工程分包给原告，充分说明中铁某局对中铁某局桥隧公司过度支配和控制，中铁某局桥隧公司缺乏独立意识。另外，在合同履行过程中，案涉工程款均由中铁某局支付，而案涉增值税专用发票亦由中铁某局收取，这充分证明中铁某局与中铁某局桥隧公司存在财产边界不清、财产混同的情况。综合来看，中铁某局桥隧公司不具有独立意思和独立财产，中铁某局与中铁某局桥隧公司确实存在人格混同的情形。

滨江区人民法院审理后认为，作为被执行人的一人有限责任公司，财产不足以清偿生效法律文书确定的债务，股东不能证明公司财产独立于自己的财产，申请执行人申请变更、追加该股东为被执行人，对公司债务承担连带责任的，人民法院应予支持。本案的争议焦点为：中铁某局的财产是否独立于中铁某局桥隧公司的财产，该节事实的举证责任在中铁某局。首先，中铁某局虽在本案中否认与中铁某局桥隧公司财产混同，但在（2022）晋 0106 民初 574 号案件审理中，明确认可双方存在人格混同，并对其就中铁某局桥隧公司债务承担连带责任不持异议。其次，被告中铁某局提供了《财务独立性鉴证报告》，欲证明其与中铁某局桥隧公司财产独立。报告中虽有“中铁某局和中铁某局桥隧公司在财务制度、费用报销、收入成本、内部控制、人员管理等方面在 2017 年 01 月 01 日至 2022 年 03 月 31 日期间保持相对独立，并得到了一贯执行”的结论，但附件中仅有中铁某局和中铁某局桥隧公司各自的财务制度文件，关于两公司之间的独立性没有任何财务数据支撑。最后，姑且不论该报告是由被告单方委托会计师事务所制作而成，关键在于形成该报告结论的主要资料均由被告单方提供，无法确保其真实性和完整性。况且报告中亦载明“我们鉴证具有固有局限性，存在错误或舞弊导致的错报未被发现的可能性”。故《财务独立性鉴证报告》不足以证明中铁某局财产独立于中铁某局桥隧公司财产，不能达到中铁某局的证明目的。

综上，中铁某局桥隧公司作为被执行人，财产不足以清偿生效法律文书确定的债务，且中铁某局桥隧公司系一人有限责任公司，中铁某局作为其唯一股东，未提供有效证据证明公司资产独立于股东自己的财产，应对公司债务承担连带责任。原告的诉讼请求有事实和法律依据，滨江区人民法院予以支持。依照 2018 年《公司法》第 63 条，最高人民法院《关于民事执行中变更、追加当事人若干问题的规定》第 20 条、第 32 条、第 34 条，《民事诉讼法》（2021 年）第 234 条之规定，判决如下：追加中铁某局为滨江区人民法院（2022）浙0108执766号案件的被执行人，并就中铁某局桥隧公司在（2021）浙0108民初3756号案件中对浙江华铁某公司所负债务承担连带责任。

与本案相似的关于一人有限责任公司对于子公司债务的承担问题，（2020）最高法民终727号判决认为，盛尊公司为利招公司成立的一人有限责任公司。利招公司在二审期间向本院提交了2016年至2018年利招公司的审计报告和2016年至2019年盛尊公司的审计报告，拟证明利招公司与盛尊公司之间的财产是各自独立的，利招公司不应对盛尊公司的债务承担连带责任。最高人民法院认为，上述审计报告等证据仅能反映公司的负债及利润情况，该证据不能反映利招公司与盛尊公司的财产走向情况，不足以证明利招公司的财产独立于盛尊公司。根据2018年《公司法》第63条有关“一人有限公司的股东不能证明公司财产独立于自己的财产的，应当对公司债务承担连带责任”的规定，利招公司依法应对盛尊公司的债务承担连带责任。

（四）理论解析——母公司不能证明其财产独立于子公司的责任承担

有限责任制度肇始于英国。1855年和1856年，英国通过《有限责任法案》，正式建立了有限责任制度。19世纪，有限责任制度迅速蔓延，美国各州相继建立，大陆法系国家亦深受影响、普遍接受，以至于发展成为现代法人制度的精髓。在谈到有限责任制度的意义时，人们常引用美国哥伦比亚大学前校长巴特尔的一句名言——“有限责任制度是当代最伟大的发明，其产生的意义甚至超过了蒸汽机和电的发明”。

1. 母子架构公司对有限责任的制度冲击

作为现代公司法制度的基石，有限责任的本义是保障终极投资者除资本投入外，不再对公司债务承担责任。随着投资主体的扩大化，当公司作为类似于自然人一样的投资主体，被准予取得和持有其他公司股权时，有限责任——原本用于区分投资股东风险和企业风险的责任制度，却在公司集团中为母公司获取法外利益提供了庇护。母子公司架构的出现，对传统法律构成极大挑战。公司的股东以其认缴的出资额为限对公司承担责任，公司以其全部财产对公司的债务承担责任。公司的债权人原则上只能请求公司偿债，而不能请求公司背后的股东偿债。但这建立在股东和公司之间的财产相互隔离，股东敬畏与尊重公司的法人财产，公司及其债权人敬畏与尊重股东的个人财产，这是法律的理想状态。而现状是，母公司广泛参与子公司的经营管理，不放弃对财产的直接支配权。本书所引（2022）浙0108民初3301号案件即为一例，中铁某局集团公司通过招投标与业主单位签订建设工程施工合同，但将对外采购交由全资子公司中铁某局桥隧公司执行。其产生的后果，一是中铁某局与中铁某局桥隧公司在案涉工程项目中建立何种法律关系、母子公司交易定价是否公允、母公司是否向子公司支付了相应的对价等，外人不得而知。二是由母公司收取工程款，享受了工程施工的利益，而将对外采购产生的债务留给子公司。如果有限责任制度不能在此情况下有所应对，将会使母公司因享受股东有限责任特权的庇护而逍遥法外，而子公司只能以自己不充足之财产对外独立承担责任，从而使与子公司交易的债权人承担非常风险，危及社会的公正和秩序。尤其是，子公司受控于母公司，其独立人格严重残缺，无法独立作出意思表示；母公司设立子公司的目的，就是让子公司为母公司服务；在实际运营中，母公司恶意侵占子公司的财产，掏空子公司。此时，法律才面临突如其来的尴尬：对母公司是否继续承认和适用有限责任？易言之，法律是否需要像对待终极投资者那样，对母公司提供免予承担子公司债务的法律保护，此乃问题之核心。①

2. 母公司应当对子公司负有诚信义务

权利义务本为一体，母公司在投资子公司享受有限责任风险隔离利益的同时，也需对子公司负有诚信义务。20世纪初，控股股东负诚信义务的规则经美国司法实践予以确立。此后，经一系列判例确认，控股股东依诚信原则行事，成为英美司法中的一项重要规则，也成为当今世界各国公司治理之基本准则。纵观各国公司法，无论是英美法系，抑或大陆法系，对母公司科以

① 参见施天涛：《关联企业法律问题研究》，法律出版社1998年版，第160~161页。

诚信义务已是通例。责令母公司承担诚信义务，具有法律上的正当性。盖因母子公司构架中，母公司居于控制地位，在涉及子公司事务上，母公司往往从自身利益出发，牺牲子公司利益。此时，子公司的债权人与母公司的地位不对等、信息不对称，单靠债权人的力量难以有效制约母公司，故需法律提供特殊保护。

诚信义务具体分为注意义务和忠实义务。注意义务，是指母公司应机智慎重、勤勉尽职地管理子公司事务，就像在同等地位之情形下，一个谨慎者对经营事项所给予的注意一样。忠诚义务，是指母公司在管理子公司事务时，除考虑自己利益外，尚须考虑子公司利益和其他股东利益，不得从事损害子公司和其他股东利益的行为。

母公司违反注意义务的典型表现有如下两种：第一，纵容其推举的董事或高级人员的不轨行为而不予追究。第二，出售股权时，未对买方履行合理的谨慎性调查，导致子公司控制权迅速转移，或在确信买方意在榨取公司利益时仍将股权出售。

母公司违反忠实义务的表现形式多种多样：（1）侵吞子公司财产；（2）排挤与压榨子公司的少数股东；（3）不公正的关联交易；（4）内幕交易；（5）篡夺公司机会；（6）溢价出让控制股；（7）欺诈行为。

3. 母公司的责任

对于母公司违反诚信义务的责任，英美国家采用在处理母子公司对外债务问题时的“揭开公司面纱”理论、处理母子公司内部债务问题时的深石原则及母子公司破产时适用的实质合并原则。揭开公司面纱、衡平居次和实体合并是美国公司法保护债权人的三大法宝。

对于“揭开公司面纱”，我国的公司法也部分借鉴了英美公司法的成熟制度，《公司法》第23条规定：“公司股东滥用公司法人独立地位和股东有限责任，逃避债务，严重损害公司债权人利益的，应当对公司债务承担连带责任。股东利用其控制的两个以上公司实施前款规定行为的，各公司应当对任一公司的债务承担连带责任。只有一个股东的公司，股东不能证明公司财产独立于股东自己的财产的，应当对公司债务承担连带责任。”

《九民会议纪要》第11条第2款规定：“控制股东或者实际控制人控制多个子公司或者关联公司，滥用控制权使多个子公司或者关联公司财产边界不清、财务混同，利益相互输送，丧失人格独立性，沦为控制股东逃避债务、非法经营，甚至违法犯罪工具的，可以综合案件事实，否认子公司或者关联公司法人人格，判令承担连带责任。”

《九民会议纪要》进一步指出，公司人格独立和股东有限责任是公司法的基本原则。否认公司独立人格，由滥用公司法人独立地位和股东有限责任的股东对公司债务承担连带责任，是股东有限责任的例外情形，旨在矫正有限责任制度在特定法律事实发生时对债权人保护的失衡现象。在审判实践中，要准确把握2018年《公司法》第20条第3款（可参考现行《公司法》第21条、第23条）规定的精神。一是只有在股东实施了滥用公司法人独立地位及股东有限责任的行为，且该行为严重损害了公司债权人利益的情况下，才能适用。损害债权人利益，主要是指股东滥用权利使公司财产不足以清偿公司债权人的债权。二是只有实施了滥用法人独立地位和股东有限责任行为的股东才对公司债务承担连带清偿责任，而其他股东不应承担此责任。三是公司人格否认不是全面、彻底、永久地否定公司的法人资格，而只是在具体案件中依据特定的法律事实、法律关系，突破股东对公司债务不承担责任的一般规则，例外地判令其承担连带责任。人民法院在个案中否认公司人格的判决的既判力仅仅约束该诉讼的各方当事人，不当然适用于涉及该公司的其他诉讼，不影响公司独立法人资格的存续。如果其他债权人提起公司人格否认诉讼，已生效判决认定的事实可以作为证据使用。四是2018年《公司法》第20条第3款规定的滥用行为，实践中常见的情形有人格混同、过度支配与控制、资本显著不足等。在审理案件时，需要根据查明的案件事实进行综合判断，既审慎适用，又当用则用。

本书的判例既是法律的适用也是公司法理论的实践，在母公司将子公司视为“提线木偶”，不能证实各自财产独立的情况下，就不能享受有限责任的庇护，从而矫正有限责任制度在特定法律事实发生时对债权人保护的失衡现象。

（五）合规要点

一是对于合同相对人的资信调查系风险控制的第一要素，这是战略性的问题。在合同签订时，首要审查合同相对人角色，若该合同相对人不是直接的施工方，而是劳务公司、施工企业的子公司或与施工企业有分包、转包关系的实际施工人，应加以特别注意。二是针对一人有限责任公司诉讼而言，虽然目前立法采举证责任倒置要求一人有限责任公司股东举证证明与公司财产的完全独立，但作为债权人在诉讼时应尽量搜集股东财产与公司财产不独立的相关证据，以加强人民法院对于财产混同的认定。在一人有限责任公司股东提交相关财务报告和审计报告完成初步举证责任后，债权人应对前述报告进行详细审查，提出报告中不合规或不合常理之处，此时若一人有限责任公司股东无法提供补强证据，则仍应承担举证不能的法律后果。

14 出租方明知承租方是挂靠施工的，建筑企业对租赁合同的责任承担

（一）现实难题

在工程建设领域，挂靠承揽建设工程情况比较常见，在部分建设工程租赁合同纠纷中，出租人对于承租方挂靠经营是明知的，且合同履行中的建筑设备的受领、租金的核对和款项的支付均由挂靠的实际施工人或其雇员实施，在此情况下，司法如何判定被挂靠的建筑企业对实际施工人债务的责任？

（二）裁判观点

合同记载的主体虽为建筑企业，但合同加盖的并非建筑企业的公章，不能认为建筑企业为合同主体。同时，各方当事人均明知承租人为挂靠建筑企业承包案涉项目，根据合同的相对性，相应的付款义务应由合同相对方承担，

出租方要求建筑企业对承租方的债务承担清偿责任，没有事实基础和法律依据。

（三）多发代表性案例

（2020）粤0113民初6068号案件[①]概况如下，2015年5月，开平某住宅建筑工程集团有限公司（本部分以下简称开平建筑公司）作为承包人与广东某房地产投资发展集团公司作为发包人签订《广东省建设工程标准施工合同》，开平建筑公司总承包位于佛山市南海区桂城街道60街区桂江立交西南侧景裕豪园项目三期Ⅱ标段建安总承包工程。2015年7月9日，开平建筑公司作为发包方与吴某某作为分包方签订《景裕豪园项目三期Ⅱ标段建安总承包合同分包管理协议》，约定开平建筑公司作为本工程的名义总承包方，只负责报建、收款、开票、付款及非总包方自行出面不可的对外接洽工作。除政府相关部门规定必须以开平建筑公司名义签订相关的材料、劳务合同外，吴某某应以自身名义签订本工程实际执行的材料、劳务、料具设备租赁等分包方合同，自行履行全部责任、义务等。

2015年10月2日，吴某某以开平建筑公司名义作为承租方（乙方）与广州某建筑技术有限公司（甲方，本部分以下简称广州技术公司）签订《租赁合同》，承租广州技术公司的脚手架、钢管等建材，合同约定承租方应在租赁物还清后7日内结清全部租金。若租期在2个月以上，应在每月5日前结清上月租金。若承租方逾期付款，应从逾期当日起每日以拖欠租费金额的千分之二支付违约金。承租方在未付清毁损丢失物赔偿金之前，应继续支付被毁损丢失物的租金至该物有效归还或赔偿日止。双方发生争议的，应先行协商，协商不成的，提请出租方所在地法院解决。由此诉讼产生的费用（包括但不限于诉讼费、律师费等）由责任方承担。合同还约定了其他相关内容。《租赁合同》落款处有吴某某签名，加盖开平某建筑工程集团有限公司第二项目部技术专用章。当事人各方均确认《租赁合同》实际的合同主体为

① 该案由笔者和林维钢律师代理。

广州技术公司与吴某某，吴某某挂靠开平建筑公司与广州技术公司签订《租赁合同》。

2020 年 1 月 6 日，吴某某与广州技术公司对截至 2019 年 9 月 30 日的租金和其他费用进行对账，并签订《景裕豪园三期Ⅱ标段项目分包产值结算表》，合计尚欠金额 4 414 137.51 元。同时，吴某某在《景裕豪园三期Ⅱ标段项目分包产值结算表》中手写“同意按钢管租赁费（4 410 000 元）、材料遗失赔偿费及砂浆货款（317 700 元），合计 4 727 700 元”。因吴某某未支付结算表中的欠款，广州技术公司经催收未果，遂提起本案诉讼。广州技术公司认为开平建筑公司作为被挂靠人，吴某某对外以开平建筑公司名义从事业务往来，代表开平建筑公司进行项目施工建设，开平建筑公司理应对吴某某的债务承担责任。

广东省广州市番禺区人民法院判决认为：原告广州技术公司与被告吴某某之间的《租赁合同》是双方当事人的真实意思表示，没有违反法律、行政法规的禁止性规定，合法有效。广州技术公司向吴某某出租建材，吴某某理应支付相应款项。关于开平建筑公司是否应承担责任的问题，《租赁合同》记载的主体虽然为开平建筑公司，但加盖的开平建筑公司第二项目部技术专用章，并非开平建筑公司公章，不能以此认定开平建筑公司为合同主体。同时，各方当事人均明知吴某某为挂靠开平建筑公司承包案涉项目，根据合同的相对性，相应的付款义务应由合同相对方即吴某某承担，原告要求开平建筑公司对吴某某的债务承担清偿责任，没有事实基础和法律依据，法院不予支持。

与此类似的江苏省徐州市中级人民法院（2016）苏 03 民终 2998 号民事判决书认为：被上诉人江苏某建设公司不应当向上诉人徐州某租赁站承担给付租金的义务。上诉人徐州某租赁站虽主张许某某借用被上诉人江苏某建设公司资质承包工程并租赁上诉人的建筑设备，被上诉人应当对其承担相应的给付租金的责任，但上诉人徐州某租赁站提供的欠条中仅有杜某某的签字，至于杜某某与被上诉人之间的关系应当由上诉人举证证明。在上诉人不能证明杜某某所出具的欠条代表被上诉人的情况下，不应由被上诉人承担还款责任，故该欠条不足以证明被上诉人江苏某建设公司存在拖欠租金的事实。上诉人亦未提供其他证据证明其主张。故对上诉人要求被上诉人江苏某建设公司承担给付租金义务的主张，徐州市中级人民法院不予支持。

（四）理论解析——出租方明知承租方为建筑企业的挂靠人，建筑企业的责任承担

改革开放以来，外贸、建筑、医疗、运输等行业，从初兴到发展，挂靠经营现象一直相伴而生。虽然我国法律法规一直禁止挂靠经营行为，但是由于挂靠经营适应相关行业特点和现实国情，挂靠的法律禁令并没有使挂靠经营的现象减少。但因挂靠经营对外显示的经营人和实际的经营人不同，由此产生诸多法律问题和争议。

1. 挂靠经营的合同关系

在挂靠经营中，以挂靠人为视角，向上存在两个不同的合同关系，即发包人、总承包人、分包人、转包人与被挂靠人之间的建设工程合同关系，挂靠人与被挂靠人的挂靠合同关系[①]；向下，存在挂靠人或被挂靠人与下游企业建立的采购物资、租赁建筑设备、劳务分包等法律关系。向上关系，属于建设工程合同纠纷中的疑难问题，本书按下不表。向下关系中，此类合同应由挂靠人本人、被挂靠人还是两者共同承担责任，实务中常发生争议。向下关系中，具体情形分为两类：一类是，挂靠人以被挂靠人的名义签订采购合同或租赁合同，合同的相对人有理由信赖挂靠人代理被挂靠人签订合同，在此情况下，基于代理的法律效果，其责任应由被挂靠人承担；另一类是，无论从合同的签订还是合同的履行行为都表明，合同的相对人明知挂靠人为自己挂靠施工的工程签订合同而非代理被挂靠人签订合同，在此情况下，挂靠人行为不构成代理，根据合同相对性规则，应当由挂靠人承担责任。这是本问题两则案例持有的观点。

---

① 参见重庆市高级人民法院民一庭《关于一中法院民四庭〈关于挂靠施工的建设工程施工合同纠纷中挂靠人和被挂靠人是否均有权主张权利的咨询报告〉的答复》（〔2014〕渝高法民一字第7号）。

2. 合同相对性规则

合同是当事人设立、变更或终止债权债务关系的协议。作为一种民事法律关系，合同关系不同于其他民事关系（如物权关系）的重要特点，在于合同关系的相对性。[①] 合同的相对性在大陆法中被称为“债的相对性”，该规则最早起源于罗马法，意指“当事人之间之羁束状态而言”。[②] 相对性规则是合同自由原则延伸的必然，是当事人自由意志在合同效力方面的体现。相对性规则即指合同仅于缔约人之间发生效力，对合同外第三人不发生效力；合同缔约人不得以合同约定涉及第三人利益的事项，任何一方缔约人不与第三人发生权利义务关系，否则合同无效。这一规则对现代大陆法系的债法产生了很大影响，《法国民法典》就此作出了明文规定，如第 1119 条规定：“任何人，在原则上，仅得为自己接受约束并以自己名义订立契约。”第 1165 条规定：“契约仅于缔约当事人间发生效力。”其他大陆法系国家如德国、瑞士、日本的民法虽未设立明文规定，但在理论上都将其视为债权自身性质所决定的一种当然规则。

在英美法系中，因为法律上并不存在债的概念及体系，所以大陆法中的“债的相对性”规则在英美法被称为“合同的相对性”（privity of contract），其基本内容是：合同项下的权利义务只能赋予当事人或加在当事人身上，合同只能对合同当事人产生拘束力，而非合同当事人不能诉请强制执行合同。[③] 在英国法中，合同相对性原则一直作为合同法的一条根本性原则得到彻底的坚持。在 20 世纪初，哈尔丁法官曾说：“在英国法中，有些原则是基础性的。其中之一就是只有合同的当事人才能就该合同提起诉讼。我们的法律不知道什么是因合同产生的第三人的权利。”

合同相对性或债的相对性规则，自罗马法以来，一直为两大法系所确认，尽管两大法系关于合同相对性规则所蕴含的具体内容有所区别，但基本上都

---

① 参见王利明：《论合同的相对性》，载《中国法学》1996 年第 4 期。

② 李宜琛：《日耳曼法概说》，商务印书馆 1943 年版，第 72 页。

③ 参见沈达明编著：《英美合同法引论》，对外贸易教育出版社 1993 年版，第 2205 页。

认为合同相对性是指合同主要在特定的合同当事人之间发生法律拘束力，只有合同当事人一方能基于合同向对方提出请求或提起诉讼，而不能向与其无合同关系的第三人提出合同上的请求，也不能擅自为第三人设定合同上的义务。

我国的法律也不例外，《民法通则》第116条规定："当事人一方由于上级机关原因，不能履行合同义务的，应当按照合同约定向另一方赔偿损失或者采取其补救措施，再由上级机关对它因此受到的损失负责处理。"《合同法》第121条规定："当事人一方因第三人的原因造成违约的，应当向对方承担违约责任。当事人一方和第三人之间的纠纷，依照法律规定或者按照约定解决。"[①] 该条规定即属于合同法强调的合同履行的相对性规则，立法是为了防止在当时计划经济向市场经济过渡时期可能存在的行政权力对合同履行的干预。梁慧星老师认为，立法者是想通过该条防止在审判实践中动辄将第三人拉进来，作为第三人参加诉讼，法院依职权把合同以外的当事人拉进案件，最后纠纷双方没有承担责任，判决由别人承担责任，这种判决违反合同相对性，没有合理性。[②] 对于合同的相对性规则，《民法典》第465条第2款进一步通过"仅"字进行强调："依法成立的合同，仅对当事人具有法律约束力，但是法律另有规定的除外。"合同关系的相对性是合同的规则和制度赖以建立的基础和前提，也是我国立法和司法所应遵守的一项重要规则，其内容丰富而复杂，且广泛体现在合同中的各项制度中，概括而言，合同的相对性规则主要体现为三方面的内容：（1）主体的相对性，是指合同关系只能发生在特定的主体之间，只有合同的一方当事人能够向合同的另一方当事人基于合同提出请求或诉讼。具体而言，首先，只有具有合同关系的当事人相互之间才能请求给付，没有发生合同上的权利义务关系的第三人不能基于合同向合同当事人请求给付。立法上，我国《民法典》第522条第1款规定："当事人约定由债务人向第三人履行债务，债务人未向第三人履行债务或者

① 对应《民法典》第593条。

② 参见梁慧星：《读条文·学民法》，人民法院出版社2014年版，第207页。

履行债务不符合约定的，应当向债权人承担违约责任。”其次，合同一方当事人只能向另一方当事人提出合同上的请求，而不能向与其无合同关系的第三人提出合同上的诉求或诉讼。这在连环贸易合同中表现比较明显。如甲为钢厂，乙为钢贸企业，丙为建筑企业，甲与乙签订钢材买卖合同，乙与丙签订买卖合同，乙欲将向甲厂购买的钢材销售给丙厂，若因甲厂订单太多无法向乙供应货物，导致乙不能向丙提供钢材，在此情况下，丙不能向甲主张违约赔偿或要求甲直接供货，而只能向乙主张。（2）内容的相对性，是指除法律、合同另有规定外，只有合同当事人才能享有合同规定的权利，并承担该合同规定的义务，当事人之外的任何第三人不能主张合同上的权利，更不负担合同中规定的义务。在双务合同中，还表现为一方的权利就是另一方的义务，权利义务相互对应，互为因果，呈现出“对流状态”，权利人的权利必须依赖于义务人履行义务才能实现。内容的相对性具体引出如下几项规则：一是合同规定由当事人享有的权利，原则上并不及于第三人。合同规定由双方当事人承担的义务，一般也不能对第三人产生拘束力。二是合同当事人无权为他人设定合同上的义务。三是合同的权利与义务主要对合同当事人产生约束力。（3）责任的相对性。责任是指违反义务的后果，责任的相对性是指违约责任只能在特定的合同关系当事人之间发生，合同关系以外的人不负违约责任，合同当事人也不对其承担违约责任。责任的相对性包含三方面的内容：一是违约当事人应对因自己违反合同造成的后果承担违约责任，而不能将责任推卸给他人。二是在因第三人的行为造成债务履行不符合约定的情况下，债务人应向债权人承担违约责任。债务人在承担违约责任后，有权向第三人追偿，债务人为第三人的行为负责，既是合同相对性原则的体现，也是保护债权人利益所必需。三是债务人只向债权人承担违约责任，而不应向国家或第三人承担违约责任。

3. 挂靠人与被挂靠人在不同法律关系下的责任承担

对于挂靠关系在诉讼程序上的处理，《民事诉讼法司法解释》第 54 条规定：“以挂靠形式从事民事活动，当事人请求由挂靠人和被挂靠人依法承担民事责任的，该挂靠人和被挂靠人为共同诉讼人。”因此，挂靠人和被挂靠人可以作为共同被告参加诉讼。但是，该条只是从诉讼程序上规定挂靠人和被挂靠人可以作为共同诉讼人，并没有明确规定挂靠人和被挂靠人应承担的责任，具体应按照实体法的规定处理。若属于合同关系，应按照合同相对性规则处理，还需指出的是，虽然挂靠人与被挂靠企业间签订的挂靠合同因违法而无效，但是挂靠人与第三人签订的合同并不随之无效，如果该合同没有违反法律强制性规定，效力一般不受影响。若属于侵权责任关系，应另当别论。《建筑法》第66条规定：“建筑施工企业转让、出借资质证书或者以其他方式允许他人以本企业的名义承揽工程的，责令改正，没收违法所得，并处罚款，可以责令停业整顿，降低资质等级；情节严重的，吊销资质证书。对因该项承揽工程不符合规定的质量标准造成的损失，建筑施工企业与使用本企业名义的单位或者个人承担连带赔偿责任。”

本问题两则案例即基于合同相对性原则作出的判决，（2020）粤0113民初6068号案件判决认为：“各方当事人均明知吴某某为挂靠开平建筑公司承包案涉项目，根据合同的相对性，相应的付款义务应由合同相对方即吴某某承担，原告要求开平建筑公司对吴某某的债务承担清偿责任，没有事实基础和法律依据，本院不予支持。”合同相对性原则是合同自由和意思自治原则的体现，无论是合同主体的相对性还是合同内容或责任的相对性，其背后反映的都是意思自治和契约自由的精神，具有法理的正当性。

在合同法领域，除恪守合同相对性规则外，法律基于特定的事由，设置合同相对性规则例外制度：一是为第三人利益合同制度，如人身保险合同、运输合同中为第三人利益订立的条款、信托合同等；二是合同的撤销权和代位权制度；三是债权让与和债权担保制度；四是买卖不破租赁制度；五是代理制度，无论是基于显名代理还是隐名代理，代理人的行为都在被代理人与相对人之间直接产生法律效力。

（五）合规要点

除了法律另有规定外，原则上当事人只能基于合同的相对性向另一方合同当事人主张合同上的权利，在建筑设备租赁合同纠纷中，该规则也不例外，应予适用。若出租方明知存在挂靠经营之关系，与承租人签订租赁合同时，应特别注意合同的相对人是挂靠人还是建筑企业。若希望与建筑企业签订建筑设备租赁合同，应当在企业公章、签订合同的代理人等方面进行识别，以防范风险的发生。

15　无书面约定的租金标准时的漏洞填补

（一）现实难题

在某些情况下，当双方当事人未签订书面合同或者双方当事人书面合同对租金标准未明确进行约定时，承租人是否可以主张无偿使用，换言之，出租人是否有权要求承租人支付租金，若有权主张，则租金标准是什么？

（二）裁判观点

承租人与出租方虽未签订书面合同，但已有证据证实承租人实际使用了租赁物；除非合同约定承租人无偿借用，否则根据商事行为等价有偿原则，承租人应当支付租金，租金标准按照市场价执行。

（三）多发代表性案例

（2018）最高法民申5109号案件概况如下，2009年9月，新疆新油公司承接了昌吉石油花园项目工程（1标段）之后，将该工程的土石方工程，主体工程，水、电暖的安装，装饰工程转包给江苏一建，签订了《建设工程内部施工承包协议书》，双方对职责和权益做了约定。2009年9月30日，江苏一建与张某忠签订了《建设工程内部责任承包协议书》，聘用张某忠为该工程的负责人。张某忠聘用夏某为库管员，聘用孟某某为会计。2009年6月至2009年7月，夏某在张某英处拉用建筑设备，张某英出具了设备单5张，后张某英索要租赁费无果，于2011年8月以诈骗为由向昌吉市公安局报案。

张某忠在昌吉市公安局询问笔录中陈述："我挂靠的是江苏省某建筑安装公司，新疆某建筑安装工程有限公司承建的昌吉市某工程，我承包了这个工程的1号、2号、3号的建筑施工，我和新疆某建筑安装工程有限责任公司是内部承包关系。夏某是我工地的库管员，在我的工地干了4个月，5张出库单有夏某的签字，但不能确定是不是夏某本人的签字，如果是夏某本人的签字，那5张出库单就没有问题。”夏某在昌吉市公安局询问笔录中陈述：“是张某忠让我去帮他租赁设备的，我代表张某忠去过两家租赁站，自2009年6月至8月，我在大佛寺后面的租赁站租赁过5次设备，租赁站是要过磅的，每次都要签字，有两次还有一个赵某的也签字了，我确定5张单子上的签字都是我本人的签字，我把设备拉到张某忠承包的工地，就在工地上使用了，到年底，工地停工了，租赁的设备还在工地，没有拆除。”孟某某在昌吉市公安局询问笔录中陈述：“我是张某忠聘用的会计，在张某忠的工地工作，在施工中共与3家租赁站发生租赁关系，其中一个是姓常，这家的账已经结清，还有一家姓徐的老板，还有3万元没有结。还有一家的租赁物，是以吨数来计算钢管数量的，数量也多，我和账本对了一下，可以看出来，拉的设备数量和吨数小数点都能对上，而且从账上能看出来，这笔账到目前都没有结算，账本我今天带来了。”

一审法院委托新疆某价格有限责任事务所对5张出库单中的设备从出库日期2009年6月5日至2012年12月26日止的价格进行鉴定认定。

张某忠认为：本案无租赁协议或合同，5张出库单中单价与金额一栏均为空白，本案双方不是租赁关系；以租赁价格的鉴定意见计算租赁费用不当。

最高人民法院经审理认为：张某忠虽与张某英未订立书面合同，但张某英出具有双方签字的建筑设备租赁出库单，张某忠对使用该设备并无异议。依照等价有偿的原则，张某忠应当为其使用设备支付相应费用。张某忠虽称出库单并未载明租赁价格，使用属无偿借用，但张某忠未提交证据证明其主张，原审未予采信并无不当。关于原审依据鉴定结论认定租赁费的问题。原审中，张某忠对鉴定结论并未提出异议。涉案鉴定结论虽系在另案诉讼中形成，但系人民法院委托鉴定部门作出，张某忠主张该鉴定结论不应当作为证据采信的理由依据不足。

与此案相似的新疆维吾尔自治区克孜勒苏柯尔克孜自治州中级人民法院（2022）新30民终272号民事判决书认为，根据《合同法》第62条的规定："当事人就有关合同内容约定不明确，依照本法第六十一条的规定仍不能确定的，适用下列规定：……（二）价款或者报酬不明确的，按照订立合同时履行地的市场价格履行；依法应当执行政府定价或者政府指导价的，按照规定履行……"肖保某、萧乾某虽然主张口头约定的机械租赁费每月38 000元，租赁费共计61 433元，但合同相对人荀红某不认可，庭后经肖保某、萧乾某申请，一审法院依法委托新疆华正资产价格评估有限公司对斗山225－7型号挖机自2018年4月1日至5月22日，在阿克陶县克孜勒陶乡一村防洪堤四标段，累计工作48.5天的机械租赁费（包括一名驾驶操作人员费用）进行评估。新疆华正资产价格评估有限公司作出价格评估报告，斗山225－7型号挖机48.5天的机械租赁费评估金额为59 817元。故一审法院依照法律规定，挖掘机机械租赁费应根据新疆华正资产价格评估有限公司作出的价格评估报告认定。

（四）理论解析——合同未明确约定租金标准时的漏洞填补

以上两案均涉及租赁合同对于租赁价格未有约定或约定不明情况下的合同漏洞填补问题，就如案件争议所展示的问题，对此判决需要回应两方面问题：一是在合同未有约定或约定不明情况下，是否属于无偿借用；二是若不属于无偿借用，承租方需要支付租金，则租金的标准如何确定。

合同法对合同的影响无非在于两方面：一是进行效力评价，甄别意思表示是否真实、自由以及是否损害了必须保卫的公共利益和公序良俗，避免效力存在瑕疵的合同被强制履行；二是补充当事人的约定，在合同具备成立要素和生效要件但欠缺必要的履行事项约定时，合同法应提供缺省规则。从法学理论上看，上述案例涉及的是合同漏洞填补的理论。一方面，在当事人订立合同的过程中，由于社会生活的变动不居，加之受当事人的经验、风险意识、预见能力乃至法律知识的限制，当事人很难对未来合同履行中可能遇到的问题进行详尽无遗漏的约定，事实上，我们无法订立“完美的合同”。另一方面，从交易便捷、节约交易成本角度出发，当事人也不可能对于合同中可能出现的情形以及各种情形下的权利义务和责任作出事无巨细的约定。这就需要通过合同漏洞填补规则对合同约定中的不足加以补充和完善。事实上，不仅当事人订立的合同有漏洞，即使聚集专家人才智慧，集合社会大众意见，历经多年修订之法典，也存在漏洞。有学者就指出，“任何法律皆有漏洞，系今日判例学说公认之事实”①。

1. 合同未约定价格，不属于无偿借用

我国民事法律制度建设一直秉持“民商合一”的传统，把许多商事法律规范纳入民法之中。② 基于这一传统，我国民事立法对民事行为和商事行为未进行明确的区分，但法律对于民事行为和商事行为的适用规则还存在一些差别，“商事关系和非商事关系具备各自不同的特点，商事审判应该遵循自身特有的相关理念；人民法院在司法实务中必须准确把握商事审判的特殊性，并对商事案件和非商事民事案件采取差别化的应对措施”。③ 例如，根据《民法典》第680条的规定，在借款合同对于利息约定不明确又不能达成补充协议的情况下，自然人之间的借款合同，视为没有利息。而对于非自然人的合同，需要按照当地或者当事人的交易方式、交易习惯、市场利率等因素确定利息。进而言之，除非当事人有明确约定或者法律有明确规定，对于商事交易行为的对价，适用等价有偿规则。在当事人的意思表示不明确、合同存在漏洞的情况下，商业逻辑可以发挥作用，把商业逻辑作为确定当事人客观意思的根据，填补合同漏洞。④ 这也是（2018）最高法民申5109号案件中最高人民法院持有的观点：依照等价有偿的原则，张某忠应当为其使用设备支付相应费用。

---

① 王泽鉴：《民法学说与判例研究》（第1册），北京大学出版社2009年版，第137页。

② 参见王晨：《关于〈中华人民共和国民法典〉（草案）的说明》（2005年5月22日在第十三届全国人民代表大会第三次会议上）。

③ 江必新：《商事审判与非商事民事审判之比较研究》，载《法律适用》2019年第15期。

④ 参见崔建远：《民事合同与商事合同之辨》，载《政法论坛》2022年第1期。

2. 合同的必要条款的欠缺

漏洞指事物有孔洞、空隙，如屋顶有漏洞、南极上空的臭氧层有漏洞。因有此漏洞，影响事物原有功能。因此，漏洞一语，指所描述对象在品质上有影响其功能的缺陷，这种缺陷是不受欢迎的。① 合同漏洞，即合同欠缺条款，是指合同应对某事项加以规定却未予规定，包括了非主要条款的欠缺以及非主要条款的约定不明。造成合同漏洞的原因主要有两种：其一，当事人对于非主要条款未予协商；其二，当事人对非主要条款虽经协商，但未达成协议，留待日后协商。

首先，合同漏洞补充以合同的成立为前提，合同条款对于成立的意义区分为主要条款和非主要条款，主要条款指合同成立必须具备的条款，缺少这些条款，合同就不成立。由于合同类型千差万别，法律难以对于各种类型合同的主要条款作出整齐划一的规定，只能根据当事人的缔约目的以及合同的性质来具体判断合同成立所需要的条款。法律从鼓励交易、尽量促成合同成立的角度做了最小化的规定。《合同法解释（二）》第 1 条规定："当事人对合同是否成立存在争议，人民法院能够确定当事人名称或者姓名、标的和数量的，一般应当认定合同成立。但法律另有规定或者当事人另有约定的除外。对合同欠缺的前款规定以外的其他内容，当事人达不成协议的，人民法院依照合同法第六十一条、第六十二条、第一百二十五条等有关规定予以确定。"依据上述解释，在建筑设备租赁合同纠纷中，只要能够确定当事人（出租人和承租人），租赁物的名称和数量，就应当认定合同成立。至于标的质量、价款、履行地点等内容，属于非必要条款，此类条款的欠缺，不影响合同的成立。《瑞士债务法》第 2 条规定，当事人对于主要条款意思表示一致，但对于非主要条款，未经表示意思者，应推定契约具有拘束力。（2018）最高法民申 5109 号案件中，通过出库单和公安局的笔录，可以确定当事人、租赁物的标的和数量，欠缺价格条款，不影响合同成立。

---

① 参见黄茂荣：《法学方法与现代民法》，法律出版社 2007 年版，第 307 页。

其次，对于非必要条款，应当视合同的类型、缔约的目的进行综合判断以确定合同是否成立。对于一些非必要条款，若当事人的意思表示中明确非必要条款未达成一致，合同不成立，就应当尊重当事人的意思。“这就允许一方当事人通过举证证明该没有约定的非主要条款十分重要，足以影响合同的拘束力，从而否定合同的成立。”①

3. 合同的漏洞填补

《民法典》第510条规定：“合同生效后，当事人就质量、价款或者报酬、履行地点等内容没有约定或者约定不明确的，可以协议补充；不能达成补充协议的，按照合同相关条款或者交易习惯确定。”依据本条的规定，对于合同漏洞补充的顺位依次为：当事人的合同、合同的相关条款、交易习惯。

（1）补充协议。在当事人没有约定或者约定不明的情况下，首先应当由当事人通过补充协议来对之加以确定。合同本质上是当事人的合意产物，应当由当事人通过意思进行权利义务的设定、变更或终止。法律虽然有漏洞填补的补充性规定，但基于司法自治，合同中当事人的约定应当优先适用，在合同存在漏洞的情况下，要由当事人的合意作为漏洞填补的第一顺位。

（2）根据合同相关条款。根据合同的相关条款进行补充，本质上属于合同解释。根据相关条款确定，就是将合同视为一个整体，依据合同上下文的文义、合同性质和合同目的来探究当事人的意思。与本条前句规定的当事人直接进行协议补充不同，通过探究当事人意思进行合同漏洞补充，实际是在当事人无法达成补充协议的情况下，由法官或仲裁员根据合同的相关条款来推断当事人的意思。

（3）根据交易习惯。交易习惯，是指在某时某地某一行业或者某一交易关系中为人们所普遍采纳的惯常做法，或者特定当事人之间既往交易中的惯常做法。《合同法解释（二）》第7条对交易习惯的适用作出规定：“下列情

① 王洪亮：《论合同的必要之点》，载《清华法学》2019年第6期。

形，不违反法律、行政法规强制性规定的，人民法院可以认定为合同法所称‘交易习惯’：（一）在交易行为当地或者某一领域、某一行业通常采用并为交易双方订立合同时所知道或者应当知道的做法；（二）当事人双方经常使用的习惯做法。对于交易习惯，由提出主张的一方当事人承担举证责任。”对于以习惯作为法律之外纠纷解决的依据，我国《民法典》第10条规定：“处理民事纠纷，应当依照法律；法律没有规定的，可以适用习惯，但是不得违背公序良俗。”

前述的各种漏洞填补，需具备一定的条件，但在当事人已经发生纠纷的情况下或者在条件不具备时，《民法典》第510条的规定可能无法进行适用，在此情况下，就需要有法律规定的漏洞填补方法，以在通过合同条款解释无法填补、交易习惯不存在或当事人无法达成补充协议情况下解决纠纷。

《民法典》第511条规定：“当事人就有关合同内容的约定不明确，依据前条规定仍不能确定的，适用下列规定：（一）质量要求不明确的，按照强制性国家标准履行；没有强制性国家标准的，按照推荐性国家标准履行；没有推荐性国家标准的，按照行业标准履行；没有国家标准、行业标准的，按照通常标准或者符合合同目的的特定标准履行。（二）价款或者报酬不明确的，按照订立合同时履行地的市场价格履行；依法应当执行政府定价或者政府指导价的，依照规定履行。（三）履行地点不明确，给付货币的，在接受货币一方所在地履行；交付不动产的，在不动产所在地履行；其他标的，在履行义务一方所在地履行。（四）履行期限不明确的，债务人可以随时履行，债权人也可以随时请求履行，但是应当给对方必要的准备时间。（五）履行方式不明确的，按照有利于实现合同目的的方式履行。（六）履行费用的负担不明确的，由履行义务一方负担；因债权人原因增加的履行费用，由债权人负担。”

4. 价格条款的补充

前已述及，合同是交易的法律形式，通常情况下，价款或报酬非合同必要条款，除赠与、借用等个别法律规定或者当事人明确约定的无偿合同外，交易以有偿为原则。在当事人无法通过《民法典》第510条规定的方法进行漏洞补充的情况下，《民法典》第511条对价格或报酬的法律补充为两种：一是订立合同时的履行地的市场价格；二是执行政府定价的或者政府指导价的，以该规定为准。《价格法》第3条第1款规定：“国家实行并逐步完善宏观经济调控下主要由市场形成价格的机制。价格的制定应当符合价值规律，大多数商品和服务价格实行市场调节价，极少数商品和服务价格实行政府指导价或者政府定价。”

市场形成价格的机制又称市场定价，是指由经营者自主制定并通过市场竞争形成的价格。这一规定主要是基于当事人缔约目的和公平原则的考虑，对价格或者报酬规定的客观判断标准，以体现双方当事人利益的平衡。对于市场价格如何确定，在诉讼纠纷中，一般由法院委托价格评估机构进行评估确定。

依法应当执行政府定价或者政府指导价的，应当按照相应的规定来履行，以补充当事人意思之欠缺。根据《价格法》第18条的规定：“下列商品和服务价格，政府在必要时可以实行政府指导价或者政府定价：（一）与国民经济发展和人民生活关系重大的极少数商品价格；（二）资源稀缺的少数商品价格；（三）自然垄断经营的商品价格；（四）重要的公用事业价格；（五）重要的公益性服务价格。”政府指导价、政府定价的定价权限和具体适用范围，以中央和地方的定价目录为依据。根据法律的规定，对于涉及政府定价或者政府指导价的，即便当事人对价款进行了约定，但该约定仍应当遵从政府的定价或者在政府指导价所允许浮动的范围之内约定。

（五）合规要点

一般情况下，在建筑设备租赁合同纠纷解决中，价格条款属非必要条款，价格条款的欠缺不导致合同不成立。欠缺价格条款的租赁合同，当事人可以通过《民法典》第510条、第511条确定的规则补充合同漏洞。然而，合同的漏洞补充尤其是在发生纠纷情况下的补充，会极大增加出租方的时间成本和费用成本，因此，应在合同中或者送货单、出库单中明确合同价款。

16　不可抗力事件对租赁合同履行的影响

（一）现实难题

在租赁合同的履行过程中，若出现不可抗力事件导致对租赁合同的履行产生重大影响，对于一方当事人主张不可抗力并免责的请求，法院如何认定并进行处理？其中社会最为关注的，则是近年来关于疫情防控及应急处置措施是否属于不可抗力，疫情防控及应急处置措施的采取导致合同履行对一方显失公平时如何处理。

（二）裁判观点

不可抗力是指不可预见、不可避免或不可克服的事件，新冠疫情及疫情防控措施属于不可抗力。在此前提下，承租方请求减免租赁费，具有法定事由，但考虑到疫情造成停工的时间、影响的程度等因素，参照国家有关政策要求，根据公平原则，以酌情减免租赁费为宜。

（三）多发代表性案例

（2022）新 01 民终 342 号案件概况如下，2019 年 7 月 18 日，出租方（甲方）新疆某建业机械设备有限公司与承租方（乙方）某建设集团有限公司苏州路东延立交桥梁项目部签订《物资租赁合同》，合同对租赁标的物、租赁价格、租赁期限、租金支付期限、租赁物丢失赔偿价格及违约责任等事项作出约定。

2019 年 8 月 10 日至 2020 年 7 月 2 日，出租方陆续向案涉工地提供租赁物，其中 2019 年 9 月 29 日、2019 年 10 月 11 日、2020 年 5 月 18 日的发货单由曹某某签收，其余发货单由吴某签收。2020 年 7 月 11 日至 10 月 12 日，由尹某某陆续向出租方退还部分租赁物，但仍有部分租赁物未归还。因租金支付等事项发生争议，出租方向新疆维吾尔自治区乌鲁木齐市新市区人民法院提起诉讼，要求承租方给付租金，支付设备损坏、丢失赔偿金，并要求支付违约金。

承租方答辩认为：经核算，2019 年 9 月 21 日至 11 月 18 日产生租赁费 1 212 909.45 元，2020 年 3 月 16 日至 10 月 12 日产生租赁费 4 598 021.29 元，其中含 2020 年 7 月 17 日至 9 月 3 日新疆新冠疫情管控期间租赁费 1 231 909.41元。承租人抗辩认为新疆受新冠疫情管控期间不应当计算租赁费。

二审判决认为："2020 年 7 月 17 日至 9 月 3 日期间，乌鲁木齐市处于疫情防控期间。乌鲁木齐市政府在疫情发生后立即启动应急响应预案，采取了严格的疫情防控措施。疫情属于突发公共卫生事件，对于因疫情而不能履行合同或者不能及时行使权利的，应当属于不能预见、不能避免且不能克服的客观情况，亦符合法律对不可抗力规定的情形。综合考虑疫情造成停工时间、影响程度等具体因素，一审法院根据公平原则酌情减免 50% 租赁费并无不当，本院予以维持。"

成都市武侯区人民法院（2020）川 0107 民初 8492 号民事判决认为："因我国新冠疫情暴发，2020 年 1 月 24 日 ~3 月 10 日属重庆市启动重大突发公共卫生事件一级响应期间，客观上造成中天公司无法施工，无法返还租赁物，该期间的租金属于因不可抗力造成的损失，根据公平原则，该期间的租金应由中天公司与固丰公司各承担 50%。"

（四）理论解析——不可抗力事件对租赁合同的影响

以上两则案例均涉及免责事由在合同纠纷中的适用问题，免责是指在合同的履行过程中，债务人没有完全履行合同，但因出现了法定的免责条件或合同约定的免责事由，其将被免除责任。在合同法领域，当事人出现违约的情况下，哪些是当事人可以豁免责任的事由呢？对此，王利明教授认为：从我国现行法律规定和督促当事人严格遵守合同、维护交易秩序的需要出发，违约责任中的免责条件应仅限于不可抗力、当事人约定的免责条款、因债权人的过错导致合同不能履行或被违反。总之，除不可抗力、免责条款、债权人的过错外，其他的事由原则上不应作为违约的一般免责事由。[①] 本问题的

① 参见王利明：《合同法研究》，中国人民大学出版社 2015 年版，第 528 页。

两则案例均涉及在新冠疫情作为不可抗力事件导致债务人发生违约情形时，债务人的责任承担问题，本书进行梳理和探讨。

1. 不可抗力的含义和范围

不可抗力包括法律规定的不可抗力规则和当事人约定的不可抗力条款。理论上和实务中对法定的不可抗力规则的理解并不一致，概括起来有主观说、客观说和折中说三种观点。主观说认为，当事人主观上已尽最大的注意，但仍不能防止阻碍合同履行事件的发生，那么已发生的事件便属于不可抗力。[①]客观说认为，不可抗力的存在与否，应当与当事人的有无过错的问题完全分离，应该纯粹从客观方面来分析。该说认为不可抗力的实质要素须为外部的，量的要素需重大且显著。与主观说的观点不同，客观说强调不可抗力事件是发生在当事人意志之外的、当事人不可能预见和避免的；而主观说认为不可抗力并非完全独立于当事人的意志之外，有时当事人是能够预见的，只是不可避免。[②] 折中说认为，不可抗力既要考虑当事人的主观因素，即当事人是否尽到了应有的注意，又要强调客观方面，即是否属于当事人以外的原因发生的异常事故，强调当事人尽最大谨慎也不能预见、不能防止发生的事件为不可抗力。

我国《民法典》第180条第2款定义的不可抗力，通说认为采用折中说，即不能预见、不能避免且不能克服的事件。“不能预见”，是指根据现有的科学技术水平，通常对该种客观情况的发生没有预知的能力。“不能避免且不能克服”，是指当事人已经尽到最大努力，并采取一切可以采取的措施，仍然不能避免该客观情况的发生，或者克服该客观情况所造成的损害后果。实证法上，并未对不可抗力进行明确列举，学理上将不可抗力分为三种类型：（1）自然灾害，通常如地震、台风、洪水、旱灾、海啸、蝗灾、火山爆发、泥石流等自然灾害可以作为不可抗力，为不可抗力的主要构成部分。但对于自然灾害，不同的国家规则不尽相同。根据法国法，自然灾害不属于不可抗

① 参见王家福主编：《中国民法学民法债权》，法律出版社1991年版，第499页。

② 参见王利明：《合同法研究》，中国人民大学出版社2015年版，第534页。

力，但英美法则承认其为不可抗力，我国法律也认可自然灾害属于不可抗力。（2）政府行为，这是指当事人在订立合同以后，由于国家行使立法、行政、司法职能，如政府当局颁发新的政策、法规和行政措施导致合同不能履行或者损害的发生或扩大，学说上认为，在某些特别的条件下，此类国家原因也属于不可抗力的范围。《海商法》第51条中所列的“政府或者主管部门的行为、检疫限制或者司法扣押”可归入此类。此外，法律的颁布、政策的出台与贯彻落实、司法机关对标的物采取的强制措施、国家征收征用、禁运、货币管制等，只要具有不可预见性、不可避免并不可克服性，均可以成为不可抗力。[①]（3）社会异常事件，这主要是指一些偶发的事件，如战争或者武装冲突、全面罢工、骚乱、恐怖行为、抢劫等阻碍合同履行的情况。

对于不可抗力事件，立法上也有进行明确列举的情况，如根据《海洋环境保护法》第91条的规定，完全属于下列情形之一，经过及时采取合理措施，仍然不能避免对海洋环境造成污染损害的，造成污染损害的有关责任者免于承担责任：（1）战争；（2）不可抗拒的自然灾害……

2. 新冠疫情的处理

（1）新冠疫情属于不可抗力。2020年开始暴发了新冠疫情，因受疫情直接影响而产生的民事案件大量增多。2020年2月10日全国人大常委会法工委就有关法律问题答记者问时，将疫情及其防控一并认定为法律规定的不可抗力。2020年4月16日最高人民法院印发《关于依法妥善审理涉新冠肺炎疫情民事案件若干问题的指导意见（一）》以及不少省、自治区、直辖市的高级人民法院出台的与疫情及其防控有关的司法政策均表明，对于受疫情或者疫情防控措施直接影响而产生的民事纠纷，符合不可抗力法定要件的，适用《民法总则》第180条、《合同法》第117条和第118条等规定并按照诚实信用原则和公平原则妥善处理；其他法律、行政法规另有规定的，依照其规定。以上认定，既符合学界通说，也符合实务界共识。

---

① 参见韩世远：《合同法总论》（第4版），法律出版社2018年版，第485页。

（2）免责的范围应当视不可抗力事件对合同履行的影响确定。根据《民法典》第180条第1款的规定，因不可抗力不能履行民事义务的，不承担民事责任。法律另有规定的，依照其规定。法理上，在过错责任中，对于不可抗力可以通过证明过错和因果关系的欠缺来实现免责；在无过错责任中，对于不可抗力可以通过证明因果关系的欠缺实现免责。

建筑设备租赁合同纠纷案件中，对于确实受新冠疫情影响合同履行的事件，司法实务的判决大致分成两类：一是由承租人和出租人合理分担损失，各承担50%的租金损失。如本问题援引的两则案例。二是承租人全部免责。案例有陕西省山阳县人民法院（2022）陕1024民初1384号民事判决、湖南省醴陵市中级人民法院（2022）湘0281民初2060号民事判决等。相对而言，受新冠疫情影响，全部免除承租方租金支付义务而由出租方承担全部损失，理由不充分。首先，在合同领域，《民法典》第590条规定："当事人一方因不可抗力不能履行合同的，根据不可抗力的影响，部分或者全部免除责任，但是法律另有规定的除外……"该条规定的不能履行是指全部不能履行、部分不能履行和不能如期履行等情况，因此，应当视合同履行受影响的程度而决定是全部还是部分免责，而非一概由一方承担不能履行的后果。其次，最高人民法院在《关于依法妥善审理涉新冠肺炎疫情民事案件若干问题的指导意见（二）》第7条指出："……疫情或者疫情防控措施导致人工、建材等成本大幅上涨，或者使承包方遭受人工费、设备租赁费等损失，继续履行合同对承包方明显不公平，承包方请求调整价款的，人民法院应当结合案件的实际情况，根据公平原则进行调整。"最高人民法院强调的是根据公平原则进行调整。司法案例中，对于确实受疫情防控影响，出租方和承租方各承担50%的损失，符合公平原则，全部由出租方承担损失依据不足，无法平衡双方的利益。

根据上述对不可抗力产生的损失的处理，在违约责任中，不可抗力事件的法律后果并非全部免除违约责任，而应视不可抗力的影响程度和给债务人造成的困难程度分别处理。如不可抗力造成合同不能履行，则可以解除合同并免除违约方的违约责任；如不可抗力造成债务人部分不能履行，则应变更合同关系，免除违约方的部分违约责任。如不可抗力仅造成债务人履行的暂时困难，则可要求债务延期履行，但免除迟延履行的违约责任。对此，王轶教授认为："不可抗力是一个原因，是一项条件，就不可抗力规则的适用而言，不可抗力事项的发生，致使继续履行合同对于一方当事人明显不公平的，得适用情势变更制度；致使合同目的不能实现的，得适用法定解除制度；致使当事人一方违约的，得适用违约责任中的法定免责事由制度；作为法定免责事由发挥作用，致使无人承担责任，因而无法借助违约责任制度分配损失的，得发生风险负担规则的适用；致使当事人无法及时行使请求权的，得发生诉讼时效中止制度的适用。可见，不可抗力为因，情势变更制度、法定解除制度、违约责任制度、风险负担规则、诉讼时效中止制度等皆可为果。"①

（3）不可抗力发生后，当事人负有通知和保留证据的义务。《民法典》第590条第1款规定："……因不可抗力不能履行合同的，应当及时通知对方，以减轻可能给对方造成的损失，并应当在合理期限内提供证明。"通知对方发生不可抗力事件（不是通报有关情况和理由）并提供证据，属于附随义务，其根据为诚实信用原则。另外，提供证据，一般应由公证机构证明，企业上级主管机关的证明不应算数，因为它们与企业有利害关系，不具有公信力。② 在建筑设备租赁合同纠纷诉讼中，在当事人主张疫情防控影响而要求免除责任时，因当事人不能提供通知和保有不可抗力发生的证据而败诉的案例不在少数。在辽宁省沈阳市中级人民法院（2022）辽01民终18034号案中，法院判决认为："关于政府道路施工及疫情原因导致停工，因合同约定'因不可抗力、自然因素、政府要求、节假日安排、建设单位要求等非甲方原因造成的停工，甲方以书面或邮件通知乙方报停'，现上诉人并未提供任何书面或邮件证据，因此，对该上诉请求，本院不予支持。"

此外，根据《民法典》合同编的规定，在下列两种情形下不能因不可抗

① 王轶：《新冠肺炎疫情、不可抗力与情势变更》，载《法学》2020年第3期。
② 参见梁慧星：《民法学说判例与立法研究》，中国政法大学出版社1993年版，第83页。

力而免责：第一，金钱债务的迟延履行。在金钱债务未能及时履行时，无论迟延履行基于何种原因引起，债务人都负继续履行的责任。第二，迟延履行后发生的不可抗力不能免责。

3. 当事人约定不可抗力条款的认定和处理

不可抗力条款与不可抗力规则有所不同。不可抗力条款并非基于法律规定产生，而是基于当事人的约定出现，属于合同条款，是当事人为明确特定交易中不可抗力的范围，就不可抗力事项作出的约定。实践中，对于不可抗力条款与不可抗力规则的关系，可能存在重申关系（具体列举了不可抗力的类型）、扩张关系（扩大了不可抗力的类型）、排除关系（排除了不可抗力规则的适用）和限缩关系（限缩了不可抗力的范围）。

在建筑设备租赁合同纠纷实务中，对法定不可抗力范围进行排除或限缩而引发的争议较为少见。较多是在租赁合同中扩张了法定的不可抗力范围，如承租方作为施工方将政府因防尘、防霾等环境治理、高考、中考、工期变更、开发商指令等要求工地停工的措施也列入不可抗力的免责条款。对于扩张型的不可抗力条款的定性和效力，理论中有争议：第一种观点认为，既然允许当事人设立不可抗力条款，就应当允许当事人自由地列举不可抗力事件，并在这些事件发生时，可使当事人被免除责任。第二种观点认为，对于不可抗力条款的设立应有所限制，不能随意扩大，否则会混淆不可抗力和其他概念的关系，从而不利于合同责任的认定。① 第三种观点认为，对于扩张型不可抗力条款的效力判断，理应适用法律有关合同条款效力判断的一般规则。凡不存在影响合同效力发生的法律障碍的，合同条款一概可以生效，扩张型不可抗力条款的效力判断，也照此办理。② 笔者认为，首先，对于当事人约定的扩大了法定的不可抗力范围的条款，如将来自商业风险、意外事件、政府常规的行政管理措施等纳入不可抗力的范围，因这些事件不符合“不能预见、不能避免和不能克服”定义的事件，虽名为不可抗力条款，但应当按照

---

① 参见王利明：《合同法研究》，中国人民大学出版社2015年版，第528页。
② 参见王轶：《新冠肺炎疫情、不可抗力与情势变更》，载《法学》2020年第3期。

实质重于形式进行判断，将其定义为免责条款，而非适用法定不可抗力的规则。其次，在其效力判断上，若该条款不存在损害社会公共利益或合同以外第三人利益，不存在免除一方造成对方人身损害、因故意或过失造成对方财产损失的无效免责事由，则应当确认合同条款效力，遵照当事人的约定。

（五）合规要点

出租方在签订建筑设备租赁合同时，应当特别关注合同关于不可抗力条款的约定，对于一些非属于不能预见、不能克服、不能克服的事件，不能作为不可抗力事件纳入免责的事由；在纠纷发生后，对于确属不可抗力事件，应当要求对方提供不可抗力的发生的通知和证明，并根据不可抗力事件对合同履行的影响范围和程度确定免责的方式和范围。

17　电子商业承兑汇票遭拒付后的权利主张路径

（一）现实难题

近年来，在建筑设备租赁合同纠纷实务中，出现了商业承兑汇票到期遭拒付或无法兑付的情况，若出租企业作为遭拒付或无法兑付商业承兑汇票的持票人，以租赁合同的基础法律关系直接起诉要求承租人支付遭拒付或无法兑付汇票相应金额的租金，司法对此如何认定和处理呢？

（二）裁判观点

电子商业承兑汇票系双方基于租赁合同关系约定可供选择的支付租赁费的方式之一，若双方未约定选择该种支付方式后即丧失基础债权，票据的背书支付不导致租赁合同债权债务关系的消灭。出租方取得票据后提示付款，但承兑人拒绝承兑，在此情况下，出租方可以选择依据双方之间的基础法律关系主张权利。

（三）多发代表性案例

（2022）鲁1002民初1605号案件概况如下，2017年8月13日起，江苏建工与同鑫公司先后签订合同编号为JSSJ－WZ－005的《塔吊租赁合同》、

JSSJ－WZ－WH2017100 的《施工电梯租赁合同》、JSSJ－WZ－WH2018022 的《塔吊租赁合同》、JSSJ－WZ－WH2018068 的《施工电梯租赁合同》、JSSJ－WZ－WH2017099 的《塔吊租赁合同》、JSSJ－WZ－WH2018067 的《塔吊租赁合同》等一系列合同，租赁物用于威海恒大海上帝景项目的施工使用，上述租赁合同约定，租赁费每月收取一次，按月租赁费的60%支付，否则同鑫公司将强制停机，余款部分在塔吊拆除后的三个月内付清，支付方式为现金、支票、汇票、承兑。合同签订后，同鑫公司依约提供了租赁设备，并足额开具了发票。

2021 年 3 月 29 日，江苏建工背书转让给同鑫公司一张票面金额为 30 万元、票据号码为×××32020210319878979780 的电子商业承兑汇票。票据记载信息为：出票人为文登区富锜房地产开发有限公司，收票人为江苏建工；出票日为 2021 年 3 月 19 日，到期日为 2021 年 9 月 19 日；承兑人为文登区富锜房地产开发有限公司；可转让；出票人承诺，本汇票请予以承兑，到期无条件付款；承兑人承诺，本汇票已经承兑，到期无条件付款。同鑫公司收到该张票据后于 2021 年 9 月 17 日提示付款，随后取消该笔交易；后于 2021 年 12 月 13 日提示付款，于 2021 年 12 月 17 日被拒付。现票据状态为逾期，提示付款已拒付。

2021 年 7 月 6 日，江苏建工背书转让给同鑫公司一张票面金额为 20 万元、票据号码为×××1120210628960487890 的电子商业承兑汇票。票据记载信息为：出票人为威海恒江置业有限公司，收票人为江苏建工；出票日为 2021 年 6 月 28 日，到期日为 2021 年 12 月 28 日；承兑人为威海恒江置业有限公司；可转让；出票人承诺，本汇票请予以承兑，到期无条件付款；承兑人承诺，本汇票已经承兑，到期无条件付款。同鑫公司收到该张票据后于 2021 年 12 月 29 日提示付款，于 2022 年 1 月 5 日被拒付。现票据状态为提示付款已拒付。

因欠付租金等费用，同鑫公司向法院提起诉讼。本案中，同鑫公司此前已经从江苏建工领取了 50 万元的电子商业承兑汇票，用以支付相应数额的租赁费，但因承兑人拒付，同鑫公司未实际收到该款项，故其依据基础法律关系也就是建筑设备租赁合同关系在本案中向江苏建工主张涉案款项。江苏建工辩称双方合同中约定了使用汇票支付租赁费的方式，其已经支付了50万元的租赁费，同鑫公司未取得款项系承兑人原因，故其要求该合同项下的租赁费应该扣除该汇票中的50万元。

一审法院认为：电子商业承兑汇票系双方基于租赁合同关系约定可供选择的支付租赁费的方式之一，但双方并未约定选择该种支付方式后即丧失基础债权，票据的背书支付也不必然导致债权债务关系的消灭。本案中，案涉两张电子商业承兑汇票当前状态显示为提示付款已拒付以及逾期提示付款已拒付，即同鑫公司取得票据后提示付款，但承兑人拒绝承兑，在此情况下，同鑫公司可以选择依据双方之间的基础法律关系主张权利。另外，同鑫公司在庭审中同意将案涉两张电子商业承兑汇票的票据权利转移给江苏建工，且两张票据的收票人即为江苏建工，江苏建工承担支付租赁费的义务后即可成为案涉两张票据的权利人，江苏建工可选择依据基础法律关系或票据关系向出票人主张相关权利，不损害其利益。综上，同鑫公司要求江苏建工支付租赁费688 332元的诉讼请求，一审法院予以支持。对于同鑫公司主张的利息问题，因江苏建工确实存在未按约定期限支付租赁费的违约行为，给同鑫公司造成了利息损失，故同鑫公司主张利息的诉讼请求，一审法院亦予以支持。但因其在本合同项下确已取得了50万元的电子商业承兑汇票用于支付租赁费，利息计算的基数在应付租赁费总额中应将上述票据中的金额扣除。

与此相似的案例，北京市第一中级人民法院（2022）京01民终8775号民事判决书认为，关于中建一局北京分公司应支付剩余租赁费数额，双方对于租赁费结算总金额予以确认，争议在于中建一局北京分公司委托工程发包方以商业承兑汇票形式支付的42万元是否应计算在已支付金额内。济阳三江中心认可收到该商业承兑汇票，但提供证据证明相应商业承兑汇款因余额不足而被拒付，中建一局北京分公司未能就济阳三江中心实际收到该笔款项进一步举证，一审法院认定的中建一局北京分公司应支付的剩余租赁费数额并无不当，对此予以确认。

（四）理论解析——商业承兑汇票遭拒付后的权利主张路径

以上两案均涉及商业承兑汇票作为支付手段替代现金交付后，因票据到期未能兑付发生争议。商业汇票具有汇兑、支付、信用、结算、融资等功能，在商事交易中被广泛应用。社会实践中，许多大型知名企业在经营活动中经常使用商业承兑汇票进行付款，但是在后期兑付过程中，持票人可能面临被拒付的风险。在商业汇票无法兑付时，持票人该如何主张权利呢？

1. 实务观点分歧

对此，司法实务中有两种观点：一种观点认为，作为基础关系的债务人，按照我国《票据法》规定进行出票或背书并将汇票交付债权人后即完成支付义务，双方基于基础关系所产生的债权债务随之终止。在汇票无法兑付的情况下，债权人只能主张票据权利，不可再以基础关系要求债务人履行付款义务。持有该观点的较为典型的判例有（2019）内05民终2461号①、（2019）晋0581民初1029号②等。债务人出票或背书将票据交付债权人后，将导致基

① 内蒙古自治区通辽市中级人民法院（2019）内05民终2461号民事判决书认为："上诉人与被上诉人对双方之间存在买卖合同关系、合同总价款为1 780 000元、合同标的物已交付及已付款1 580 000元均无异议，本院予以确认。对于剩余20万元货款，被上诉人将涉案电子承兑汇票合法背书转让给上诉人用以支付货款，上诉人已经接受，应视为双方对原合同中约定货款支付方式上形成了新的合意，该合意不违反法律禁止性规定，因此被上诉人的支付货款行为合法有效，至此被上诉人已经履行了买卖合同约定的全部付款义务，双方之间所签订的涉案买卖合同权利义务就此终止。故上诉人主张按照买卖合同法律关系要求被上诉人支付20万元货款的诉讼请求，本院不予支持。"

② 山西省高平市中级人民法院（2019）晋0581民初1029号民事判决书认为："票据是一种货币证券、设权证券、流通证券，具有汇兑、支付、信用、结算、融资功能，其最简单、最基本的作用就是作为支付手段，替代现金进行支付。可见，票据支付也是履行付款义务的一种方式。原被告在合同中虽未对支付方式作出约定，但根据原被告的交易习惯和原告接收被告票据的行为，应视为双方均同意以票据作为付款的方式进行结算。作为基础关系的债务人，按照我国《票据法》规定的票据行为将汇票转让于债权人就完成了付款义务，双方的基础关系的权利义务即应终止，债权人无权再以基础法律关系要求债务人履行义务。本案中，被告按照《票据法》的规定将其合法持有的汇票背书转让于原告，即完成了其付款义务，原告对被告享有的债权归于消灭。债权人取得票据后即享有了票据权利，此时，债务人虽然已履行了基础关系的债务，但在债权人的票据权利未实现之前，仍有对票据权利担保的义务。故如果债权人的票据权利得不到实现，债权人只能以票据权利纠纷追究债务人的票据责任。票据支付后，如果债权人仍享有基础关系的债权，则票据的支付功能、信用功能、流通功能将失去意义。故原告以买卖合同关系要求被告支付货款的诉讼请求，本院不予支持。"

础法律关系的债权债务终止的理论依据为“代物清偿”或“债的更改”，在传统民法理论上，其到底属于“代物清偿”还是“债的更改”存在争议。史尚宽先生认为：“惟更改于同一当事人间行之，尤其当事人代替债务之履行而负担无因债务（如发交票据），两者区别之标准，甚为困难。德国学者多以此为更改。盖因德国通说，以有因债务变为无因债务为有更改之成立。日本民法亦以代替债务之履行发行汇票时，为有债务要素之变更，视为更改。此盖基于罗马法以无因行为之契约为新债务发生之原因，同时为更改契约沿革上之理由。然应解为代物清偿之成立。”① 日本法学家我妻荣认为：“对现存债务交付汇票、支票，作为例外的替代履行情况时，可视为代物清偿。因民法规定了在发行了兑换汇票情况下视为更改，判例也在以往的判决中认为交付作为替代现存履行的汇票、支票视为更改，其后，又出现了依当事人的意思或视为代物清偿或视为更改的判例，最后，原则上判定应视为代物清偿。”② 但用票据替代货币履行无论是基于“债的更改”理论还是“代物清偿”理论，其产生的法律后果一致，即通过履行与原给付不同的他种给付而消灭原债权，原债权已消灭，债权人不得再行主张原债权。我国民法未有“代物清偿”和“债的更改”的规定，对于债务人出票或背书交付票据从而消灭原债权，实务上更多是从双方合意有效角度［如（2019）内05民终2461号案］和维护票据各项功能角度［如（2019）晋0581民初1029号案］进行论述，但法理的渊源在于传统民法“债的更改”或“代物清偿”的理论，对此不可不察。

另一种观点认为，若双方明确约定，债务人交付汇票后基础关系的债务即消灭，该约定有效，在债务人依约履行后，债权人无权再行使基础关系的债权；反之，若双方无此约定，在债权人持有的票据无法兑付时，可以选择

---

① 史尚宽：《债法总论》，中国政法大学出版社2000年版，第824页。

② ［日］我妻荣：《民法讲义Ⅳ新订债权总论》，王燚译，中国法制出版社2008年版，第270～271页。

基础关系或票据关系主张债权。判例中，（2019）冀0110民初2号[①]、（2020）湘02民再30号[②]等民事判决持该观点。持有该观点的理论依据有两个：一是意思自治、契约自由理论，当事人的约定优先；二是新债清偿的理论。理由在于：为现存的普通债务（非汇票债务）而出票或背书、交付时，一般认为只要不是为消灭现存债务而仅存汇票上债权的意思（替代清偿），首先是对汇票上债权的清偿，如果不能，则推定为行使现有债权的意思（为清偿）。理由是汇票是有价物，但债权人是否能取得现实的金钱并不确定。以这种目的而交付汇票时，债权人首先应努力以汇票得到清偿（立即请求现存债务时，债务人可首先以汇票作为抗辩理由），凭借汇票能获得清偿时，则现存债务消灭。但不交付汇票或汇票失去效力时，债权人可对现存债权请求

---

① 河北省石家庄市鹿泉区人民法院（2019）冀0110民初2号判决书认为："票据是商品经济的产物，票据不仅具有替代货币进行支付的功能，而且还具有流通功能、信用功能和融资功能等，票据制度的价值和生命力在于促进票据流通、保证交易安全。当事人之间先有买卖关系，买主为支付价金而向卖主出具承兑汇票，此时卖主享有两种债权，即原因债权和票据债权。该两种债权如何行使，应当先审查当事人之间是否有明确的意思表示，根据当事人的意思表示确定权利行使顺序。如果双方明确约定交付票据后原因债权即消灭，当事人就不得在收取票据后再选择行使原因债权，否则使已经稳定的民事法律关系重新陷入不确定状态，而且也使票据的流通性大为减损，背离了创设票据制度之宗旨。本案中，2017年9月19日恒业混凝土公司与石家庄建设公司结算时签署了《结算协议说明》，该协议第二条明确约定了石兴国支付给恒业混凝土公司两张中国农业银行电子商业承兑汇票，面额总共为200万元，恒业混凝土公司收到商业汇票后货款全部结清，再无债权债务关系，双方的买卖合同终止。《结算协议说明》是双方的真实意思表示，合法有效，本院予以确认。石家庄建设公司已按照该结算协议的约定履行了交付票据的义务，双方的买卖合同也因此终止，恒业混凝土公司无权再依据买卖合同向石家庄建设公司主张货款。"

② 湖南省株洲市中级人民法院（2020）湘02民再30号判决书认为："在双方已约定使用商业承兑汇票支付作为唯一结算方式的情况下，南京东宇公司能否在合同债权请求权与票据追索权中择一诉权行使？本案中，使用万福客运公司的商业承兑汇票支付是双方当事人约定的唯一结算方式，中车电动公司依合同约定方式将票据交付给南京东宇公司，实际上是在按约履行合同的主债务，债权人南京东宇公司在获得该票据后，债务人中车电动公司的义务已经履行完毕，债权人基于原因关系对于债务人的债权因此消灭。在此情形下，如南京东宇公司在获得票据后，置票据权利于不顾，又来主张原因关系之债权，则违反合同约定，其仅能通过票据关系来实现其债权。如果当事人对于清偿既存原因关系之债的方式未作约定，或约定以票据方式结算但票据付款后原因关系才消灭的，债权人应当先提示票据付款，如果票据被拒绝承兑或付款，则债权人可在票据之债和原因之债法律关系中，择其一行使。本案不符合此种情形。本院二审认为'双方交易本意是由南京东宇公司先凭票据取款'与事实不符。南京东宇公司称其有权选择行使原因债权和票据债权的理由不能成立。"

清偿。[①] “为清偿之给付，多由债务人负担新债务为之。尤其债务人以为清偿原来债务之目的，而发交票据。此时，债务人负担新债务，有为代物清偿而为之者，有为清偿方法而为之者，究为代物清偿抑为清偿之给付，应依当事人之意思为之。我民法规定除当事人另有意思表示外，若新债务不履行时，其旧债务仍不消灭，即推定其为清偿之给付（民 320 条，瑞债 116 条 1 项，德民 364 条 2 项，泰民 321 条 2 项）。盖此甚适合当事人之意思，从而主张为代物清偿者，应负举证之责。”[②] “新旧债务虽并存，然依诚信原则，债权人应先就新债务请求履行，如新债务无效或被撤销或因实行无果时，始应就旧债务请求履行。盖此甚合当事人通常之意思也（日本大正八年四月二日东控判）。”[③]

2. 本书的意见

对于该两种观点，笔者同意第二种观点，理由为：第一，若当事人约定以票据支付消灭原债务，该约定不违反法律、行政法规的强制性规定，不违背公序良俗，合法有效，当事人的约定优先。债务人为清偿债务而向债权人出具或背书交付承兑汇票，此时债权人享有两种债权，即基础债权和票据债权。该两种债权如何行使，应当先审查当事人之间是否有明确的意思表示，根据当事人的意思表示确定权利行使顺序。如果双方明确约定交付票据后基础债权即消灭，当事人就不得在收取票据后再选择行使基础债权。因为票据本身具有独立的生态系统，在票据不能兑付的情况下，债权人完全可以依据票据关系行使付款请求权、追索权。第二，双方无约定或约定不明时，债权人应先行使票据债权，在行使无果后，可主张基础关系的债权。若当事人之间对于基础债权和票据债权的处理无明确约定，由于实际上是债务人交付汇票、债权人作为货币的替代进行接收，表明双方本意是由债权人先凭票据取

① 参见［日］我妻荣：《民法讲义Ⅳ新订债权总论》，王燚译，中国法制出版社 2008 年版，第 270 页。

② 史尚宽：《债法总论》，中国政法大学出版社 2000 年版，第 820 页。

③ 史尚宽：《债法总论》，中国政法大学出版社 2000 年版，第 821 页。

款，而且从票据性质来说，票据本来就是一种支付工具和结算工具，如舍弃票据不用，就不能发挥票据的功能，因此债权人应先行使票据债权，否则将有违双方的意思和诚实信用原则。第三，票据付款请求权遭到拒绝后债权人可选择行使基础债权。在本意上，票据是双方当事人为清偿债务增加的一种清偿方式，旧债务和新债务处于衔接并存的状态。债权人在行使票据上的付款请求权遭到拒绝时，即可选择行使基础债权。原因在于：其一，对于是否只能主张票据权利，法无明文规定。虽然票据法赋予持票人在付款请求权得不到实现后可行使追索的权利，但并无规定只能依据票据法继续行使追索权或票据法上规定的其他权利。其二，票据债权未能得到实际清偿，相应地，双方基础合同的债权也未清偿，基础合同债权并未消灭，在此情况下，两种债务同时存在，属于可选择之债，债务人可进行选择清偿，在债务人未进行选择清偿时，选择权转移至债权人。《民法典》第 515 条规定："标的有多项而债务人只需履行其中一项的，债务人享有选择权；但是，法律另有规定、当事人另有约定或者另有交易习惯的除外。享有选择权的当事人在约定期限内或者履行期限届满未作选择，经催告后在合理期限内仍未选择的，选择权转移至对方。"其三，对债权人来说，其票据权利得不到实现，可以依据票据法行使票据追索权，但票据追索权和基础债权这两种权利在行使时效、举证责任、违约责任方面存在不同，在此情形下，若限制债权人只能行使票据追索权未免过于严苛。因此，在债权人既享有基础债权又享有票据追索权的情形下，应当允许债权人从有利于实现自身利益的角度进行选择。最高人民法院第 117 号指导案例中建三局第一建设工程有限责任公司与澳中财富（合肥）投资置业有限公司、安徽文峰置业有限公司执行复议案［（2017）最高法执复 68 号］亦认为，通常情况下，债务人用商业承兑汇票来履行债务，但因汇票付款账户资金不足、被冻结等不能兑付的，不能认定实际履行了债务，债权人可以请求债务人继续履行债务。

（五）合规要点

就出租方而言，接受承租人以商业承兑汇票代替现金方式支付，在某些情况下是无奈之举。通过票据关系或基础法律关系进行主张，还存在一些差异。票据关系关于主张权利的时效和证据方面可能成为出租方主张债权的障碍，在此情况下，通过基础法律关系主张权利可能更有利于出租方自身权利的维护。因此，出租方在接受商业汇票时，不应当再与承租人约定，接受票据即消灭租赁关系的债务。若存在这些约定，可能使出租方在主张权利时处于被动状态。

18　电子商业承兑汇票的无因性及例外

（一）现实难题

租赁合同实务中，通过转让票据的方式支付各种费用是一种常见方式，但因票据权利的实现具有不确定性，票据遭拒付导致无法取得对价的情形较为常见。持票人依据票据关系主张权利，法院依法需要审查基础交易关系的真实性，但该基础交易关系的争议多大程度上会影响持票人的权利，换言之，司法如何认定基础法律关系对票据关系的影响呢？

（二）裁判观点

票据法律关系虽因基础法律关系而成立、发生，但是票据行为本身绝非将基础法律关系中的权利义务表彰于票据上，而是依票据法的规定，为创设另一新的权利义务之法律关系，因此，基础法律关系的权利义务，与票据行为所创设的权利义务，系个别独立存在的，相互不发生影响。只要基础法律关系真实存在，基础法律之间的争议不影响票据权利的实现。

（三）多发代表性案例

（2022）苏12民终2447号案件概况如下，2020年12月17日，出票人霸州孔雀城房地产开发有限公司出具一份电子商业承兑汇票，票据号码为230××××520201217797725234，收票人为中兴建设有限公司，票据金额为90 000元，汇票到期日为2021年12月17日，承兑人为霸州孔雀城房地产开发有限公司，出票人、承兑人均承诺“本汇票已经承兑，到期无条件付款”。

2021年1月11日，中兴公司将该票据背书转让给江苏进取建设有限公司。2021年2月9日，江苏进取建设有限公司将该票据背书转让给中兴公司。2021年2月19日，中兴公司将该票据背书转让给匠歆（天津）机械设备租赁有限公司（以下简称匠歆公司）。匠歆公司因其于2021年12月17日提示付款遭拒付，遂具状持前述请求和理由诉至一审法院。

中兴公司因怀来英国宫5期项目与匠歆公司形成塔吊租赁合同关系。2021年双方签订结算说明，约定租金共计295 533.08元，已付193 100元，2021年8月20日前付款62 433.08元，预留40 000元待匠歆公司2021年8月25日前拆除完塔吊当日付清；2021年8月25日以后由于匠歆公司不拆除塔吊，每天扣除匠歆公司500元。后中兴公司多次通知匠歆公司拆除塔吊，到目前为止匠歆公司的塔吊尚未拆除。根据结算说明的约定，匠歆公司应当支付违约金133 000元（该违约金仍在产生）。中兴公司虽有90 000元租金尚未支付，但匠歆公司应支付中兴公司133 000元违约金，即中兴公司不欠匠歆公司任何款项。

二审判决认为：本案系票据追索权纠纷，应当围绕票据法律关系进行审查。根据中兴公司二审中提交的证据，中兴公司与匠歆公司之间的基础法律关系为建筑设备租赁合同关系，匠歆公司作为设备出租方已经履行了交付租赁物的义务，中兴公司也以背书转让案涉票据及银行转账的方式履行了部分支付租金义务。匠歆公司在票据到期日提示付款被拒后，依法有权向其前手中兴公司行使追索权。中兴公司二审中以匠歆公司未履行双方后期达成的结算说明中约定的拆除塔吊义务为由主张产生的违约金已超过票据金额，其不应支付匠歆公司款项的上诉理由，二审法院认为，根据《票据法》第13条第2款的规定，票据债务人可以对不履行约定义务的与自己有直接债权债务关系的持票人进行抗辩。因匠歆公司已经就双方形成的租赁合同基础法律关系履行了交付租赁物的义务，故中兴公司不享有票据债务人的抗辩权，中兴公司应依法承担相应的票据责任。中兴公司如认为匠歆公司存在违反双方结算说明约定的情形，可另行依法主张权利。

关于基础法律关系对票据权利的影响，天津市第三中级人民法院（2021）津03民终4477号民事判决书认为：永远租赁站主张其依据借款合同关系取得案涉票据权利，庭审中亦认可其取得了全部票据权利，与岭香合作社之间的债权债务关系已经结清，该行为实质上是持票人在票据到期日前为取得资金贴付一定金额将票据权利背书转让的行为，即票据贴现，岭香合作社作为原持票人亦认可双方之间的票据权利转让系贴现行为，该行为违反了国家关于金融业务特许经营的强制性规定，危害了国家的金融管理秩序，损害社会公共利益。一审法院据此认定该法律行为无效，并驳回永远租赁站要求行使票据权利的诉讼请求并无不当，天津市第三中级人民法院予以维持。

（四）理论解析——票据的无因性及例外

前两案涉及票据的争议，票据法律关系一般包括原因关系（系当事人间授受票据的原因）、资金关系（系当事人间在资金供给或资金补偿方面的关系）、票据预约关系（系当事人间有了原因关系之后，在发出票据之前，就票据种类、金额、到期日、付款地等票据内容及票据授受行为订立的合同）和票据关系（系当事人间基于票据行为而直接发生的债权债务关系）。其中，原因关系、资金关系、票据预约关系属于票据的基础关系，是一般民法上的法律关系。在分析具体案件和解决争议时，要具体区分原因关系和票据关系。

1. 票据的无因性

票据的无因性也称票据的抽象性，是指票据行为只要具备法律规定的形式即自行产生效力，而不问其基于的原因关系或基础关系存在与否或是否有效。[①] 诚然，在现实生活中，票据多以买卖、借贷、租赁或其他以货币作为支付对价的交易关系作为基础，事实上，出具、交付票据一定存在原因行为，不可能存在无原因的票据行为。但在立法政策上，多数国家为保持票据的信用功能和流通功能，有意将票据关系与票据的基础关系相分离，使票据成为

① 参见范健主编：《商法》，高等教育出版社2002年版，第319页。

无因证券。也就是说，票据一经创设，即脱离产生票据的基础关系，无论票据的基础关系是否有效、是否有瑕疵，或者基础关系是否得以全面履行等均不影响票据的效力及流通。票据债务人自票据行为完成之日起，对持票人承担兑付票据款项的责任。票据法之所以赋予票据行为无因性特征，目的在于保障票据的信用、减轻持票人的审查义务、降低交易风险、维护持票人的票据权利，最终促进票据的流通。其法律效力体现在以下几个方面：（1）即使票据发行或转让的原因不存在或者无效、被撤销，只要在票据上所为的票据行为依法成立，票据行为人就须承担票据义务，持票人就可以享有票据权利。（2）票据关系中的权利义务内容应当依票据文义，即使票据上的记载内容与票据原因关系的内容不一致或不完全一致，也不能以票据外的事实来改变票据关系的内容。（3）票据无因性原则在当事人之间发生举证责任转换的法律效果。本问题（2022）苏 12 民终 2447 号案例即根据票据无因性原理所做的判决，尽管中兴公司与匠歆公司的塔吊租赁合同履行存在争议，但由于双方的交易的基础关系真实存在，《票据法》第 13 条第 2 款规定："票据债务人可以对不履行约定义务的与自己有直接债权债务关系的持票人，进行抗辩。"对不履行约定义务，应当理解成完全不履行而非履行的瑕疵，该抗辩使票据失去效力，票据债务人可据此拒绝履行义务，但基础关系的履行瑕疵应当属于基础法律关系争议审查的范围而不是票据关系审查的范围。就如判决所言，中兴公司如认为匠歆公司存在违反双方结算说明约定的情形，可另行依法主张权利。

2. 票据无因性的例外事由

票据关系不可能脱离票据基础原因关系而独立存在，所以，票据关系不能绝对地独立于票据基础原因关系，也就是说，票据的基础原因关系应当对票据关系产生一定的影响作用，如果一味认定票据的绝对无因性，必然会损害对票据市场的"稳定""安全""秩序"的保障，进而妨害票据的流通性，这也是不可取的，故在确立票据的无因性原则之外，各国无一例外地又设定了票据无因性的射程范围，即票据无因性的例外。在例外事由下，票据的债务人可基于原因关系的事由而拒绝履行票据义务，从而对抗票据持有人行使票据权利，票据债务人基于原因关系享有的抗辩事由有以下四个方面。①

（1）原因关系无效或不成立。基于票据的无因性，签发或转让票据的原因关系是否有效，原则上与票据权利没有关系。但是，在直接当事人之间，原因关系的当事人与票据关系的当事人具有同一性，因此票据债务人可以以原因关系不成立或无效为由，对票据债务人进行抗辩。例如，在本问题（2021）津03民终4477号案件中，票据贴现属于国家特许经营业务，需要特许经营资质，而民间贴现行为规避了国家特许经营管制，使票据贴现环节脱离金融机构的监管，进而累积金融风险，影响金融市场稳定，严重损害社会公共利益。对于民间买卖票据事件，即使票据债务人不进行抗辩，法院也应主动审查，作出票据债权人是否享有票据权利的裁断。又如，在（2017）最高法民终41号案中，有色金属公司的法定代表人罗某某为达到向民生银行南昌分行借款之目的，在与该行协商以票据贴现形式借款并保证以所借款项归还正拓公司逾期贷款的同时，亦与红鹭公司总经理房某某协商，由正拓公司、有色金属公司分别与红鹭公司签订无实物交割的阴极铜连环贸易合同，红鹭公司将钱款转手并从中赚取差价。最高人民法院在判决中认为，虽然上述票据活动所涉合同均因属各方伪装行为而应认定为无效，但是，民生银行南昌分行持有的本案票据在形式上符合《票据法》第22条的规定，应属有效票据。只是，由于民生银行南昌分行取得该票据，系出于实现正拓公司能够归还所欠其逾期贷款的目的，而在明知该票据的签发、转让均无真实交易关系的情况下，与有色金属公司及其法定代表人罗某某以通谋虚伪行为取得。而且，为取得该票据，作为有色金属公司和正拓公司的开户行，民生银行南昌分行亦在明知有色金属公司并不具有支付该票据项下款项能力的情况下，为其单笔授信了该票据票面金额的贴现额度，而本案票据贴现占用的亦正是该贴现额度。因此，民生银行南昌分行取得本案票据属于《票据法》第12条第1款及最高人民法院《关于审理票据纠纷案件若干问题的规定》（2008年）第

---

① 参见范健主编：《商法》，高等教育出版社2002年版，第330～331页。

15 条第 2 项规定的以非法手段取得的情形，据此，民生银行南昌分行依法不得享有票据权利。

（2）欠缺对价。对价，是指票据双方当事人认可的相对应的代价。《票据法》第 10 条第 2 款规定：“票据的取得，必须给付对价，即应当给付票据双方当事人认可的相对应的代价。”但无对价的抗辩只存在于直接当事人之间，票据债务人不得以自己与出票人或者与持票人的前手之间的抗辩事由来对抗持票人。在（2013）宁商初字第 111 号案中，江苏省南京市中级人民法院判决认为，中建二公司华东分公司、亚融公司、中国银行文昌支行签订的三方协议内容不违反法律、行政法规的强制性规定，合法有效。该协议约定，中建二公司华东分公司向亚融公司购买钢材，亚融公司以应收账款向中国银行文昌支行授信融资，即案涉商业汇票贴现。中国银行文昌支行作为专门的银行金融机构，为亚融公司提供案涉的融资业务并收取相应手续费、利息等，系银行业正常的经营范围，符合我国《商业银行法》的相关规定。案涉商业汇票背书质押业经流转后，票据债务人中建二公司华东分公司以亚融公司未向其供货，拒付票据款的理由，不能对抗其间接后手中国银行文昌支行；案涉汇票系商业承兑汇票，中建二公司华东分公司既是出票人，也是承兑人，在中国银行文昌支行持票向其主张上述权利后，除其符合《票据法》规定的抗辩权外，不得拒绝付款。中建二公司华东分公司以赊账方式向亚融公司购买钢材，继而开出收款人为亚融公司的案涉汇票，该汇票业经亚融公司质押背书后交与中国银行文昌支行，但该事实不能证明中国银行文昌支行在接受票据时明知亚融公司未付对价而获取案涉汇票。

（3）不符合当事人之间的特别约定。如果当事人之间在签发和受领票据时有特别约定，则不履行特别约定的一方如向对方请求行使票据权利，对方当事人可以此特别约定为由行使抗辩。

（4）欠缺合法交付行为。票据行为因作为票据和交付而成立。如出票人在作成票据以后、交付票据之前，票据丢失或被盗，则虽然出票人必须对善意第三人承担票据责任，但对于（直接）盗窃票据或拾得票据的人，可以票据没有交付因而票据无效为由进行抗辩。对此，《票据法》第 12 条规定：

“以欺诈、偷盗或者胁迫等手段取得票据的，或者明知有前列情形，出于恶意取得票据的，不得享有票据权利。”

以上是基于原因关系存在问题而存在直接影响票据的权利，当存在以上事由时，票据的持票人即失去票据上的权利。

3. 票据失权的若干情形

从票据本身角度考虑，持票人将基于如下原因而失去票据上的权利。

（1）票据欠缺票据法规定的绝对必要记载事项，或票据上记载了不得记载的事项，而使票据无效。如票据上没有记载票据金额、没有签章或者票据上未记载付款。大众银行香港分行诉招商（蛇口）进出口贸易无锡公司汇票承兑纠纷案中，江苏省高级人民法院经二审审理认为，承兑作为一种票据行为属于要式法律行为，付款人在做了承兑表示时，必须按法律规定的格式即在汇票的正面做承兑的记载。招商无锡公司在无锡中行发出的承兑通知书回单联上签署同意字样并加盖印章的行为，因不具备法律所规定的承兑的形式要件，并不构成对该商业承兑汇票的有效承兑，故招商无锡公司不负有该商业承兑汇票的到期付款义务。原审法院认定该商业承兑汇票已经承兑，并判决招商无锡公司负有到期无条件支付票款的义务和承担逾期付款利息损失不当，应予纠正。上诉人招商无锡公司的主要上诉理由成立，应予支持。

（2）票据权利因时效届满而消灭。《票据法》第 17 条规定了票据权利人主张权利的时间，权利人不在法律规定的期限内行使权利将导致票据权利的消灭。上海市奉贤区人民法院（2021）沪 0120 民初 18153 号民事判决书认为，汇票到期被拒绝付款的，持票人可以对背书人、出票人以及汇票的其他债务人行使追索权。涉案 9 张汇票到期后，原告因持票人行使追索权，总共清偿了票据债务 1 400 000 元。关于向中城公司行使再追索权，根据《票据法》第 17 条的规定，持票人对前手的再追索权行使期限为自清偿日或者被提起诉讼之日起 3 个月。郑盛公司系于 2021 年 7 月 13 日就涉案票据追索权纠纷诉至本院诉调对接中心，而郑盛公司向 × × 经营部支付票据款 300 000 元、向 B 公司支付票据款 100 000 元、向 D 公司支付票据款 800 000 元的时间均超过票据持票人对前手行使再追索权时效之规定。原告明确表示没有证据证明C公司提示付款，也没有证据证明C公司向其行使追索权的日期，对于被告中城公司对该汇票追索权超期行使的答辩意见不持异议，这是其对自己民事权利的处分，上海市奉贤区人民法院予以认可。票据权利时效是票据法上的特别规定，它与票据的流通功能相适应，旨在维护票据法律关系的稳定与秩序，原告以其在福建法院诉讼为由认为票据再追索权已经中断，但在福建法院的诉讼经过中，原告并未主张涉案票据的再追索权，不产生票据再追索权行使的合法阻却事由。同时，票据权利时效有别于诉讼时效，票据时效的经过将直接导致票据权利的消灭。故原告就涉案票据款1 400 000元向中城公司行使再追索权不能得到票据法上的支持。

（3）票据因法院作出除权判决而被宣告无效。在此情况下，票据债务人只对作出除权判决的申请人支付票据金额，该票据持有人将失去票据上的权利。

（4）票据债务人已依法付款或提存而使票据权利归于消灭。票据债务人如已经支付票据上的金额或将票据进行了提存，其票据责任即告免除。

（5）持票人将票据退还前手，将失去票据权利。上海市第一中级人民法院（2005）沪一中民三（商）终字第243号民事判决书认为：票据是设权证券，票据权利则是一种体现在票据上的权利。票据权利与票据本身具有不可分离的关系，票据权利的行使必须以权利人现实地占有票据为前提。本案中，建材公司因向装饰公司供货而收取了商业承兑汇票，并持该汇票向银行提示付款，但在遭银行退票后，其已自愿将汇票退还给装饰公司，从而丧失了对该汇票的实际占有。而建材公司在提起本案诉讼时未能提供系争汇票的原件，故其向装饰公司行使票据追索权已于法无据，不予支持。

（五）合规要点

商业汇票发挥融通、支付、流通和信用作用，是市场经济制度的一种重要工具，在社会经济生活中发挥重要的作用。但由于商业承兑汇票具有特殊的机制和机理，与日常生活经验相去甚远，出租人在事先票据的取得、行权方式和行权时效上，应当严格遵守法律的规定，以免票据失权。

第三章

合同的解除及违约责任

概　　述

双务合同出现履行障碍时，债权人往往享有履行抗辩权、解除权和违约责任请求权三种权利。三者彼此互动，尤其是解除权，经常起到承上启下的作用：债权人行使不安履行抗辩权后，还可能进一步享有解除权，合同解除也多与违约责任并存。然而，现代合同法上如此重要的解除权，却是非常晚出现的权利。罗马法和欧洲共同法都不存在解除权的一般规定，仅基于契约自由承认失权约款。直到17世纪，自然法理论才承认基于债务不履行可产生一般解除权，立法上最早见于1794年《普鲁士普通邦法》。①

解除权“难产”的根本原因在于契约严守这一自然法原理，在法律上它体现为债为法锁、合同拘束力和合同忠实义务等固有观念。合同作为双方当事人的合意，源于双方的自由意志，唯有双方恪守合同，各方追求的私法效果、其缔约的经济和社会目的才能顺畅实现。合同法最为重要的任务也是通过国家强制力使合同尽量得以履行。在这个意义上，合同虽为私主体之间的行为，但也关乎社会秩序和经济秩序。保障合同履行是国家必须为公众提供的公共品，因此，民法以合同神圣及合同严守为原则，强调合同的法律约束力，要求当事人恪守合同约定，不得擅自变更或者解除合同。但合同犹如一

---

① 参见王宏：《债权让与中原合同解除权行使规则探析》，载《山东师范大学学报（人文社会科学版）》2018年第2期。

个生命体，有出生必有死亡，有些死亡是因为生命的自然终止，如合同因履行完毕、债务得以清偿而终止；有些合同因意外而终止，如不可抗力事件的发生导致合同无法履行从而解除合同；有些因当事人主客观情况的变化而有意终止，如一方当事人违约导致合同目的不达，另一方当事人解除合同。在社会实践中，不可避免出现当事人主动解除合同的情况：在合同有效成立后，当事人的情况变化、社会经济生活的变化导致合同的继续履行成为不必要或者不可能，或者合同继续履行给一方当事人带来损失，导致合同的继续履行可能与当事人订立合同的初衷相违背，甚至合同目的的落空。在这些情况下，如仍固守合同拘束力，不但对一方甚至双方均无益，而且于社会的整体利益也无增益。为此目的，法律上创设了合同解除的制度。通过合同解除，能够使当事人在其合同目的不能实现的情形中摆脱现有合同权利义务关系的约束，重新获得交易的自由，使当事人不再负有对待给付义务、受领义务，在解除具有溯及力时还可以请求返还已经作出的给付。因此，从微观上看，在一方违约的情况下，赋予另一方合同解除权，有利于非违约方的“合同义务的解放”和“交易自由的回复”以及对违约方“合同利益的剥夺”，从而弥补非违约方损失。从宏观角度考虑，合同解除制度的建立，对于维持社会经济秩序的正常运行也具有重要意义。

因租赁合同的订立，在出租人和承租人之间产生一定的给付义务，该给付义务是法理意义上的债务。所谓债务，系指应为一定给付之义务。所谓责任，乃指强制实现此项义务之手段，亦即履行此项义务之担保。[①] 换言之，合同之债是按照合同的约定，在当事人之间产生的特定的权利和义务关系。而违约责任，是指合同当事人不履行义务或者履行义务不符合约定所产生的国家强制债务人继续履行或承担的其他责任。这些责任是对原债权关系中债务的“替代”，是债务的转化形态，这是两者具有同一性的表现。两者的不同之处在于，债务不包含任何对债务人的强制。当债务人不履行债务时，强

① 参见王泽鉴：《民法学说与判例研究》（第4册），北京大学出版社2009年版，第86页。

制其履行或赔偿损失则属于民事责任的问题。

本章以在实践中多发的案例为视角，主要探讨建筑设备租赁合同解除的原因。在探讨合同解除的原因时，主要探讨出租方在出现何种事件时，可以通过行使单方解除权，摆脱合同的束缚；在探讨违约责任问题时，主要讨论实务中多发而存有争议的丢失租赁物赔偿前的继续计租问题、合同约定违约金的调整、承租人对租赁物保管不善的责任承担问题。

19　没有书面协议的情况下，合意解除的认定问题

（一）现实难题

合同应当严守是合同法的基本原则。建筑设备租赁合同有效成立后，若因各种原因造成合同继续履行出现困难，在一方提出解除合同而另一方未有明确同意解除的意思表示，但有事实行为表明不再履行合同时，此种情况是否构成合同合意解除？司法中如何进行认定？

（二）裁判观点

双方因租赁合同履行问题发生纠纷，一方向另一方书面通知解除合同并采取事实行为后，另一方已另向其他公司租赁标的物用于工程施工，因此，双方实际上已无继续履行合同的意愿，双方继续履行合同的基础已不复存在，应当确认合同已经解除，故继续履行合同的请求不应得到支持。

（三）多发代表性案例

（2019）桂 08 民终 1003 号案件概况①如下：2018 年 4 月 26 日，福州某建筑公司（承租方）因其承建的桂平金港名苑项目的施工需要，与浙江某建筑支护公司（出租方）签订《租赁合同》，该合同对租赁标的物、租期、租金价格、支付期限、违约责任等事项作了约定。合同签订的当日，浙江某建筑支护公司即向福州某建筑公司桂平金港名苑项目部发送了第一批租赁钢管，

① 该案一审、二审诉讼由笔者和林维钢律师代理。

长 8720 米、重 26.5 吨左右，由浙江某建筑支护公司从南宁仓库发出，而在钢管刷完漆装好车待运输过程中，由于南宁下大雨，此车钢管油漆被大雨冲洗。因此，对于该车油漆费 2325.6 元的承担问题，双方在第一个月租金结算时发生了争议。福州某建筑公司认为此车钢管油漆费应由浙江某建筑支护公司自行承担，而浙江某建筑支护公司的具体经办人则表示需要请示公司总部领导才能决定如何处理。浙江某建筑支护公司的联系人于 2018 年 10 月 11 日才向该公司的领导正式书面请示，浙江某建筑支护公司的高管于 2018 年 10 月 22 日才答复批示该车油漆费作优惠处理（由浙江某建筑支护公司承担）。在此期间，双方对该笔油漆费如何承担的问题一直在协商，导致从 2018 年 5 月第一个月的租金结算一直在延迟。浙江某建筑支护公司出具的 2018 年 5 月（2018 年 4 月 26 日至 5 月 31 日）的租金对账单（包含了上述争议的油漆费 2325.6 元）在与福州某建筑公司进行核对时就出现了分歧，双方一直协商未果，福州某建筑公司为此未及时支付租金等费用给浙江某建筑支护公司。而协商的过程中，双方仍继续履行合同，浙江某建筑支护公司断断续续供货至 2018 年 9 月 28 日（其中 2018 年 8 月没有供货）。但自 2018 年 10 月起，浙江某建筑支护公司以福州某建筑公司未及时支付租金为由拒绝供货；而福州某建筑公司于 2018 年 9 月 22 日支付了 2018 年 5 月、6 月的租金共 58 506.12 元（已扣除了上述油漆费 2325.6 元），2018 年 10 月 22 日支付了 2018 年 7 月、8 月的租金共 208 948.23 元，2018 年 10 月 27 日支付了 2018 年 9 月的租金 113 082.85 元，合计支付 380 537.2 元，而 2018 年 10 月之后在租的钢管租金至诉讼时尚未支付。在合同履行期间，浙江某建筑支护公司多次向福州某建筑公司发函，以福州某建筑公司延迟支付租金为由要求解除合同，而福州某建筑公司复函不同意解除合同，并要求浙江某建筑支护公司按时供货。因协商未果，浙江某建筑支护公司向桂平市人民法院起诉提出要求判决解除双方签订的《租赁合同》、支付租金、违约金等 5 项诉请。福州某建筑公司向一审法院提起反诉，请求法院判决浙江某建筑支护公司继续履行合同、向其支付违约金、赔偿律师费损失。

经过案件审理，对于合同是否解除的问题，一审法院判决认为，依法成立的合同，对当事人具有法律约束力。当事人应当按照约定履行自己的义务，不得擅自变更或者解除合同。福州某建筑公司与浙江某建筑支护公司签订的《租赁合同》是双方的真实意思表示，内容不违反法律、行政法规的强制性规定，属合法有效，双方均应依约全面履行各自义务。而双方在合同的履行过程中，仅是因为第一车钢管的油漆费2325.6元由谁承担的问题发生争议，且在处理该笔费用的过程中，双方均存在拖延、不及时，造成后续履行合同的不顺畅，即导致了福州某建筑公司以此为由迟延支付租金，浙江某建筑支护公司却以对方迟延支付租金为由延迟供货乃至拒绝供货。在这份合同的履行过程当中，双方均存在过错。首先，在合同中双方已经明确约定浙江某建筑支护公司的义务包括了钢管的刷漆并运输至福州某建筑公司在桂平金港名苑的项目地，经福州某建筑公司验收后才由其支付油漆费。而浙江某建筑支护公司在运输该批钢管的过程中遇上大雨导致油漆被冲洗掉，由此产生的责任（该笔油漆费）理应由被告浙江某建筑支护公司承担；且最终经过浙江某建筑支护公司的项目联系人上报该公司高管批示，该公司高管同意由其公司自行承担，足以证明浙江某建筑支护公司在合同履行过程中没有及时处理该笔油漆费，导致福州某建筑公司迟延支付租金，而浙江某建筑公司以此为由迟延供货，其行为存在一定的过错。其次，福州某建筑公司从第一个月的租金开始因该笔油漆费产生分歧后，理应对双方没有争议的其他租金先行支付，有争议的该笔油漆费可以等待双方协商一致再做处理。而福州某建筑公司以此为由对抗支付其他应付的租金给浙江某建筑支护公司，该行为显然不当，其也存在一定的过错。综上，只要双方在合同履行过程中加强沟通，福州某建筑公司应按时支付租金，而浙江某建筑支护公司按时供应租赁物，合同完全可以继续履行下去。最后，本案是建筑设备租赁合同纠纷，不同于普通的租赁合同，双方签订《租赁合同》是基于福州某建筑公司承建桂平金港名苑A区工程建筑施工需要，租赁钢管、扣件、工字钢、顶丝等材料用于建筑主体工程从开始施工至工程工作搭建外架使用，在工程竣工后方能拆除，该租赁物的使用是具有连贯性的，在签订合同时双方对此亦是应当预见的，且合同签订时约定的租期为20个月左右。如中途拆除脚手架必然造成施工受阻及其他巨大的经济损失，从而达不到合同的目的，也不符合公平、诚实信用原则。因此，浙江某建筑支护公司要求解除合同，理由不足，一审法院不予采纳。而福州某建筑公司请求继续履行双方签订的《租赁合同》，符合双方的约定及法律的规定，一审法院予以支持。

双方均不服该案一审判决，上诉于贵港市中级人民法院。二审对于合同是否解除的问题，阐述如下：关于双方签订的《租赁合同》是否应予解除的问题。双方因第一次供货时油漆费问题发生纠纷，福州某建筑公司以此为由拒不支付应当支付的租金，而浙江某建筑支护公司又以福州某建筑公司不支付租金为由断断续续供货并多次向福州某建筑公司书面通知解除合同，在浙江某建筑支护公司于2018年9月28日完全停止供货后，福州某建筑公司已另向其他公司租赁钢管用于涉案工程，因此，双方实际上已无继续履行合同的意愿，双方继续履行合同的基础已不复存在，继续履行合同对双方均会造成更大的损失，故对福州某建筑公司要求浙江某建筑支护公司继续履行合同的请求，二审法院不予支持。根据本案的实际情况，浙江某建筑支护公司是在2018年11月22日最后一次以书面形式向福州某建筑公司提出解除合同，故应认定双方所签订的《租赁合同》于2018年11月22日予以解除。一审在浙江某建筑支护公司停止供货且福州某建筑支护公司已另行租赁的情况下仍未确认解除双方所签订的租赁合同与本案实际事实不符，贵港市中级人民法院予以纠正。因此，对福州某建筑公司主张继续履行合同的上诉主张，贵港市中级人民法院不予支持。对浙江某建筑支护公司主张应解除合同的上诉主张，贵港市中级人民法院予以支持。

在笔者办理的一起商铺租赁合同案例中，也有类似的判决理由。(2022)浙0102民初10591号判决认为：当事人协商一致，可以解除合同。本案中，原告胡某某（次承租人）委托律师于2022年5月23日向被告杭州某市场经营管理有限公司（出租方）发函要求解除合同，其意思表达清楚明确，但因其主张的解除理由并不成立，并未发生解除合同的效果。2022年6月21日，被告杭州某市场经营管理有限公司在原告承租的商铺门口张贴公告，认为原告“铺位内长时间既无营业员也没有当季货品，给周边商铺的正常经营以及市场的管理秩序造成了较大的负面影响”“擅自清空铺位关门停业”“于2022年6月9日委托律师向你发了律师函，要求你前来市场办理铺位腾退手续”“市场方决定立即无条件收回上述铺位”，被告杭州某市场经营管理有限公司在《摊位租赁协议》中系接受被告何某某（转租方）、陈某某（转租方）的委托，作为受托人参与《摊位转租协议》的履行，结合之前合同签订的情况及后续律师函双方沟通的情况，原告胡某某有理由相信被告杭州某市场经营管理有限公司收回铺位的意思表示系代表出租方何某某、陈某某作出。在原告胡某某已发函解除合同并自行清空铺位关门停业的基础上，收回案涉铺位，应视为双方关于解除《摊位转租协议》协商一致，故法院确认案涉两份2022年2月13日关于浙江四季青某宝女装中心C066－1号、C066－2号摊位的《摊位转租协议》于2022年6月21日解除，原告相应的诉讼请求成立。

（四）理论解析——租赁合同的合意解除

1. 合意解除的观点分歧

合同解除，是指合同有效成立了，但因一方或双方当事人的意思表示，具有约束力的合同溯及自始或者仅向将来终止，未履行的部分不再履行，已经履行的部分依具体情形进行清算的制度。解除是对当事人进行救济的方式之一，通过解除合同，能够使当事人在其合同目的不能实现的情形中摆脱现有合同权利义务关系的约束，重新获得交易的自由，使当事人不再负有对待给付义务、受领义务，在解除具有溯及力时还可以请求返还已经作出的给付。合同解除具体分为合意解除、法定解除和约定解除。下文重点介绍合同的合意解除。

合意解除，是指因当事人意思表示使合同归于消灭的场合，不以任何一方具有解除权为必要，双方均可基于任何理由达成合同解除约定。《民法典》

第562条第1款规定："当事人协商一致，可以解除合同。"对于当事人通过书面协议达成合同解除的一致，并且明确了合同解除的后果的情况，实践中并无争议。合意解除本质是通过订立一个新的合同解除原来的合同，故又称为"解除合同"或者"反对合同"，明示的解除合同只要遵守民事法律行为和合同的一般规定，即双方当事人对解除合同的意思表示达成一致即可。

目前，实务中争议较大的问题是，双方都明确同意解除，但未就协商解除后的法律后果形成一致的意思表示，此时合同是否已经解除？就如本问题两则案例的案情。对此，有观点认为，此时合意内容并不清晰确定，并且就解除后的法律后果未协商一致，合同效力的持续往往成为双方当事人解除时一种讨价还价的砝码，在双方当事人对于合同解除的法律后果，即对结算和清理事宜并未达成一致时，不认可合同已经解除。最高人民法院（2016）最高法民申213号民事裁定书认为：解除合同协议的有效成立，也必须满足合同成立的一般要件。一是在合同的订立方式上，要通过要约和承诺的方式订立；二是在合同的内容上要具体确定，合同中不仅有消灭既存合同关系的内容，而且要包括已经履行部分是否返还、责任如何分担等结算和清理内容。本案虽然中行桂林分行诉请解除《房屋合作开发协议》，全兴公司在诉讼中表示同意解除，但对于合同解除后的结算和清理事项并未形成一致的意思表示，故双方当事人协商解除合同的合意并未有效成立。① 但也有观点认为，只要双方对于合同解除达成一致，清算和清理事项未明确并不影响合同解除的成立，责任问题可另行处理。本问题两则案例中的法院即持该观点。第一则案例［（2019）桂08民终1003号］出租方以承租人延期支付租金构成违约提出解除合同，第二则案例［（2022）浙0102民初10591号］则是承租方以疫情和市场装修为由提出解除合同，在诉讼中，另一方在答辩时尽管明确表示不同意解除合同，但在之后事件发展过程中，另一方均以行为或意思表示要解除合同，法院判决认为合同双方在解除事项上已经达成一致，至于违

---

① 同样的观点，参见最高人民法院民事判决书，（2017）最高法民再315号；最高人民法院民事判决书，（2015）民一终字156号。

约责任是否有约定均不影响合同解除行为的成立，合同解除的后果可另行处理。四川省高级人民法院《关于审理合同解除纠纷案件若干问题的指导意见》第18条规定："当事人仅对合同解除协商一致，未对合同清结形成一致意见，一方当事人起诉要求清结合同的，人民法院应当根据合同法第九十七条的规定予以处理。"

2. 本书的观点

对于上述两种认定合意解除的观点，笔者同意第二种观点。理由为：一是从实证法角度，《民法典》第562条第1款规定，双方协商一致，可以解除合同。法律并未强制要求合同解除需要对合同的结算和清理作出处理。笔者认为，基于合同自由原则，合意解除作为一种"反对合同"，只需合同双方对于合同解除事项达成一致即可成立，除非双方作了明确约定或者附加了条件——双方"合同解除"的成立以结算清理达成一致为前提。二是从恢复交易自由、提高商事效率角度考虑。合意解除的构成，只要双方对于合同解除的意思表示达成即可，是否构成违约以及责任承担等结算和清理事项完全可以交给当事人另行约定或通过法律规定进行处理。简化合意解除的构成要件更符合合同解除的功能——"合同义务的解放"和"交易自由的恢复"，以提高商事活动效率。

合同解除本质上是意思表示达成一致，除了明示的方式外，还有默示方式，根据《民法典》第140条的规定，行为人可以明示或者默示作出意思表示。默示是指不依赖语言或文字等明示形式，而通过某种事实即可推知行为人的意思表示而成立的民事法律行为形式。行为人虽然没有作出明示的意思表示，但根据法律的规定，可以认定行为人的某种客观事实状态就是表达同意进行民事活动的意思。如本问题（2019）桂08民终1003号案件，当出租方以书面方式提出解除合同的意思表示后，承租方另行向第三人承租租赁物的行为，也可视为双方合意。对于默示的合同解除，最高人民法院（2016）最高法民终802号民事判决书（《最高人民法院公报》2017年第12期）认为："该函虽未明示同意解除合同，但并未主张继续履行合同，反而对合同解除后如何处理提出要求，即要求返还保证金及支付交易费，该回复函应认定为表示解除合同。”最高人民法院（2013）最高法民四终字第16号民事判决书中，法院认为：“经双方协商，香港豪德公司于2005年6月10日至11月18日，分27笔退还香港龙采公司投资款3450万元，香港龙采公司接受了退款。双方协商以及退款、收款行为表明双方同意解除合作合同，而不是香港豪得公司单方解除合同。”对合同解除，通过诉讼中意思表示也可以确定，当一方起诉请求解除合同，另一方同意[①]或反诉亦请求解除合同，这也可以认为双方对于解除合同的意思表示达成一致，之后一方反悔的，不应予以支持。[②]最高人民法院在《民法典合同编通则司法解释》第52条规定：“当事人就解除合同协商一致时未对合同解除后的违约责任、结算和清理等问题作出处理，一方主张合同已经解除的，人民法院应予支持。但是，当事人另有约定的除外。有下列情形之一的，除当事人一方另有意思表示外，人民法院可以认定合同解除：（一）当事人一方主张行使法律规定或者合同约定的解除权，经审理认为不符合解除权行使条件但是对方同意解除；（二）双方当事人均不符合解除权行使的条件但是均主张解除合同。前两款情形下的违约责任、结算和清理等问题，人民法院应当依据民法典第五百六十六条、第五百六十七条和有关违约责任的规定处理。”

3. 合意解除与约定解除的区别

合意解除不同于约定解除。《民法典》第562条第2款规定：“当事人可以约定一方解除合同的事由。解除合同的事由发生时，解除权人可以解除合

---

① （2020）鲁0302民初1239号民事判决书认为：“原、被告签订的铝合金模板租赁合同，真实合法，应属有效。但根据原告提交的广东合创公司给其发送的‘关于山西北区项目塔吊、铝模、爬架供应商合同解除事宜工作联系函’及被告提交的发包方山西合生帝景建设有限公司给广东合创公司发出的‘退场告知函’，可以认定案涉工程原告承包的部分已于2021年11月21日被发包方勒令停工，总包方广东合创公司自此时起已经明确要求原告清场退出，原告与总包方的合同停止履行后，原、被告之间的合同亦无继续履行的必要；且新的劳务公司已经接替原告进场施工，原、被告之间的合同已经实际不能继续履行。对原告要求解除合同的主张，被告当庭表示同意解除，应视为双方协议解除合同，符合法律规定，法院予以确认。”

② 最高人民法院民事判决书，（2017）最高法民再54号；最高人民法院民事裁定书，（2017）最高法民申3629号。

同。”约定解除权，是双方在合同中约定，将来发生某种事由时，一方或双方享有解除权。如租赁合同中约定，当承租人逾期支付租金超过15天后，出租方享有解除合同的权利。约定解除权本身不导致合同的解除，只有出现约定解除权事由时，合同赋予另一方通过行使解除权使合同归于消灭的权利。解除权可以在订立合同时约定，也可以在合同履行过程中进行补充约定。

在约定有效的前提下，当事人约定的合同解除事由是否发生，需要根据诚实信用原则进行判断，不宜轻易解除一个已经生效甚至已经作出大部分履行的合同。《九民会议纪要》第47条规定：“合同约定的解除条件成就时，守约方以此为由请求解除合同的，人民法院应当审查违约方的违约程度是否显著轻微，是否影响守约方合同目的实现，根据诚实信用原则，确定合同应否解除。违约方的违约程度显著轻微，不影响守约方合同目的的实现，守约方请求解除合同的，人民法院不予支持；反之，则依法予以支持。”

（五）合规要点

法律不支持违约方解除合同的请求。对于出租方而言，若是承租方在违约情况下提出解除合同的诉求，而出租方希望合同继续履行，则出租方应毫不迟疑地告知承租方并保留相关证据，而不应作出与合同继续履行相违背的言语或行为，以免给对方或裁判机关造成双方对合同解除达成一致的假象。若承租方履约行为与合同约定不符，出租方在行使单方解除权时，应当审视自身是否存在违约情况，以确定承租方与合同约定不符的行为在性质上属于行使抗辩权还是违约，以确定单方解除合同是否具备相应的条件。

20　租赁合同的单方解除问题

（一）现实难题

合同应当严守，任何一方不得擅自变更或解除合同，在建筑设备租赁合同履行中，若承租人出现的违约情形会使继续履行合同与合同目的相悖，则出租人有权行使法定解除权摆脱租赁合同的束缚以恢复交易的自由，对于出租人提出的解除合同的请求，司法应如何进行认定处理?

（二）裁判观点

因承租人承包的施工工程所需建筑材料与出租方签订的建筑设备租赁合同合法有效，该合同对双方当事人具有法律效力。根据该合同的性质及约定，出租人主要负有向承租人交付工程施工所需建筑材料的义务，承租人则主要负有支付相应租赁费之义务，承租人逾期支付租金构成违约，出租人有权解除合同。

（三）多发代表性案例

（2022）新29民终1370号案件概况如下：2019年7月15日，建峰公司（乙方）因阿克苏机场扩建项目航站楼外装饰工程施工需要与新润丰租赁站（甲方）签订《建筑设备物资租赁合同》，合同对租赁相关事宜作了约定。合同签订后，新润丰租赁站向建峰公司提供了其所需的建筑设备。2019年12月5日经新润丰租赁站与建峰公司委派的提货人傅某某对2019年8月1日至12月5日的租赁物退还数量、产生的租赁费用等进行核算，建峰公司应当向新润丰租赁站支付该段时间的租赁费448 482元及2019年10月10日至11月11日的运费、装车费3475元，共计451 957元。经新润丰租赁站核算，截至2022年1月15日，建峰公司应向其支付租赁费942 320.82元，运输、装卸等费用34 876元，合计977 196.82元；2022年3月31日，新润丰租赁站再次对租赁物核算，确定截至当日建峰公司应向其支付的租赁费为22 476.43元。案件审理过程中，经双方核对，新润丰租赁站出租扣件共计84 188个，新润丰租赁站认可归还69 339个，未还14 849个，建峰公司认为其归还扣件72 926个。另查明，建峰公司于2019年9月4日向新润丰租赁站支付100 000元（保证金），于2020年1月15日向新润丰租赁站支付120 000元，于2020年7月8日向新润丰租赁站支付200 000元，2020年12月4日向新润丰租赁站支付150 000元，2020年5月28日向新润丰租赁站支付16 208元。新润丰租赁站因向建峰公司索要租赁费未果，将案件起诉于阿克苏市人民法院。

对于合同是否解除的问题，一审判决认为：关于新润丰租赁站与建峰公司签订的《建筑设备物资租赁合同》是否应当依法解除的问题，新润丰租赁站认为，建峰公司未按照合同约定向新润丰租赁站支付租赁费、未退还租赁的扣件行为已经构成违约，应当依法解除双方的合同。建峰公司认为，双方虽未对租金进行结算，但承租的租赁物已经全部退还，故双方的租赁合同已经履行完毕。经庭审查明，建峰公司并未按照合同约定向新润丰租赁站支付完毕租赁费及退还全部租赁物，故建峰公司的辩解意见与《建筑设备物资租赁合同》第 14 条“本合同一式六份，自签订之日起生效，所有物资、设备清退及租赁费等各项费用全部结清后合同终止”的约定不符，本案中双方的租赁合同并未履行完毕。建峰公司拒绝支付欠付租赁费、退还租赁物的行为构成根本违约，新润丰租赁站依法有权主张解除合同。

关于合同是否解除的问题，二审（2022）新 29 民终 1370 号案件判决认为：建峰公司上诉称双方虽未对租金进行结算，但承租的租赁物已经全部退还，故双方的租赁合同已经履行完毕。然而，在本案中建峰公司既未向新润丰租赁站清退全部租赁物，又未能结清租赁费，其该项主张与双方在《建筑设备物资租赁合同》中约定“本合同自签订之日起生效，所有物资、设备清退及租赁费等各项费用全部结清后合同终止”的内容不符，如前所述，建峰公司存在欠付租赁费的违约行为，一审法院支持新润丰租赁站要求解除合同的主张并无不当，建峰公司该项上诉请求无事实及法律依据，二审法院不予支持。

除了承租人违约支付租金可解除合同外，关于出租人单方解除合同事由，（2022）新 23 民终 1145 号判决认为：中天建设集团有限公司新疆分公司上诉认为双方签订的租赁合同已经终止。双方签订的《周转材料租赁合同》中约定实际租赁期限从工程开工至工程结束，但中天建设集团有限公司新疆分公司并未提交证据证实“工程结束”与“竣工备案”一致以及时间相同；《周转材料租赁合同》约定，“在租赁期满后，如继续承租，原租赁合同继续有效，约定新的租期”，《租赁协议》约定，“租赁时间：自租用方开始租用材料当日起至租用方归还租用材料还清为止”。因中天建设集团有限公司新疆分公司未归还部分租赁建筑设备，租赁合同并未终止，而双方也并未对之后的建筑设备租赁期限进行约定，因此一审认定双方之间形成不定期租赁合同关系并无不当。浙江天鲁建筑设备租赁有限公司主张解除合同，不定期租赁合同当事人可以随时解除合同，一审判决解除双方的租赁合同并无不当。

（四）理由解析——租赁合同法定解除事由

以上两则案例涉及出租人的法定解除事由，（2022）新29民终1370号案例是因承租人未按期支付租金构成违约，判决确认出租方的单方解除合同的主张成立，第二则案例是因案涉合同系不定期合同，任何一方均可以单方提出解除，对于出租方在此情况下主张解除合同，法院予以支持。下文就租赁合同的法定解除事由进行探讨。

1. 一般的法定解除事由

合同本应严守，这是社会经济流转秩序的当然要求；合同解除制度仅在出现特别的情形时始予适用，因而，应具备一定的条件方可行使，以免一方滥用解除权影响交易的稳定。为此，法律特别设定了一些情形，赋予单方解除合同的权利，根据法律规定发生的解除权，称为法定解除权。法定解除权的发生，既有各种合同共同的解除权发生原因，又有若干有名合同独特的合同解除原因，前者称为一般的法定解除原因，后者称为特殊的法定解除原因。

对于一般的法定解除原因，《民法典》第563条第1款规定："有下列情形之一的，当事人可以解除合同：（一）因不可抗力致使不能实现合同目的；（二）在履行期限届满前，当事人一方明确表示或者以自己的行为表明不履行主要债务；（三）当事人一方迟延履行主要债务，经催告后在合理期限内仍未履行；（四）当事人一方迟延履行债务或者有其他违约行为致使不能实现合同目的；（五）法律规定的其他情形。"

关于上述法定解除条件，还需进一步辨析。一是不可抗力的发生，并不一定使当事人享有单方解除权。不可抗力的不同情况对当事人的履行能力及条件的影响不同：当不可抗力导致合同完全不能履行，合同目的不达，当事人可解除合同；如不可抗力只是导致合同部分不能履行且不影响合同目的的实现，当事人无权解除合同；如果不可抗力只是导致暂时影响合同的履行但不影响合同目的的实现，当事人可延期履行但不能解除合同。二是拒绝履行，即债务人能够履行却向债权人表示不履行。在履行期限届满前，当事人一方明确表示不履行或以自己的行为表示不履行主要债务，相对人可以解除合同，法律没有设置催告作为解除合同的前提条件。这里的主要债务，指的是主给付义务，而非从给付义务或附随义务。三是迟延履行，法律上区分了普通的履行迟延与定期行为场合的履行迟延。普通的履行迟延，通常不会导致合同目的不达，在此情况下，债权人需经催告，在催告后债务人不履行的，债权人方可解除合同。定期行为是指因主观或客观的因素，债务人超过该期限履行合同，将会使合同的履行对债权人失去意义。如生日蛋糕、中秋月饼的订购合同下，债务超过期限的给付将会使债权人的合同目的不能实现，在此情况下，债务人一旦迟延履行，债权人即可解除合同。

《民法典》第563条第1款前3项规定，主要涉及不可抗力、拒绝履行、迟延履行等。其他的违约行为包括迟延履行从给付义务或附随义务、不能履行（不可抗力除外）、不完全履行导致合同目的不能实现时发生的解除权，主要适用《民法典》第563条第1款第4项。除此之外，如不安抗辩权行使过程中，一方当事人中止履行后，对方在合理期限内未恢复履行能力且未提供适当担保的，视为以自己的行为表明不履行主要债务，中止履行的一方可以解除合同并可以要求对方承担违约责任，主要适用《民法典》第563条第1款第5项。

2. 租赁合同特有的法定解除

《民法典》对若干有名合同规定了特殊法定解除原因，如《民法典》第806条第1款规定："承包人将建设工程转包、违法分包的，发包人可以解除合同。"在租赁合同章，法律也特别规定了出租人的单方解除合同事由，这些事由也是一般解除事由在租赁合同情形下的具体应用。出租人享有的单方的解除权有以下几种：

（1）不定期租赁合同的随时解除权。《民法典》第730条规定："当事人对租赁期限没有约定或者约定不明确，依据本法第五百一十条的规定仍不能确定的，视为不定期租赁；当事人可以随时解除合同，但是应当在合理期限之前通知对方。”不定期租赁合同的解除权被赋予双方，承租人也享有解除合同的权利。

（2）承租人使用租赁物不符合约定，造成租赁物损失时，出租人可解除合同。《民法典》第711条规定：“承租人未按照约定的方法或者未根据租赁物的性质使用租赁物，致使租赁物受到损失的，出租人可以解除合同并请求赔偿损失。”

（3）承租人未经出租人同意转租租赁物。《民法典》第716条第2款规定：“承租人未经出租人同意转租的，出租人可以解除合同。”

（4）承租人不支付租金。《民法典》第722条规定：“承租人无正当理由未支付或者迟延支付租金的，出租人可以请求承租人在合理期限内支付；承租人逾期不支付的，出租人可以解除合同。”

前述内容为出租方单方解除的法定事由，《民法典》租赁合同章也同时赋予承租人在下述情况下的单方解除权：

（1）租赁物不能正常使用的。《民法典》第724条规定：“有下列情形之一，非因承租人原因致使租赁物无法使用的，承租人可以解除合同：（一）租赁物被司法机关或者行政机关依法查封、扣押；（二）租赁物权属有争议；（三）租赁物具有违反法律、行政法规关于使用条件的强制性规定情形。”

（2）租赁物毁损、灭失的。《民法典》第729条规定：“因不可归责于承租人的事由，致使租赁物部分或者全部毁损、灭失的，承租人可以请求减少租金或者不支付租金；因租赁物部分或者全部毁损、灭失，致使不能实现合同目的的，承租人可以解除合同。”

（3）租赁物有危及承租人的安全或者健康的情况的。《民法典》第731条规定：“租赁物危及承租人的安全或者健康的，即使承租人订立合同时明知该租赁物质量不合格，承租人仍然可以随时解除合同。”

3. 解除权的行使

无论是约定解除权还是法定解除权，解除权的行使，是法律赋予当事人保护自己合法权益的手段，但该权利的行使不能毫无边界。行使解除权，需注意以下几个方面：一是行使主体。通常认为，在违约情形中，仅守约方享有法定解除权，违约方不享有法定解除权。一方面，违约是不当行为，法律不能允许违约方从不当行为中获利；另一方面，这样可避免违约方的机会主义行为，防止其滥用权利损害对方及社会利益。但是，在出现一些情况使合同的履行处于僵局时，违约方也可诉请解除合同。《九民会议纪要》第48条规定，违约方不享有单方解除合同的权利。但是，在一些长期性合同如房屋租赁合同履行过程中，双方形成合同僵局，一概不允许违约方通过起诉的方式解除合同，有时对双方都不利。在此前提下，符合下列条件，违约方起诉请求解除合同的，人民法院依法予以支持：（1）违约方不存在恶意违约的情形；（2）违约方继续履行合同，对其显失公平；（3）守约方拒绝解除合同，违反诚实信用原则。人民法院判决解除合同的，违约方本应当承担的违约责任不能因解除合同而减少或者免除。二是行使方式。解除权属于形成权，行使解除权，需通知对方。行使解除权的意思表示是相对人的单方意思表示，适用《民法典》总则编关于民事法律行为和意思表示的一般规定。当事人可以约定解除通知的方式，如果没有约定或者约定不明确，则解除通知不限于书面形式，通知可以通过任何形式发出。三是解除期限。《民法典》第654条规定了解除权的行使期限。首先，法律有规定的或者当事人有约定的按照规定或约定。例如，《保险法》第16条第3款规定："前款规定的合同解除权，自保险人知道有解除事由之日起，超过三十日不行使而消灭。自合同成立之日起超过二年的，保险人不得解除合同；发生保险事故的，保险人应当承担赔偿或者给付保险金的责任。"其次，在对方当事人催告后的合理期限内行使。在法律没有规定或者当事人没有约定期限的情况下，违约方当事人未明确义务是否继续履行，可以催告享有解除权的当事人明确是否解除合同，若其超过合理期限仍未通知解除，则解除权消灭。最后，自解除权人知道或者应当知道解除事由之日起1年内行使。解除权期限一般属于除斥期间，法律规定，自解除权人知道或者应当知道解除事由之日起1年内不行使的，解除权消灭。四是解除权的异议。对于解除权的行使，对方有异议的，可以请求人民法院或者仲裁机构确认解除的效力。人民法院或者仲裁机构认为单方解除有效的，所作出的判决应是确认判决或者裁定。《九民会议纪要》第46条规定："审判实践中，部分人民法院对合同法司法解释（二）第24条的理解存在偏差，认为不论发出解除通知的一方有无解除权，只要另一方未在异议期限内以起诉方式提出异议，就判令解除合同，这不符合合同法关于合同解除权行使的有关规定。对该条的准确理解是，只有享有法定或者约定解除权的当事人才能以通知方式解除合同。不享有解除权的一方向另一方发出解除通知，另一方即便未在异议期限内提起诉讼，也不发生合同解除的效果。人民法院在审理案件时，应当审查发出解除通知的一方是否享有约定或者法定的解除权来决定合同应否解除，不能仅以受通知一方在约定或者法定的异议期限届满内未起诉这一事实就认定合同已经解除。"《民法典合同编通则司法解释》第53条也规定："当事人一方以通知方式解除合同，并以对方未在约定的异议期限或者其他合理期限内提出异议为由主张合同已经解除的，人民法院应当对其是否享有法律规定或者合同约定的解除权进行审查。经审查，享有解除权的，合同自通知到达对方时解除；不享有解除权的，不发生合同解除的效力。"此外，关于合同解除的时间，《民法典》第565条规定，当事人一方依法主张解除合同的，应当通知对方。合同自通知到达对方时解除；通知载明债务人在一定期限内不履行债务则合同自动解除，债务人在该期限内未履行债务的，合同自通知载明的期限届满时解除。对方对解除合同有异议的，任何一方当事人均可以请求人民法院或者仲裁机构确认解除行为的效力。当事人一方未通知对方，直接以提起诉讼或者申请仲裁的方式依法主张解除合同，人民法院或者仲裁机构确认该主张的，合同自起诉状副本或者仲裁申请书副本送达对方时解除。

（五）合规要点

单方解除权是法律赋予守约方的维护自身合法权益的手段。出租方在行使单方解除权时，应当对照法律规定的单方解除合同的行使条件，同时也应注意行使解除权的方式和时限问题，以在诉讼时能得到法院的认可。

21　不定期租赁合同的解除问题

（一）现实难题

由于工程施工的复杂性，建设工程的工期往往无法事先进行精确的预测，作为工程施工作业的辅助性工具，建筑设备的使用时间也往往随工程施工的进展而动态调整，因此，建筑设备租赁合同往往存在对租赁时间未进行约定或约定不明的情况，但即使租赁合同对租期有明确约定，超期使用的情况也普遍存在，在承租人超期使用租赁物时，出租方是否有权单方解除合同？若有，合同的解除需履行何种程序？

（二）裁判观点

根据《民法典》的相关规定，租赁合同双方当事人对租赁期限明确约定，承租人超期使用租赁物而出租方未提出异议的，视为不定期租赁。对于持续性不定期合同，任何一方均有权单方解除合同，但需要在合理的时间内通知对方。

（三）多发代表性案例

（2022）苏04民终1167号案件概况如下：2019年6月25日，以常州擎天柱公司为出租方（甲方），湖南品诺公司为承租方（乙方），筑友浙江分公司（丙方），签订了租赁合同，合同约定，乙方因世茂云珑湾项目向甲方租赁钢管、扣件，租赁期从2019年6月25日至2020年6月30日，租金为钢管0.015元/（天·米），扣件0.009元/（天·只）（以上价格不含税，租用钢管每吨应搭配200只扣件），租赁合同还对租赁物的验收、租赁物的使用地点、租金的计算及支付、违约责任等事项作出约定。

合同签订后，常州擎天柱公司于2019年6月16日起陆续向湖南品诺公司交付十字扣件、接头、转向等租赁物。

2019年6月16日，湖南品诺公司按约给付常州擎天柱公司租金28 000元，6月28日给付租金70 000元。

2020年6月，因世茂云珑湾项目更换总包方，筑友浙江分公司、湖南品诺公司从项目退场。2020年6月19日，湖州市南浔区区委政法委员会等单位派员与湖南品诺公司、筑友浙江分公司、筑友公司形成关于筑友与湖南品诺结算退场谈判事宜的会议纪要。2020年7月23日，湖州市南浔区区委政法委员会等单位派员与湖南品诺公司、筑友浙江分公司、筑友公司形成关于湖南品诺钢管租赁谈判事宜的会议纪要。常州擎天柱公司未参加该两次会议，会后湖南品诺公司向常州擎天柱公司告知会议情况并向其发送会议纪要。2020年8月31日，湖南品诺公司退还常州擎天柱公司钢管9205.8米、十字扣件3393只，但十字扣件上的678套螺丝并未一同退还，常州擎天柱公司将该情况在回单上加以注明。2020年10月29日，由湖州市练市镇行政事业财务核算管理办公室代湖南品诺公司给付常州擎天柱公司租金15万元；但常州擎天柱公司主张湖南品诺公司仍未退还剩余的36 747.3米钢管、39 163只十字扣件、15 330只转接扣件及扣件上的螺丝，亦未支付租金及合同约定的相关费用，故常州擎天柱公司向法院提起诉讼。

一审常州市武进区人民法院判决认为，本案中，合同约定的租赁期间届满后，湖南品诺公司未将租赁物退还常州擎天柱公司而继续使用，常州擎天柱公司未提出异议，原租赁合同继续有效，但租赁期限为不定期，故常州擎天柱公司可以随时解除租赁合同关系。常州擎天柱公司于2021年2月23日诉至该院，要求湖南品诺公司全部退还租赁物，并就合同约定的解除条件提出主张，应当视作常州擎天柱公司针对不定期租赁合同行使解除权。据此，该院确认，常州擎天柱公司与湖南品诺公司、筑友浙江分公司之间所形成的租赁合同关系于2021年2月23日解除。

二审常州市中级人民法院判决认为：租赁期间届满后，常州擎天柱公司与湖南品诺公司之间形成不定期的租赁合同关系，则常州擎天柱公司有权随时要求解除合同。现因常州擎天柱公司行使解除权，双方之间的租赁合同依法解除，则湖南品诺公司应返还租赁物并支付结欠的租金。

与此相似，新疆维吾尔自治区乌鲁木齐市中级人民法院（2023）新01

民终558号判决书认为，《合同法》第94条规定："有下列情形之一的，当事人可以解除合同……（五）法律规定的其他情形。"第96条规定，当事人一方依照本法第93条第2款、第94条的规定主张解除合同的，应当通知对方。合同自通知到达对方时解除。对方有异议的，可以请求人民法院或者仲裁机构确认解除合同的效力。法律、行政法规规定解除合同应当办理批准、登记等手续的，依照其规定。《合同法》第232条规定："当事人对租赁期限没有约定或者约定不明确，依照本法第六十一条的规定仍不能确定的，视为不定期租赁。当事人可以随时解除合同，但出租人解除合同应当在合理期限之前通知承租人。"《合同法》第236条规定："租赁期间届满，承租人继续使用租赁物，出租人没有提出异议的，原租赁合同继续有效，但租赁期限为不定期。"本案中，案涉《租赁合同》订立于2016年6月27日，约定租赁期限为1年，至2017年6月27日租赁期限届满。建化实业公司在《租赁合同》约定租赁期限届满后继续租用租赁物，鑫盛租赁公司未提出异议，则案涉《租赁合同》继续有效，但租赁期限为不定期，双方均可以随时解除。鑫盛租赁公司于2018年10月15日向一审法院提出解除案涉《租赁合同》的诉讼请求，建化实业公司于2018年10月27日收到诉讼材料，据此一审判决认定案涉《租赁合同》于2018年10月27日解除，有事实和法律依据，应予维持。鑫盛租赁公司上诉认为一审法院处理案件管辖，未对案件实体进行审理，因此不能认定案涉《租赁合同》已经解除的主张，没有法律依据，法院不予采信。

（四）理论解析——不定期租赁合同的解除问题

以上案例均涉及不定期租赁合同的解除问题，根据租赁期限的不同，可以将租赁合同区分为定期合同和不定期合同。从比较法上看，虽然有的法域不承认不定期租赁，但大多数法域将租赁期限视为合同当事人意思自治的范围，允许当事人自由进行约定。定期合同是合同对租赁期限进行明确约定的合同，或者虽然合同没有明确进行约定，但根据合同的相关条款或交易习惯来确定租赁合同的时间节点的，也可以认为是定期合同。对于不定期限的合同，根据《民法典》的规定，分为三类情况：一是单纯的不定期合同，即对合同期限没有约定的合同；二是视为不定期的合同，即约定期限不明确的合同；三是转化为不定期的合同，即定期合同期限默示更新转化的不定期合同。本问题两则案例均涉及持续性不定期合同到期后的默示更新规则的适用。对于持续性不定期合同的默示更新，《民法典》第734条规定："租赁期限届满，承租人继续使用租赁物，出租人没有提出异议的，原租赁合同继续有效，但是租赁期限为不定期……"

1. 持续性不定期合同的默示更新

《合同法》第236条规定的定期租赁合同在租赁期届满后转化为不定期的期限默示更新规则是正确的。《民法典》除了在第734条第1款继续坚持这一规则外，还在第948条关于物业服务合同、第976条第2款和第3款关于合伙合同的规定中也采用了定期合同期限默示更新规则，扩大了期限默示更新规则的适用范围。① 在比较法上，许多大陆法系的民法制度中均有类似的规定，采用租赁合同期限的默示更新规则。《德国民法典》第545条规定："使用承租人于使用租赁期届满后继续为租赁物之使用时，除一方当事人于两星期内向他方为反对之表示外，使用租赁关系延长为不定期限之使用租赁。"《瑞士债务法》第266条规定："契约当事人明示或者默示约定其租赁期限者，租赁关系因期限届满而终止，无须通知。""契约当事人默示继续其租赁关系者，视为不定期限的租赁关系。"《日本民法典》第619条第1款规定："租赁期限届满后，承租人对租赁物继续使用或收益，而出租人明知这一情况却未提出异议的，推定其为以相同租赁条件继续租赁。"《韩国民法典》第639条第1款规定："租赁期间届满后，承租人继续使用、收益承租物的，出租人在适当时间内未提出异议，视为以与原租赁相同的条件重新租赁。"

在建筑设备租赁合同中，若当事人双方对租赁期限有明确约定，但在合

① 参见杨立新、曾祥生：《定期合同期限默示更新规则的通用性与类推适用》，载《法律适用》2023年第2期。

同期限届满后，租赁双方没有重新协商，而是承租人继续使用租赁物，出租人也继续收取租金，则双方的行为表明已经对租赁合同的期限作了更新。这个规则完全符合当事人的意思和租赁合同的实际情况，且可给双方当事人带来便捷和利益，法律对此应加以肯定和确认，这便是定期租赁合同在租赁期届满后转化为不定期租赁合同的期限默示更新规则确立的理由。

根据法律的规定，定期租赁合同在租赁期届满后转化为不定期租赁合同的期限默示更新规则构成要件为：（1）定期合同的期限届满，这是定期合同期限默示更新为不定期的首要转化要件。（2）定期合同出现前述要件，即履行期限届满后，债务人继续履行合同，这是定期合同期限默示更新的第二个转化要件。（3）债权人对债务人继续履行合同行为没有提出异议。债权人对债务人继续履行合同不提异议，可以表现为两种形式：一是不持反对意见，也不持肯定意见，但确实没有提出异议。二是以实际行动默认债务人的履行合同行为，如承租人不仅继续使用租赁物还支付租金，出租方也接受承租人支付的租金。

2. 不定期租赁合同的任意解除权

对于不定期租赁合同的任意解除，《民法典》第 563 条在《合同法》第 94 条法定解除的基础上增加了第 2 款，规定了“以持续履行的债务为内容的不定期合同，当事人可以随时解除合同，但是应当在合理期限之前通知对方”。《民法典》第 563 条第 2 款规定了以持续履行债务为内容的不定期合同当事人的随时解除权或者任意解除权，该规则原来散见于不定期租赁合同等特定合同类型中，这次参考其他国家或地区的规定，将其作为总则性规则予以规定。当然，在一些特定合同类型当中，《民法典》也做了特别规定，如《民法典》第 730 条的“不定期租赁”、第 948 条的“不定期物业服务”、第 976 条的“不定期合伙”以及第 1022 条的“肖像许可使用合同”，都具有随时解除的特别规定。[1] 除上述法律条款外，《民法典》还保留了《合同法》相

① 参见周江洪：《民法典合同编的制度变迁》，载《地方立法研究》2020 年第 5 期。

关规范中的此类任意解除权的条款，包括第675条（借款）、第899条第2款（保管）、第914条（仓储合同）等。特别是在租赁合同领域，《民法典》还特别将除定期合同默示更新之外的其他两类视为不定期合同，一是《民法典》第707条规定："租赁期限六个月以上的，应当采用书面形式。当事人未采用书面形式，无法确定租赁期限的，视为不定期租赁。"二是《民法典》第730条规定："当事人对租赁期限没有约定或者约定不明确，依据本法第五百一十条的规定仍不能确定的，视为不定期租赁……"

设置持续性不定期合同的随时解除或任意解除的制度目的是，在以持续履行债务为内容的不定期合同中，避免当事人无限期地受到合同约束；任何人都不能根据合同被另一个人永久地拘束，防止合同内容溢出个人自主决定的范围，从而保持其经济上的独立和自由。这种制度也是强制性规范，当事人完全放弃此种任意解除权的约定无效。但是，当事人可以约定行使此种任意解除权的方法，如约定提前通知的时间。

3. 合理期限提前通知

对以持续履行的债务为内容的不定期合同，当事人可以随时解除合同。合同的解除权被赋予双方，并非一方。解除合同的，应当在合理的期限内通知对方，这是为了给予对方必要的准备时间。需予以关注的是，关于合同解除"合理期限"如何界定，《民法典》和有关司法解释均未作出具体规定，只是《民法典》第948条第2款规定了物业服务合同期限默示更新后行使任意解除权的合理期限是60日，即应当提前60日书面通知对方。合理期限如何确定，这是实务中的难题，各种类型的合同，情况差异较大，法律无法作出整齐划一的规定。一般而言，合理时间的确定可以考虑当事人之间的合作时间和合同关系已经持续时间的长短，另一方当事人为履行合同所付出的努力和投资、寻找新的合同相对人可能需要的时间、双方履行之间的时间间隔等。① 特别是在建筑施工领域，如周转材料尚搭建在未完工的工程上，法院

---

① 参见王利明主编：《中国民法典释评》，中国人民大学出版社2020年版，第492页。

此时会考虑合同解除返还租赁物对建筑施工的影响，从而确定提前通知的时间。因此，对于不定期限租赁合同的任意终止提前通知的时间，还应当根据个案的情况，以诚实信用原则进行确定，对此发生争议的，由法院根据实际情况判断是否“合理”。

当事人行使随时解除权但未在合理期限之前通知对方的，不影响合同解除的效力，但要赔偿因未在合理期限前通知对方从而给对方造成的损失，①或者认为解除通知延至合理期限之后才发生效力。

需要特别注意的是，不定期合同默示更新规则的理解与正确适用，并非纯具法理的意义，而是对实践有重要影响。其与定期合同的区别在于：一是有别于定期合同的明确期限，可以确定双方当事人的义务履行届至时点，特别是租赁物的返还时间，但不定期合同默示更新后，在租赁合同未经解除时，承租人占有租赁物系有权占有，出租人不能在未解除合同的情况下请求法院判决返还租赁物。二是合同终止方式不一样，定期合同期限届满时即终止，而不定期合同默示更新没有自然终止的期限，理论上讲可以是无限期。合同终止，需要由一方当事人提出解除合同的意思表示。三是诉讼时效，定期合同的诉讼时效应当从合同终止之日起算；而不定期合同的诉讼时效应当从合同解除即权利义务终止之日起算。

4. 合同约定任意解除权条款的效力

特别是在房屋租赁合同中，当双方合同约定，出租人或承租人提前通知对方，并支付违约金或赔偿金后，便可解除合同，该条款即为合同约定的任意解除权条款。此类不需要以对方违约为理由而主张解约的任意解除权条款的效力问题在实践中存有争议，裁判也有两种截然对立的观点：一种观点认为，合同约定的任意解除权条款无效。理由为，合同必须严守，除委托合同等基于人身信赖关系订立的合同，当事人可以约定任意解除权外，在其他类

① 河南省高级人民法院（2010）豫法民一终字第135号民事判决书认为：耿某光与新星商场系不定期租赁关系，新星商场虽有解除权，但其未给耿某光预留合理的搬出时间，由此给耿某光造成的经营利润损失应予赔偿，原审判决新星商场赔偿耿某光2个月的经营利润损失亦无不当。

型的合同中，原则上不应允许当事人作出此类约定，若允许约定任意解除权，则既容易造成社会资源的浪费，也不符合当事人缔约的真实目的。解除权若可随意约定，势必会对合同制度造成重大的冲击。另一种观点认为，若合同在约定任意解除权条款的同时，充分考虑了相对方的利益，提前通知可便于对方预先合理地安排，支付违约金或赔偿可弥补对方损失，则无否定其效力的必要。当然，基于法律限制任意解除权约定的旨趣，应将合理期限通知和支付违约金或赔偿作为解除的前提条件。[①] 笔者认为，对于合同约定任意解除权条款的效力，应当具体问题具体分析，从以下几个角度进行辨析：一是从合同主体看，如果合同双方当事人都属于商事主体，或者双方当事人都是普通民事主体，不存在法律对某一方当事人进行特别保护的问题，此时以双方当事人平等协商、自主决定为基础，合同中约定的任意解除权条款是当事人双方对交易风险作出的安排，影响的仅是当事人双方的私人利益，不影响公共利益，约定任意解除权条款当属有效。二是从合同权利的行使主体和行使程序看，若解除权行使对双方均平等赋权并履行合理提前通知义务，则为程序公平，当属有效。三是解除权行使并支付违约金或赔偿的，则为结果正义，当属有效。但若合同的主体处于不平等地位，或者合同解除的权利只赋予一方，或者解除的通知无法使另一方作出安排和不支付赔偿金，则应当谨慎认定该条款的效力。

（五）合规要点

固定期限的租赁合同超期使用后，出租人若未提出异议且继续接受租金或催讨租金，该合同从性质上转化为不定期的租赁合同，承租人占有和使用租赁物系有权占有。因此，若出租人需要终止租赁关系，仍需通过行使不定期租赁合同的随时解除权；在合同未经解除的情况下要求出租人返还租赁物，将可能无法得到法院支持。这个问题需引起关注和重视。

---

① 参见戴某诉杜某某房屋租赁合同纠纷案，杭州中级人民法院（2021）浙01民终7149号民事判决书。

22　丢失租赁物赔偿前的租金计算问题

（一）现实难题

在建筑设备租赁合同纠纷处理时，租赁合同或结算协议既约定丢失租赁物赔偿的价格，又约定出租人有权要求承租人继续计算租金至租赁物丢失赔偿款支付之日。在租赁物丢失而承租人未支付赔偿款之前，对于出租人向承租人主张丢失租赁物继续计算租金的请求，法院如何认定和处理？

（二）裁判观点

租赁物出现丢失的情况，承租人应依约向出租方支付相应赔偿金，在承租方未支付赔偿款前，对于合同或结算协议关于丢失租赁物继续计算租金的约定，不违反法律和法规的强制性规定，不违背公序良俗，该约定合法有效，应予以支持。

（三）多发代表性案例

（2019）黔01民终2024号概况如下：2013年4月17日，李某某作为承租方（乙方）经办人与贵阳乌当某建筑设备租赁站（甲方）就租赁建筑材料签订了一份《架料租赁合同》，该合同约定，甲方将建筑材料出租给乙方使用，建材日租金单价分别为钢管2.6元/吨，扣件0.008元/套，可调顶托0.08元/支，同时约定赔偿价格分别为钢管18元/米（260米/吨），扣件6.5元/套，顶托40元/支，此外合同对租赁物资的租赁期限、物资的装卸运输及费用、结算方式、违约责任等具体权利义务进行了详细约定。其中合同第7条约定，“乙方在退还物资时，必须委派其经办人员在场，应按所租赁物资的规格、数量、质量退还，并办理退租手续，因丢失损坏而无法退清所租物资，应按合同的赔偿价格支付赔偿款，所差物资在赔偿款没付清前，应继续计租，至材料退清或赔偿付清为止停租”。在合同全文之后乙方签章处下方的空白部分，加盖有一枚内容为“贵州省凯里经济开发区经纬国际汽车城项目建设指挥部”的印章，在该印章上还手写了“经纬国际汽车城A－H栋”字样。

庭审中，原告贵阳乌当某建筑设备租赁站与被告李某某均表示，在上述合同签订之前，双方已经发生了租赁业务往来，原告自2013年1月8日起即开始向承租方发送建材，上述合同是发送了一段时间后签的，但合同早已开始履行。对于所发送及已归还的建材，原告共提供发货凭证111张及收货凭证53张用以证实其收、发货数量，上述凭证均由李某某或合同指定经办人欧某某签名，被告李某某对此均予以认可。庭审后，原告与被告李某某于2016年5月13日再次进行了结算，双方确认，2013年1月至2016年5月30日，共计产生租金2 694 820元，扣除李某某已支付的40万元，尚欠租金2 294 820元，同时尚余钢管111.154吨、扣件63 701套、顶托1963支未归还。此部分未归还建材根据双方合同约定赔偿价格计算价值1 012 777.22元。原告认为被告欠付租金，多次催要未果，遂以前述事实及理由诉至一审法院。

一审判决认为，对于原告要求被告支付的欠付租金及剩余建材数量，因双方在庭审后进行了结算，一审法院按双方结算确认的金额及数量予以支持，即截至2016年5月30日欠付租金及费用2 294 820元，所欠建材钢管111.154吨、扣件63 701套、顶托1963支。对于未退还的建材，根据双方合同约定的赔偿标准计算为1 012 777.22元，此项诉请，按此金额予以支持；此部分未归还建材根据双方合同约定在未退还完毕或赔偿款未付清之前仍继续计租，故对于原告主张被告继续按合同约定标准计算支付双方结算之后即2016年6月1日起至建材全部还清或赔偿款付清之日的租金之诉请，亦予以支持。

后该案件双方当事人将争议事项上诉于贵州省贵阳市中级人民法院，案号为（2019）黔01民终2024号，贵阳市中级人民法院对一审的判决予以维持。

与上案持相似观点，重庆市第一中级人民法院在（2019）渝01民终10117号民事判决中认为："徐龚公司与佳缘租赁站于2017年3月10日签订的《璧山区石院佳缘建筑材料租赁站租赁合同》是双方当事人的真实意思表示，不违反法律、行政法规的禁止性规定，合法有效，双方应当按照合同约定履行合同义务。关于徐龚公司未退还的物资在双方结算后是否应继续计算租金的问题，根据租赁合同第十六条‘租赁物丢失、损坏，不能修复的赔偿，以货款付给甲方之日停止租金’之约定，只有在承租人实际支付了未退物资的赔偿款后才不计算租金，而本案双方虽进行了结算，但徐龚公司并未实际支付赔偿款，故一审法院将未退还租赁物资的租金计算至判决生效之日符合合同约定。徐龚公司认为上述条款系佳缘租赁站提供的格式霸王条款，但根据租赁合同的性质，出租人是以提供租赁物收取租金获取利益的合同，承租人未退还租赁物资又不实际支付赔偿款，必然造成出租人的利益损失，双方在合同中对此加以约定，并非格式霸王条款，应当按照约定履行。”

（四）租赁物丢失赔偿前继续计租的理论解析

本问题涉及建筑设备租赁合同履行中建筑设备丢失后是否可以按约继续计算租金的争议。实务中，特别是钢管、扣件等小型周转材料的租赁，在承租人使用后出现丢失或毁损的情况较为常见。租赁合同或结算协议也往往特别约定，对于丢失或毁损建筑设备应当进行赔偿，同时约定了承租人赔付前，租赁物视为在租，承租人应支付租金。出租人与承租人对于租赁合同发生纠纷起诉主张适用继续计租条款时，该种约定背后的法律性质以及发生的效果问题常引发争议，对此有进行分析探讨之必要。

1. 关于租赁物丢失赔偿前继续计租的裁判观点

经搜索判例，我们可以总结出司法实务中对该问题的认定和处理，具体可以分为以下三种观点。

第一种观点认为，出现租赁物损坏、缺少等情况，承租方应依约向出租方支付相应租赁费和赔偿金；承租方未履行支付丢失租赁物赔偿金的，视为其对该部分租赁物实际占有，其应给付该部分租赁物产生的租金。湖南省高级人民法院（2015）湘高法民再二终字第 155 号民事判决书认为：关于既判决赔偿延期归还租赁物的经济损失，又判决赔偿租赁物的器材损失，是否系重复计算的问题，原审判决第四项内容为“被告某集团公司按照 790.22 元/天的标准一次性赔偿原告聊某某自2013年11月16日起至本判决生效之日止的延期归还建筑器材的经济损失”，从该判决的“本院认为部分”看，其判决的从2013年11月16日至判决生效之日止的每天790.22元的延期归还器材的经济损失，系指在器材归还之前或赔偿款支付之前的时间仍应计算为器材的租赁期间，该部分租金仍应支付。根据合同约定和建筑器材租赁行业规矩以及常理，偿还之前的期限应计算租金。至于判决赔偿租赁物器材损失，是指某集团公司没有按时归还器材，视为器材已经丢失，因此应赔偿器材本身灭失后的损失，与租金是两个不同的概念。多数判决对于继续计算租金的法律性质未进行精确定性，但该判决的基本逻辑在于丢失物赔偿款支付前继续计算租金的约定不违反法律的强制性规定，不违背公序良俗，合法有效，有效合同条款应当作为法院的裁判规范。

第二种观点认为，该条款约定无效，在租赁物丢失后继续计算租金的基础不存在，此时，承租人的责任应当转化为逾期支付赔偿款责任。杭州市中级人民法院审理的（2020）浙01民终6275号案①中，东阳某租赁站主张灭失部分租赁物的租金应支付至租赁物归还日或赔偿日。对此，杭州市中级人民法院认为，案涉《定尺钢管及机械设备租赁》虽然约定承租方对不能归还的钢管及扣件等租赁物应继续支付租金，但该合同同时约定钢管、扣件损失、损坏应按照当时的市场价进行赔偿，结合租赁实际，在租赁物发生实际灭失的情形下，租金产生的基础已经丧失，故由承租人继续支付租金显然不妥，应转为承担赔偿责任。据此，一审法院确定租金支付至租赁物灭失之日，并根据东阳某租赁站在本案中提出的诉讼请求判令中建某局就不能返还部分租赁物承担赔偿责任，并无不当，杭州市中级人民法院予以支持。鉴于东阳某租赁站系于本案诉讼中知晓案涉租赁物灭失的具体时点，故其如果认为中建某局应自租赁物灭失之日起支付赔偿款，则可就相应期间内的逾期付款责任另行主张。辽宁省沈阳市中级人民法院（2022）辽01民终16917号民事判决

① 该案由笔者代理。

持此观点。①

第三种观点认为，租赁物无法正常返还的，承租方应向出租方支付相应的赔偿金，双方就此进行约定后，应支付结算日至实际给付之日期间该部分租赁物的租赁费，该条款应视为对赔付赔偿金的违约责任条款的约定。北京市第三中级人民法院（2016）京03民终7233号判决书认为：本案中，豫海河公司上诉认为因结算协议系有效合同，在已丢失租赁物赔偿款未能赔付的情况下，视为鞍山公司和北京分公司对该部分租赁物实际占有，故应承担约定的给付租费的义务。法院认为，双方结算协议第2条既约定了至结算之日已丢失租赁物的赔偿款，又约定了自结算之日第二日起至赔偿款实际给付之日已丢失租赁物产生的日租费，该条款属双方真实意思表示，且不违反法律规定，应属有效。一审法院认定豫海河公司主张已丢失租赁物赔偿款按日产生的租费缺乏法律和事实依据，系认定错误，北京市第三中级人民法院予以纠正。但从该条款内容来看，结合豫海河公司的陈述，已丢失租赁物自结算之日第二日起至赔偿款实际给付之日产生的日租费，应视为系双方对不能及时赔付已丢失租赁物赔偿款而产生的违约责任的约定。在豫海河公司不能提供充分证据证明其损失的情况下，结算协议中约定的违约金标准明显过高，鞍山公司提出违约金过高，申请法院予以调整，具体标准北京市第三中级人民法院依法酌定。同理，在豫海河公司不能证明相应损失的情况下，将租赁

① （2022）辽01民终16917号民事判决书指出：关于鞍山市铁东区某钢模板租赁站主张应计算租金至租赁物资损失赔偿付清之日的请求。法院认为，2021年11月11日，结算负责人应某某以中天建设集团有限公司名义与鞍山市铁东区某钢模板租赁站签订《租赁物资及租赁费欠款认证单》，载明截至2021年11月30日，尚欠租赁费数额以及截至2021年11月30日尚欠的租赁物资项目和数量，并约定于2021年12月5日前全部返还，如不能按照上述日期将租赁物资运送至指定地点，视为租赁物资全部损失，按照约定的价格进行赔偿。上述约定清楚明确，应依据约定内容确定双方的权利义务关系，在中天建设集团有限公司未能在2021年12月5日将租赁物资返还的情况下，应视为租赁物资灭失，应按照约定标准赔偿租赁物损失，鞍山市铁东区某钢模板租赁站主张继续计算租金，无事实和法律依据。但因中天建设集团有限公司亦未支付租赁物资赔偿款，应赔偿相应的利息损失，因双方租金计算至2021年11月30日，故应从2021年12月1日计算租赁物资赔偿款的利息，利息标准按照中国人民银行授权全国银行间同业拆借中心公布的市场报价利率（LPR）计付。

费约定为违约金标准明显过高，依鞍山公司申请法院应予调整，但一审法院酌定违约金标准过低，北京市第三中级人民法院一并予以纠正。综上，豫海河公司上诉主张中合理部分北京市第三中级人民法院予以支持。另依据豫海河公司一审诉讼请求第二项及上诉请求第三项，豫海河公司主张的违约金计算的截止时间为租费结清为止，一审法院判决以判决之日为截止日期计算相应费用，应属错误，北京市第三中级人民法院一并予以纠正。笔者经办的（2020）浙0783民初12310号案中，法院也持该观点。①

2. 各种观点的进一步解析

在前述三种观点中，笔者同意第一种观点。租赁合同或结算协议关于租赁物的丢失赔偿款支付前视为在租，承租人应当继续付租金的约定合法有效，法院应当依当事人的约定进行裁判。笔者认为，当事人之间依法成立的合同，具有相当于法律的效力（《法国民法典》第1134条第1项），从某种意义上讲，合同是当事人为自己制定的法律，如无法律依据且无充分的理由，不可轻易介入当事人意思自治的领域，干涉当事人意思自治。

立法上有“拟制”技术，合同的意思表示可借用该概念，属于合同的“拟制”技术。法学上的“拟制”是：有意地将明知为不同者，等同视之。法律拟制的目标通常在于：将针对一构成要件（T1）所做的规定，适用于另一构成要件（T2）。换言之，在法律拟制的场合，尽管立法者明知T2与T1在事实上并不完全相同，但出于某种目的仍然对T2赋予与T1相同的法律效果，从而指示法律适用者将T2视为T1的一个事例，对T2适用T1的法律规定。“视为表示立法者虽然明知由法律上重要之点（构成要件上所指称的特

① 浙江省东阳市中级人民法院（2020）浙0783民初12310号判决书认为：“被告应当向原告支付的租金应如何计算？根据租赁合同约定及租费单，租赁物的日租金是固定不变的，因此确定租金金额的关键是确定租赁期限。原告在庭审中要求解除租赁合同，被告抗辩租赁合同应于双方达成结算时也就是2017年6月13日就已经解除。本院认为，原、被告结算后，对尚欠租金和钢管、扣件赔偿款进行了确认，此时双方租赁关系结束，双方对支付未还材料租金至有效归还或付清赔款止的约定，实为赔偿款不能及时支付造成的损失和违约金，被告提出约定过高的理由成立，根据当前的利率市场，本院酌定以年利率15.4%计算。被告应付原告的租金为192 768.12元，减去被告已支付的租金123 170元，剩余未付租金为69 598.12元。”

征论)，其拟处理的案件与其所拟引用之法条本来处理的案件所涉法律事实并不相同。但仍将二者通过拟制赋予同一的法律效力。申言之，通过拟制将不同的案件当成相同，然后据之作相同的处理，并非由于立法者的错误而然。拟制之操作所涉及之逻辑层次为三段论中的小前提。”① 拟制在我国立法实践中也有大量使用，实体法方面，《建设工程司法解释（一）》第 21 条规定，当事人约定，发包人收到竣工结算文件后，在约定期限内不予答复，视为认可竣工结算文件的，按照约定处理。承包人请求按照竣工结算文件结算工程价款的，人民法院应予支持。程序法方面，《民事诉讼法》第 95 条第 1 款规定，受送达人下落不明，或者用本节规定的其他方式无法送达的，公告送达。自发出公告之日起，经过 30 日，即视为送达。拟制是法律人特有的思维模式，是解决法律问题的具体方法，也是一种重要的立法技术。

就建筑设备租赁合同或结算协议约定的承租方在丢失租赁物赔偿款支付前，视为建筑物在租，应当支付租金的条款约定，并非合同双方的意思表示错误，而是双方有意为之，这属于当事人对于不同事实赋予相同法律后果的一种拟制。就日常生活经验而言，租赁双方对于租赁物丢失后不能再计算租金的道理显然知晓，但双方仍合意，承租方在丢失赔偿款支付前继续计付租金，其底层逻辑非常朴素、浅显：建筑设备出租是经营行为，若承租人将租赁物丢失，应当立即赔偿相应的财产损失，出租人将会用赔偿的货币购买租赁设备后再行出租，同样会产生租金。因此，第二种观点认为该条款的约定无效，在租赁物丢失后承租人的责任应当转化为逾期支付赔偿款责任的观点不可取。一方面，这条款不属于格式条款。合同双方不是经营者和消费者的关系，不属于一方利用优势地位在未与对方协商的情况下订立的减轻一方责任、加重另一方义务的有违公平的格式条款，不需要动用司法权对于弱势一方的利益进行保护。通常情况下，出租方还相对处于弱势地位。另一方面，该条款也不属于《民法典》第 506 条规定的

① 黄茂荣：《法学方法和现代民法》，中国政法大学出版社 2001 年版，第 194 页。

无效免责条款。[①] 此外，法院判决支付赔偿款未支付的利息损失，实质上将会使违约方获利。一般而言，建筑设备租赁的租金孳息高于相应货币的利息孳息，承租方不支付租金而承担未支付赔偿款相应价值货币的利息将会使利益的天平向承租方倾斜，使违约方获利。此外，第三种观点将该条款定性为逾期支付赔偿金的违约责任，违背当事人的真意，不符合常情常理。就货币资金的延期支付的责任，任何一个普通人均知道以利率标准计算违约责任，且在租赁合同中通常均约定逾期支付货币资金——租金的违约责任，若当事人的本意是继续计租，而条款的本意是逾期支付赔偿金的责任，则无法解释同一合同文本为什么会使用不同标准，为什么当事人用租赁标准作为逾期支付货币资金的违约责任。显然，第三种观点是用法律人的思维方式代替商人的商业逻辑，事实上扭曲了当事人的本意，是经不起推敲的。

（五）合规要点

在建筑设备租赁合同纠纷实务中，对于丢失租赁物是否继续计算租金问题争议较大，不同的观点对于出租方的权利影响较大。应对此种情况，对于出租方而言，一方面，应在合同和结算协议中，对承租人未能及时给付赔偿的责任作出明确约定；另一方面，在诉讼中，也应对承租人不能及时给付赔偿款继续计租的商业逻辑和法律逻辑进行清晰的表达，以争取有利于出租人的裁判结果。

23　租赁合同约定过高违约金的司法酌减问题

（一）现实难题

在建筑设备租赁实务中，租赁合同中常有违约责任条款的约定，主要涉及承租人逾期支付租金产生的法律后果。不同的租赁合同对于逾期支付租金设定违约金的标准不一，当合同约定的违约金低于或高于贷款市场报价利率

① 《民法典》第506条规定：“合同中下列免责条款无效：（一）造成对方人身损害的；（二）因故意或者重大过失造成对方财产损失的。”

标准时，法院应如何进行调整？

（二）裁判观点

对于当事人在合同中约定的违约金数额，只有在当事人请求调整且合同约定的违约金数额确实低于或者过分高于违约行为给当事人造成的损失时，人民法院才能进行调整。当事人约定的违约金过高请求予以适当减少的，人民法院应当以实际损失为基础，兼顾合同的履行情况、当事人的过错程度和预期利润等综合因素，根据公平原则和诚信原则予以衡量并作出裁决。

（三）多发代表性案例

（2018）浙0104民初8549号案件概况①如下，浙江某股份公司（甲方，出租方）与湖北某建设公司（乙方，承租方）签订《钢支撑附件租赁及技术服务合同》一份，该合同约定：乙方因武汉轨道交通21号线一期工程需要，向甲方租赁钢支撑及附件；乙方每月15日之前以电汇方式付清上个月实际发生租金、维修费等相关费用；逾期支付，甲方每日按拖欠款项的1‰向乙方收取违约金；退租时有影响下次使用的租赁物或租赁物丢失、报废的，乙方需对租赁物进行维修、赔偿；维修及丢失赔偿标准详见本合同附件二；维修及赔偿费用乙方应与当月产生的费用一并支付，逾期则该物资视为在租，乙方仍应按合同约定继续支付租金；乙方指定何某某代表乙方履行签署收料单、发料单、每月对账单的事务，该代表履行前述行为即为乙方的行为；合同还对有关租赁的其他事宜作出约定。

因承租人欠付租金及其他费用，出租方向杭州市江干区人民法院提起诉讼，关于逾期支付违约金的请求为："三、被告支付违约金人民币58 182.23元（按每日千分之一的标准，自2017年11月16日暂计至2018年8月20日，此后至判决确定的履行日止的违约金另计）。"

法院经过审理，对于原告关于违约金的请求判决如下："关于违约金，原告主张按日千分之一计算过高，本院酌情调整至日万分之六。"

① 该案由笔者和林维钢律师代理。

关于违约金调整的案例，（2021）豫01民终1461号[①]案件判决认为：“对于原告主张的违约金[②]，从我国合同法关于违约金的规定看，违约金兼顾惩罚性和补偿性，将其作为一种违约救济措施，能有效起到促进形成社会主义市场经济诚信经营环境、保护债权人利益和鼓励当事人积极从事交易和经济流转的作用。从保护守约方利益和体现公平原则出发，酌情对违约金进行调整。综合考虑被告某建设公司的违约时间、违约程度及本案合同实际履行情况等因素，法院酌定被告某建设公司向原告支付违约金70 000元。”

（四）理论解析——约定违约金的调整

违约金具有双重功能或属性，一方面，违约金具有压力功能，是债权人掌握的促使债务人履行债务的一种压力手段，敦促债务人符合要求地履行其承诺的义务，债务人为避免增加主债务外的额外负担，便会积极努力履行债务；另一方面，违约金具有补偿功能，一旦发生违约，违约金为债权人提供了无须个别举证即可简单地获得损害填补的可能性。其通过在补偿的过程中优待债权人，增加了弥补违约损害的可能性。尤其是对于从抽象层面看属于法定损害赔偿范围，但在事实上很难具体估算并证明的损害项目（比如针对竞业禁止义务约定的违约金），损害举证简化规则意义甚巨。一旦约定了违约金，就意味着预先确定了债务人在违约后的损害填补环节所承担的赔偿责任范围。在商事合同条款中，因违约金具有上述功能或属性，而被当事人广泛采用。但因违约金系主债务之外的其他负担，对当事人的利益影响甚巨，法律在当事人设定违约金逾越实际损害一定幅度时，要加以干涉和调整，实务的合同纠纷中，违约金条款的适用以及违约金司法调整问题，常成为案件争议的焦点，就如本问题两则案例。

1. 违约金的司法调整

对于违约金的定义，韩世远教授认为：“违约金，是当事人约定或法律

---

① 该案由笔者和卢方舟律师代理。

② 原告的诉请为：“被告立即支付原告逾期付款违约金人民币88 436.82元（违约金自2018年4月10日暂计至2019年12月2日，此后应以1 748 442.84为基数，按每日万分之二的标准计算至实际清偿日止）。”

规定的、在一方当事人不履行或者不完全履行合同时向另一方当事人支付的一笔金钱或者其他给付。”[①] 王利明教授认为：“违约金是当事人通过约定而预先确定的、在违约后独立于履行行为之外的给付。”[②] 实证法上，《民法典》第 585 条规定：“当事人可以约定一方违约时应当根据违约情况向对方支付一定数额的违约金，也可以约定因违约产生的损失赔偿额的计算方法。约定的违约金低于造成的损失的，人民法院或者仲裁机构可以根据当事人的请求予以增加；约定的违约金过分高于造成的损失的，人民法院或者仲裁机构可以根据当事人的请求予以适当减少。当事人就迟延履行约定违约金的，违约方支付违约金后，还应当履行债务。”该条款总体继承了《合同法》第 114 条的规定，除了将“当事人可以请求人民法院或仲裁机构”改为“人民法院或仲裁机构可以根据当事人的请求”，别无变化。这一调整旨在使该条的适用条件更为清晰，即说明了只有当事人可以提出调整违约金的主张，人民法院不得在当事人未提出请求的情况下依职权主动调整违约金。

法学理论上，违约金又区分为赔偿性违约金和惩罚性违约金。赔偿性违约金是双方对于一方发生违约后的损失赔偿额的预先约定。由于债权人在债务人违约而请求损害赔偿时，需证明损害及因果关系，此类举证困难重重且易生纠纷，预先约定损失的计算方法，是解决赔偿举证责任问题的良策。当事人可能将既往交易中的营业额或者利润率作为计算基准，也可能将贷款市场报价利率标准的倍数作为标准，还可能对损失计算的时间长度作出约定。通过这些具体约定，当事人可以有效锁定风险，为今后可能发生的纠纷的解决做好预案。赔偿性违约金不属于固有意义上的违约金，而属于损害赔偿额的预定，因此其调整应以实际损失为基础。惩罚性违约金，也称固有意义上的违约金，是指依当事人的约定或依法律法规的规定，对于违约所确定的一种制裁，又称违约罚。债务人违反此种约定，除支付违约金外，其他因债之关系所应负的一切责任均不因之而受影响，债权人除得请求违约金外，还可

① 韩世远：《合同法总论》（第 4 版），法律出版社 2018 年版，第 822 页。
② 王利明：《违约责任论》，中国政法大学出版社 2003 年版，第 613 页。

以请求债务履行或不履行所生之损害赔偿。惩罚性违约金在《合同法》第114条和《民法典》第585条并无明确规定，但基于合同自由原则，当事人可以约定，实务中此种形式在一些违约行为可能造成的损失无法衡量时常被采用，比如用人单位为防止本单位商业秘密的泄露和不正当竞争，利用劳动合同条款或独立的契约形式，采用支付补偿的方式，与掌握本单位重要商业秘密的员工约定，在终止或解除劳动合同后的一定期限内员工不得到有竞争关系的其他单位从事相同职业或自行生产同类产品、经营同类业务的合同；若其违反，需承担支付违约金的责任。司法解释层面，2003年颁布实施的最高人民法院《关于审理商品房买卖合同纠纷案件适用法律若干问题的解释》（法释〔2003〕7号，已失效）第8条规定："具有下列情形之一，导致商品房买卖合同目的不能实现的，无法取得房屋的买受人可以请求解除合同、返还已付购房款及利息、赔偿损失，并可以请求出卖人承担不超过已付购房款一倍的赔偿责任。"关于要求出卖人在违约时承担不超过已付购房款一倍的赔偿责任，便可理解为一种惩罚性的违约金。惩罚性违约金具有担保功能，旨在督促债务人严格按照合同履行，其并非损害赔偿额的预定，而是旨在督促债务人不要给债权人造成难以计算或难以确定的利益损失。对于惩罚性违约金，只有在其担保债务履行的目的与担保手段之间显著不合比例时，才有调整的必要。

对于如何区分"惩罚性违约金"和"赔偿性违约金"，早期观点一度根据违约金与实际违约损害的大小关系来判断违约金的惩罚性与赔偿性。① 但当前主流学说更多是以违约金是否排斥强制履行或损害赔偿等法定责任为区分基础，并行于法定责任的属于惩罚性违约金，反之是赔偿性违约金；具体类型为何取决于当事人约定，约定不明时就推定为赔偿性违约金。②

2. 赔偿性违约金调整的多种形态

在当事人协商确定合同条款的情况下，因当事人谈判地位和对违约责任

① 参见王作堂等：《民法教程》，北京大学出版社1983年版，第235页。
② 参见韩世远：《合同法总论》（第4版），法律出版社2018年版，第823页。

条款的重视程度不同，违约金设定也常有差异。有些合同并未约定违约金，有些合同约定的违约金可能高于或者低于违约可能造成的损失。基于合同自由原则，当事人可以自由设定违约金条款，但合同的自由并非没有边界，合同自由要受合同正义的限制，通过合同正义原则来保障合同的内容符合公平、诚实信用的要求。在合同主体地位实质不平等或者其他非正常情况出现时，法律为防止当事人通过违约金的设定牟取暴利，以社会公权力对合同私权利进行干预，以使当事人的权利义务实现实质公正，这是违约金调整的立法缘由。

对于赔偿性违约金的适用及调整，违约金的调整确定分为以下三种情形：

第一，在租赁合同对于逾期支付租金的违约金标准没有约定的情况下，可以参照最高人民法院《关于审理买卖合同纠纷案件适用法律问题的解释》第 18 条第 4 款规定进行适用："买卖合同没有约定逾期付款违约金或者该违约金的计算方法，出卖人以买受人违约为由主张赔偿逾期付款损失，违约行为发生在 2019 年 8 月 19 日之前的，人民法院可以中国人民银行同期同类人民币贷款基准利率为基础，参照逾期罚息利率标准计算；违约行为发生在 2019 年 8 月 20 日之后的，人民法院可以违约行为发生时中国人民银行授权全国银行间同业拆借中心公布的一年期贷款市场报价利率（LPR）标准为基础，加计 30—50% 计算逾期付款损失。"《民法典》第 646 条规定："法律对其他有偿合同有规定的，依照其规定；没有规定的，参照适用买卖合同的有关规定。"就租赁合同而言，没有约定逾期付款违约金或者该违约金的计算方法的，基于其为有偿合同，可以参照该司法解释进行适用。

第二，若有约定，但约定过分高时（约定每日违约金为 1‰或 3‰），法院一般会进行调整。根据《民法典》第 585 条第 2 款后段的规定，违约金过分高于违约造成的损失，人民法院或仲裁机构可根据当事人请求予以减少；《全国法院贯彻实施民法典工作会议纪要》第 11 条意见明确了违约金调整综合考量和30%的司法酌减规则[①]；“四倍利率”的利息法定限额及加计30% ~50%的法定迟延罚息等多项规则并存的格局，给司法适用带来一定混乱。债务人因迟延还款所应支付的违约金，通常会受到一定的司法控制，但笔者经整理发现，在2015年最高人民法院《关于审理民间借贷案件适用法律若干问题的规定》出台之前，裁判实务中竟至少存在八种不同的计算和控制方案。[②] 租赁合同纠纷实务中，也存在调整违约金幅度标准不一、方式多样的问题。

（1）直接将该违约金的标准调整成同期贷款基准利率。（2018）赣0602民初474号案判决认为：“关于合同约定违约金问题，该合同约定，原、被告双方签订的合同约定钢便桥、钢平台拆除后一个月内付清租金，逾期甲方每日按所拖欠租金及相关费用的按2‰向乙方支付违约金，现原告已主动将违约金计算标准下调至每日千分之一，被告提出违约金过高，本院认为，被告逾期付款给原告造成的损失，应按中国人民银行同期贷款利率计算，故原告主张违约金高于造成的损失，本院予以调整，结合本案情况违约金应按中国人民银行同期贷款利率计算为宜。”

（2）参照最高人民法院《关于审理民间借贷案件适用法律若干问题的规定》的利率保护上限规定，即以不超过合同成立时一年期贷款市场报价利率4倍进行判决。成都市新津区人民法院（2021）川0118民初1646号民事判决认为：“关于第五个焦点问题。根据一审查明的事实，豪地亚公司存在逾期付款的违约行为，应承担相应违约责任，双方合同第七条约定豪地亚公司应于每月的五日前付清上月租金，如逾期五日（含五日）未付清租金，铭鑫公司按未付租金总额每天收取千分之二的违约金……一审法院以铭豪公司实际损失为基础，兼顾豪地亚公司履行合同的情况以及过错程度，结合铭鑫公

① 人民法院应当以《民法典》第584条规定的损失为基础，兼顾合同的履行情况、当事人的过错程度等综合因素，根据公平原则和诚信原则予以衡量，并作出裁判。约定的违约金超过根据《民法典》第584条规定确定的损失的30%的，一般可以认定为《民法典》第585条第2款规定的“过分高于造成的损失”。

② 姚明斌：《违约金论》，中国法制出版社2018年版，第365页。

司预期利益等综合考量，确定违约金计算方法为：以未付款为基数，按照全国间同业拆借中心公布的贷款市场报价利率的 4 倍标准计算……”

（3）将违约金调整成基准利率上浮 30% ~50%。在（2021）新 0104 民初 7450 号民事判决中，一审新疆维吾尔自治区乌鲁木齐市新市区人民法院将当事人约定的逾期违约金从合同约定的一年期贷款利率的 2 倍调整为在一年期利率基础上上浮 30%，该判决得到（2022）新 01 民终 342 号判决的支持。

（4）将违约金调整成固定数字。比如前述（2021）豫 01 民终 1461 号案例。

总体而言，司法实务对于违约金过高情况下的调整呈现“乱花渐欲迷人眼”的态势，给司法实务带来困扰，尤其是当约定标准计算的违约金金额与调整后金额产生巨大差距时，易引发当事人的不满，也动摇人们对法律的信仰。笔者以为，货币属于一般等价物，当事人对于逾期支付货币的违约金设定，是为金钱债务延迟履行损失赔偿的预定，但也兼具惩罚性，其规范构成在利益衡量上应兼顾损害填补和督促履约这两项违约金典型功能，不能顾此失彼。因此，对于法院将过高的违约金调整成贷款市场同业拆借利率或上浮 30% ~50% 的做法，不可取。一是该种违约金标准是司法解释规定的合同没有约定逾期付款违约金或者计算方法时所适用的法定迟延罚息，并非过高违约金的调整标准。二是该种调整剥离了违约金惩罚的功能，将违约金的功能简化为填补损失的工具，债务人的违约成本过低，不利于保护债权人利益和鼓励当事人积极从事交易和经济流转的作用。《欧洲合同法原则》和《欧洲共同参考框架草案》亦认为，约定的条款带有威慑目的时，司法酌减环节应予以尊重和考量，不应不由分说地减至实际损失的程度。笔者认为，相对公平的处理为，对于违约金约定高于一年期贷款市场报价利率四倍的，参照最高人民法院《关于审理民间借贷案件适用法律若干问题的规定》的利率保护上限规定，调整至一年期贷款市场报价利率四倍进行判决；对于约定一至四倍区间的，则不予调整。笔者以为，虽然关于“四倍利率”的规定立足于借款合同领域，但从比较法看，相关规则以金钱债务为适用对象，包括但不限于金钱借贷。因为金钱为一般等价物，欠付租金与欠付借款，本质上均是货币资金的迟延履行给债权人造成的损失，可参照适用。

第三，对于违约金约定标准过分低的情况如何处理，目前观点不一。一种观点认为，赔偿性违约金条款，在预定额低的场合下，实际上就是一种限责条款，不应调整。其理由为，出于各种目的，在合同中约定限制或免除一方的违约责任，在实践中并不少见，这类条款被称为限责条款或免责条款，只要是当事人真实意思表示的结果，且不违反诚实信用、善良风俗等基本原则，通常是有效的；对于其中以格式条款订立的免责条款及限责条款，法律上做特别的规制，但也并非一律无效。这是私法自治的必然要求。而当司法对违约金数额予以增加时，无疑是在以公权力变更私人的意思，是对私法自治的干预，因而应谨慎行事。① 但另一种观点认为，只要违约金低于造成的损失，就应当调整。有学者认为，违约金与实际发生的损害之间可能存在或高或低的差额，实乃其预定性，更具体地说，是人类规划未来事务的有限理性使然。虽然现实中违约金过高的情况更为普遍，但过低的情况同样因预定性而生，完全不予补救似有评价矛盾之嫌。在违约未造成损害时，由于违约金原则上不以损害发生为必要，债权人仍可获得约定的或者酌定的金额；但在违约造成的损害高于约定金额时反而对债权人不予充分保护，利益上衡量上的扞格更为明显——督促履约和补偿损害的违约金，断不应异化为事实上显非合理的责任限制条款。② 判例上，最高人民法院在“北京中关村开发建设股份有限公司、湖南潭衡高速公路开发有限公司建设工程施工合同纠纷案”③ 的判决中持该观点。笔者同意第二种观点，首先，从《民法典》第585条的文义解释角度考虑，该条款字面表述为“约定的违约金低于造成的

① 参见韩世远：《合同法总论》（第4版），法律出版社2018年版，第830页。

② 参见姚明斌：《违约金论》，中国法制出版社2018年版，第356页。

③ 最高人民法院（2019）最高法民终1401号民事判决书认为：“涉案施工合同约定未付款额利率为0.08‰/天……但从实际考量看，合同约定的利率0.08‰/天，折合年利率为2.88%，尚不足同期同类贷款利率6.12%的一半，确实过低，最高人民法院将其调整为按照银行同期贷款年利率6.12%。”

损失的，人民法院或仲裁机构可以根据当事人的请求予以增加”，法律文义清晰明确。其次，从规则的统一性适用角度出发，对于过分高于损失的违约金可以根据当事人的申请予以调低；同理，对于违约金低于损失的，也应调整，这是违约金功能上填补损害的属性决定的，是保持法律逻辑统一的要求。

应当予以明确的是，首先，对于合同约定违约金条款的适用，应当以合同有效作为前提。违约金契约为从契约，其成立以主债务之存在为必要，如主债务不成立、无效或虽一旦成立而经撤销时，违约金契约亦不成立或为无效。其次，对于“因违约造成的损失”，应填补那些无法为法定损害赔偿所涵盖的损害类型，其中可能是非财产损害，也可能是难以证明的实际损失。最后，基于公平交易和减轻诉累的立场，法官在诉讼中应对于违约金是否调整问题进行释明。最高人民法院《关于审理买卖合同纠纷案件适用法律问题的解释》第 21 条规定：“买卖合同当事人一方以对方违约为由主张支付违约金，对方以合同不成立、合同未生效、合同无效或者不构成违约等为由进行免责抗辩而未主张调整过高的违约金的，人民法院应当就法院若不支持免责抗辩，当事人是否需要主张调整违约金进行释明。一审法院认为免责抗辩成立且未予释明，二审法院认为应当判决支付违约金的，可以直接释明并改判。”

（五）合规要点

从租赁合同的交易惯例看，一般采用先使用租赁物后付租金模式。出租方收取租金对价处于相对劣后地位，为督促承租方依约履行租金的支付义务，在租赁合同中设置违约金条款，乃是平衡利益的一种方式，是出租方保护自身的利益的一种有效武器，但对于违约金武器的使用，应当尽量知其性能，发挥应有功效。

第四章

诉讼时效及管辖

概　　述

本章主要介绍建筑设备租赁合同纠纷中涉及的诉讼时效、诉讼管辖和刑民交叉问题。

诉讼时效制度是民法的一项重要制度。它可适用于各类型的债权请求权，我国《民法典》以专章的形式对诉讼时效制度作出规定。诉讼时效制度是个复杂的制度系统，包括诉讼时效的适用范围、诉讼时效届满的法律后果、法院应否主动援引诉讼时效的规定以及诉讼时效的中止、中断、延长等规则。

理论上认为通过诉讼时效的规定可以促使权利人及时行使权利，以期达到“促进财富充分利用”和“节约司法资源”的目的。这是近现代各国法律都规定诉讼时效的根据。尽管法学得到充分发展，但对于诉讼时效的很多问题并未取得统一的意见。例如，对于诉讼时效期间届满的法律效力，大陆法系各主要国家民法的规定往往大相径庭。法国民法中，诉讼时效届满的法律效力是消灭诉权，称为诉权消灭主义；德国法上诉讼时效届满的后果是义务人取得拒绝履行抗辩权，称为抗辩权发生主义；日本现行民法典则规定，诉讼时效届满，实体权利消灭，称为实体权消灭主义。《民法典》颁行以前，我国民法理论长期以来采纳胜诉权消灭说，但我国司法实践逐渐转向抗辩权发生主义。

在我国，随着《民法典》的制定，诉讼时效制度相对于《民法通则》时代有了完善和进步，但仍有许多争议的问题并未解决，理论和实务仍有继续研究和探讨的必要。本章通过两个案件，主要讨论介绍租赁合同作为继续性债权的诉讼时效起算点的问题。

民事诉讼管辖，是指各级人民法院和同级人民法院之间，受理第一审民事案件的分工和权限。它是在人民法院系统内部划分和确定某级或者同级别的某个人民法院对某一民事案件行使审判权的问题。将人民法院主管的民事案件在法院组织系统内部确定其对第一审民事案件的审判权限，才能使人民法院依法主管的民事案件得以落实。管辖可以按照不同标准做多种分类，其中最重要、最常用的是级别管辖和地域管辖。具体案件的诉讼管辖，并不能只根据级别管辖或地域管辖加以判断，而应将相关规则相结合，综合判断。

建筑设备租赁合同纠纷在性质上属于合同纠纷，有别于侵权责任纠纷和其他类型的合同纠纷诉讼管辖，具有一定的特殊性。即使是租赁合同纠纷，由于出租标的物不同，也要依据不同的管辖规则进行处理。本章的诉讼管辖部分通过实务案件来梳理介绍建筑设备租赁合同的诉讼管辖问题。

由于民事不法与刑事犯罪在经济活动中缠绕交织，司法实践中常常呈现出刑事民事法律竞相适用于同一起经济案件的现象，这给法律的准确适用带来挑战。刑民交叉是基于同一事实引发刑事法律适用和民事法律适用相互竞合的情况，若在民事案件审理中存在当事人行为触犯刑事法律的情况，实务中对于程序上是先刑后民还是先民后刑或刑民并立存在争议，同时，由于当事人的行为触犯刑律，对于同一行为对于民事行为法律效力带来何种影响也存在理解和法律适用上的困难。处理刑事案件和民事案件的先后问题，是一线办案人员经常遇到的问题，可以说“先刑后民”是处理这一问题的一项原则。但是，在实践当中，对“先刑后民”却存在不同的认识，甚至存在对该原则片面和错误的认识，导致在审判实践中损害当事人合法权益的情况屡见不鲜。为此，需要明晰建筑设备租赁合同纠纷涉及刑事问题对合同效力和办案程序的影响，本章刑民交叉部分通过实务案例介绍分析建筑设备租赁合同不同刑事罪名对民事合同纠纷的处理原则。

24　租金债权的诉讼时效问题

（一）现实难题

法学理论和司法实务对于建筑设备租赁合同的性质是属于同一债务分期履行还是继续性合同定期给付存在不同观点，由此产生了租金债权作为整体合同权利从最后一期租金开始统一计算诉讼时效和按照租金的支付进度分割为若干期分别计算诉讼时效两类不同的裁判案例，对于租金债权的诉讼时效，司法应如何进行认定和处理?

（二）裁判观点

一般而言，租赁合同的租金是以日累计计算的，租金的数额随着租期的持续而不断增长，因此，租赁合同性质上属于继续性合同的定期给付债务而非同一债务分期履行。租赁合同对租金支付时间进行约定，或者在合同未约定时，法律对于租金支付的时间做了规定，对租金的给付应当以每个个别租金债权到期时间分别适用诉讼时效。

（三）多发代表性案例

（2022）桂06民终1367号案件概况如下，2008年11月1日，刘某签订租借条，载明“今租到万安公司钢管6米5条，3米29条，2米10条，扣字50个”“6米钢管每米每天0.10元，2米到3米每米每天0.05元，扣字每个每天0.05元”。

2009年3月15日，刘某签署《人防B区41某40某楼管架验收》，载明“3月2日到期，超期13天不计，已收工程款10 000元，钢管租金2000元，尚欠15 186元。”

因刘某欠付费用，万安公司向广西壮族自治区防城港市防城区人民法院提起诉讼。

对于诉讼时效问题，一审判决认为：万安公司、刘某成立建筑设备租赁合同关系。双方虽未签订租赁合同，但刘某在租借条上签名，确认租赁万安公司的材料，该租借条未约定租赁期限及租金支付时间，《民法典》第721条规定，“承租人应当按照约定的期限支付租金。对支付租金的期限没有约定或者约定不明确，依据本法第五百一十条的规定仍不能确定，租赁期限不满一年的，应当在租赁期限届满时支付；租赁期限一年以上的，应当在每届满一年时支付，剩余期限不满一年的，应当在租赁期限届满时支付”，故租金应当按每届满一年支付。《民法通则》第136条规定，“下列的诉讼时效期间为一年：（一）身体受到伤害要求赔偿的；（二）出售质量不合格的商品未声明的；（三）延付或者拒付租金的；（四）寄存财物被丢失或者损毁的”。2017年10月1日实施的《民法总则》第188条规定，“向人民法院请求保护民事权利的诉讼时效期间为三年……”《民法典》第188条第1款规定，“向人民法院请求保护民事权利的诉讼时效期间为三年。法律另有规定的，依照其规定”。因本案系租赁合同纠纷，2017年10月1日之前应适用一年诉讼时效的规定，2017年10月1日之后适用三年诉讼时效的规定，从2008年11月1日起算租金，故2019年11月1日前的租金于2021年11月1日超过诉讼时效，万安公司于2022年3月25日向一审法院递交起诉状，故其未超过3年诉讼时效的租金应从2019年11月1日起算。

关于诉讼时效问题，二审判决认为：万安公司与刘某签订的租借条中仅约定了租金计算方式，没有约定租赁期限，双方之间的租赁合同关系为不定期租赁关系，且刘某至今未能提交证据证实已归还租赁物，双方租赁合同一直在履行过程中。又根据《民法典》第721条“承租人应当按照约定的期限支付租金。对支付租金的期限没有约定或者约定不明确，依据本法第五百一十条的规定仍不能确定，租赁期限不满一年的，应当在租赁期限届满时支付；租赁期限一年以上的，应当在每届满一年时支付，剩余期限不满一年的，应当在租赁期限届满时支付”的规定，故本案钢管、扣件的租金应当按每届满一年支付。《民法通则》第136条第3项规定：“下列的诉讼时效期间为一年：……（三）延付或者拒付租金的……”《民法总则》第188条规定，“向人民法院请求保护民事权利的诉讼时效期间为三年……”因本案系建筑设备租赁合同纠纷，2017年10月1日之前应适用一年诉讼时效的规定，2017年10月1日之后适用3年诉讼时效的规定，由于租借条的签订时间为2008年11月1日，2022年3月25日为起诉之日，故2019年3月26日之前的支付时间点的租金已过诉讼时效，又由于2019年11月1日为支付2018年11月1日至2019年10月31日的租金时间点，2021年11月1日至起诉之日的租金法院亦予以支持。因此，二审法院认定刘某应支付给万安公司的租金期间为2018年11月1日至2022年3月25日。一审法院将本案钢管、扣件租金从2019年11月1日暂计至2022年3月15日有误，二审法院予以纠正。

关于租赁合同的诉讼时效，北京市第三中级人民法院（2022）京03民终7442号民事判决书认为：马某某上诉主张诉讼时效应从其与富金锋公司在2016年12月25日对账完毕之日开始起算，故富金锋公司所主张的租赁费已过诉讼时效。就此，北京市第三中级人民法院认为，诉讼时效期间自权利人知道或者应当知道权利受到损害以及义务人之日起计算，根据在案证据材料，无法确定富金锋公司及马某某曾就涉案设备租赁费的付款时间作出明确约定，而对账单亦仅就设备租赁费的数额进行了结算确认而并未确定具体的付款时间，马某某主张从对账单出具之日开始计算诉讼时效缺乏依据，北京市第三中级人民法院未予采纳。

因双方未约定付款期限，富金锋公司可以随时主张权利。根据在案证据材料，富金锋公司在2021年1月25日至2月4日曾与马某某、马某耀协商租赁费的给付问题，马某某与马某耀均曾表示等政华建业把钱给马某某之后就支付给富金锋公司，可见此时马某某同意向富金锋公司支付设备租赁费，此后富金锋公司于2021年12月16日向一审法院提起本案诉讼，并未超出诉讼时效，故马某某所持富金锋公司的诉讼请求已超过诉讼时效的抗辩主张不能成立。

（四）理论解析——建筑设备租赁合同租金的诉讼时效起算

维权是诉讼的目的，原告在进入通过诉讼（包括仲裁）进行维权这一布满荆棘的旅途时，诉讼时效是需要迈过的第一道坎。因为在民商事裁决中，诉讼时效是否届满直接关系到债权人的权益能否得到国家司法强制性保护，是一个权利全有或全无的问题，具有战略意义。以上两起案件均涉及建筑设备租赁合同的诉讼时效制度的适用问题，更具体地说，是租赁合同租金债权诉讼时效起算问题。两则案例裁判者对租赁合同租金的诉讼时效的起算观点不同，这也代表实务中对租金债权诉讼时效起算的两种观点。诉讼时效涉及民法基本理论认识和适用，有必要对此问题时进行深入探讨和研究。

1. 诉讼时效期间的基本理论和制度

我国对于诉讼时效届满的法律后果采用抗辩权发生主义，在我国的法律制度下，所谓诉讼时效，是指权利人在法定期间内不行使权利即导致义务人有权提出拒绝履行抗辩的法律制度。从比较法上，各国的立法例各不相同。瑞士、俄罗斯、埃塞俄比亚等国家采取的是诉讼时效的概念；德国、日本、意大利等国家采取的是消灭时效的概念。我国《民法通则》采纳了诉讼时效的概念。《民法典》沿用了《民法通则》的立法，采纳“诉讼时效”的概念。

“法律保护勤勉者，法律不保护眠于其上者”，诉讼时效的功能在于督促权利人尽快行使权利，消除法律利益不确定状态、维护既定财产秩序和相对稳定的社会秩序，便于法院及时裁决纠纷。各国法律基本制度相互借鉴，诉讼时效制度在各国法律中均有相应的规定。我国于 1986 年颁布的《民法通则》第 135 条规定了普通的诉讼时效，即向人民法院请求保护民事权利的诉讼时效期间为 2 年，同时在第 136 条规定了四类为期 1 年的短期诉讼时效类型：身体受到伤害要求赔偿的，出售质量不合格的商品未声明的，延付或者拒付租金的，寄存财物被丢失或者损毁的。其中，涉及租赁合同纠纷的案件，适用 1 年期的诉讼时效。《民法通则》制定的这一短期诉讼时效制度在实践中的主要弊病在于，这一诉讼时效期间因过短而不利于保护权利人。批评意见认为，仅仅因为 1 年短期时效期间的经过，债务人即可拒绝履行债务，这与社会的一般道德观念有所抵触，客观上滋生了投机分子、赖账行为。因此，我国《民法总则》没有沿用《民法通则》的规定，而接受学界多数意见，关于租金请求权的诉讼时效，2017年《民法总则》删除了1986年《民法通则》第136条关于"延付或者拒付租金的"等情形适用1年的短期时效的规定，将时效统一调整为3年。最高人民法院随后发布的关于诉讼时效的司法解释采取了新法废除旧法的司法立场。《关于适用〈中华人民共和国民法总则〉诉讼时效制度若干问题的解释》（已失效）第1条规定，《民法总则》施行后诉讼时效期间开始计算的，应当适用《民法总则》第188条关于3年诉讼时效的规定。当事人主张适用《民法通则》关于2年或者1年诉讼时效期间规定的，人民法院不予支持。因此，《民法典》[①] 时代，不再有1年短期诉讼时效的制度，出租人的租金支付请求权，也适用3年的诉讼时效。

诉讼时效期间的起算，目前各国主要采用两种标准，一种是客观标准，即从权利受到侵害时或请求权发生之时开始计算。另一种是主观标准，即从受害人知道其权利受侵害的时间开始计算。

2. 诉讼时效的起算点

《民法典》第188条规定："……诉讼时效期间自权利人知道或者应当知道权利受到损害以及义务人之日起计算。法律另有规定的，依照其规定……"根据《民法典》第188条的规定，诉讼时效起算点是权利人知道或者应当知道权利受到损害以及义务人之日。据此，从理论上看，诉讼时效期间的计算标准采纳了权利人知悉的主观标准，而没有采纳请求权的成立或权利可以行使之日的客观标准。"知道"包含两项内容：权利人知道权利受到侵害（产生请求权）、权利人知道或应当知道具体的义务人。权利受到侵害是请求权产生的前提条件，如债务已届清偿期却未履行、所有人对物的占有被剥夺、身体健康受损害。就合同纠纷而言，最高人民法院《关于审理民事案件适用诉讼时效制度若干问题的规定》第4条规定："未约定履行期限的合同，依

---

① 《民法总则》于2017年3月15日由第十二届全国人民代表大会第五次会议通过，自2017年10月1日起施行，其间未曾修改过。包括附则在内，《民法总则》共11章、206条。2020年5月28日第十三届全国人民代表大会第三次会议通过的《民法典》，其总则编位于全文之首，作为第一编，共10章、204条。总则编将《民法总则》除了第十一章附则（共2条）之外的全文收入其中，章节数量、名称与顺序未改动，条文数量、位置、顺序亦未改动，但部分条文具体内容已被修改。

照民法典第五百一十条、第五百一十一条的规定，可以确定履行期限的，诉讼时效期间从履行期限届满之日起计算；不能确定履行期限的，诉讼时效期间从债权人要求债务人履行义务的宽限期届满之日起计算，但债务人在债权人第一次向其主张权利之时明确表示不履行义务的，诉讼时效期间从债务人明确表示不履行义务之日起计算。”该规定说明，有确定履行期的租赁合同，诉讼时效期间自履行期届至时开始起算；未约定履行期限的租赁合同，权利人通过催告给予义务人一定的准备时间，该宽限期届满的，履行期届至，诉讼时效期间开始计算。

3. 租赁合同的诉讼时效起算

租赁合同属于继续性合同，一般而言，租金是分期支付的，由合同对租金支付作出约定，未约定时，《民法典》第721条也做了补充性规定：“……租赁期限不满一年的，应当在租赁期限届满时支付；租赁期限一年以上的，应当在每届满一年时支付，剩余期限不满一年的，应当在租赁期限届满时支付。”对于分期履行的租金债务的诉讼时效的起算点为何时，实务中仍有不少争议。一种观点认为，应从最后一期租金履行期限届满之日起算诉讼时效期间，本问题（2022）京03民终7442号案例持此观点。实务中，最高人民法院在（2011）民提字第304号“秦皇岛华侨大酒店与秦皇岛市海港区工商行政管理局租赁合同纠纷”的民事判决书中也持该观点：如果租赁合同双方当事人约定分期支付租金，那么各期租金的支付具备一定的独立性，但该独立性不足以否认租金债务的整体性。如果诉讼时效从每一期租金债务履行期限届满之日分别计算，将会割裂同一租赁合同的整体性，还将导致债权人频繁地主张权利，动摇双方之间的互信。因此，为充分保护债权人，维护双方之间的互信，存在长期房屋租赁合同关系的双方当事人因租金支付发生纠纷的，诉讼时效应从最后一期租金履行期限届满之日开始计算。此外，最高人民法院在（2014）民申字第2179号民事裁定书中认为：“根据合同约定，在五年租赁期限内，无锡某特钢公司应于每月租赁月度期满后，支付上月租赁费49万元。无锡某特钢公司的租金给付义务虽然系每月支付，但系基于同一租赁合同所产生债务。原审判决根据最高人民法院《关于审理民事案件适用诉讼时效制度若干问题的规定》第5条关于‘当事人约定同一债务分期履行的，诉讼时效期间从最后一期履行期限届满之日起计算’之规定，认定本案中无锡某特钢公司所负的租金义务系同一债务分期履行，适用法律正确，再审法院予以确认。申请人无锡某特钢公司关于河南某机电公司诉讼请求中有部分租金债权已经超过诉讼时效的申请理由不能成立，再审法院不予支持。”但也有观点认为，租金合同分期履行，每期租金均独立计算诉讼时效，应从每一期履行期限届满之日起算诉讼时效。判例中，重庆市巴南区人民法院（2018）渝0113民初13655号判决认为：“关于诉讼时效问题，原告与案外人马某某签订的原始租赁合同关于租金的收取时间‘租金按3个月为一期支付，第一期租金按1个月计算，应于签订本合同之日付清，以后的每期租金均按3个月为一期支付，应于前期租金期满前十日支付’的约定，案涉合同的签订时间为2014年3月31日，即4月份的租金应当在本月付清，以后每期租金按3个月为一期支付，即5、6、7月为一期，8、9、10月为一期，11、12、次年1月为一期。对于继续性租金这种分期履行合同的每一期债务发生争议的，诉讼时效期间自该期债务履行期届满之日的次日起计算。本案租赁合同约定分期履行租金的情况下，实际是将整体的债务分割为若干个相对独立的债务，债务人应当在各自独立的债务的履行期限届满时履行义务，否则构成违约，亦即构成对债权人相对独立的这部分合同权利的侵犯。根据合同约定的租金支付方式，故本案仅有2016年11月的租金主张未超过诉讼时效，其余租金主张均超过诉讼时效。”此外，本问题（2022）桂06民终1367号案例也持该种观点。

笔者同意第二种观点。理论上，根据时间因素是否对给付义务的内容及范围发生影响，可将合同分为一时性合同与继续性合同。① 一时性合同，是指一次给付便能使合同内容实现的合同。买卖、赠与、承揽等合同均属此类。

① 参见王泽鉴：《债法原理》，中国政法大学出版社2001年版，第132页。

此处所表示的一次给付，既可以指纯粹的一次履行完毕，如在买卖房屋合同中，出卖人交付房屋并办理所有权转移登记手续；当然也可以指分期给付，比如在分期付款买房中，将价款分为几部分，定期支付。继续性合同，是指合同内容非一次给付可完结，而是继续地实现的合同。其重点在于，时间方面的因素至关重要，最后总的给付内容要由给付的时间来决定。因此，我们可以说，随着履行时间的推移，在当事人之间不断地产生新的权利义务的内容。雇佣合同、租赁合同、保管合同和借用合同等，都属于继续性合同。一时性合同与继续性合同，诉讼时效起算有明显不同。《民法典》第189条的规定："当事人约定同一债务分期履行的，诉讼时效期间自最后一期履行期限届满之日起计算。"该条强调的"同一债务"，是分期、分批履行债务的概念，其与定期履行的债务不同，定期履行的债务如定期支付租金、工资，其本质上属于多个债务，而分期履行债务本质上属于一个债务，只是在履行方式上分多次履行。[①]《民法典》第189条规范的合同性质为一时性合同，适用于当事人约定同一笔债务分期履行的情形，并不适用于定期给付的继续性合同之债。

对于同一债务分期给付的一时性合同，由于其为同一债务项下的分期履行的情况，与时间发生经过无关，该债务实质上为一个整体，其整体性和关联性大于独立性，故其诉讼时效应从最后一期债务履行完毕之日起开始。租金之债的合同性质为继续性合同，属于定期给付债务，每一期履行的债务具有独立性。定期给付债务，债务的发生与时间经过密切相关，时间的经过会对该债务的实际履行情况产生内容或者性质上的变更，该债务为独立债务，即使该债务约定分期履行，但是各期债务的独立性大于整笔债务的整体性和关联性，其诉讼时效应从每一笔债务履行完毕之日开始起算。崔建远教授认为："另一方面，在一定条件下，如在履行的具体操作上、在违约与否的判断上、在诉讼时效的适用上等，可将该继续性债权区分为若干个债权，每个这样的债权可以取名为'个别债权'，每个'个别债权'具有某种程度的经

---

① 参见李适时主编：《中华人民共和国民法总则释义》，法律出版社2017年版，第595页。

济上和法律上的独立性。于此场合，时间因素在债权的实现上居于重要地位，随着时间的推移，债权人享有的一个个的‘个别债权’就接踵而至清偿期，相应地，债务人负担的一个个的‘个别给付’不断地进入应当实际履行的状态（参见王泽鉴：《民法债编总论》第1册，三民书局1993年版，第109～110页）。债务人每次适当地清偿每个‘个别给付’，债权人的相应的‘个别债权’就得到实现，待债务人适当履行最后一项‘个别给付’之时，债权人的‘整个债权’就完全得到实现，双方债的关系寿终正寝。正因每个‘个别债权’具有某种程度的经济上和法律上的独立性，所以，在诉讼时效的适用上就可以就每个‘个别债权’分别适用诉讼时效。由于如此分别适用时效兼顾了债权人和债务人的利益平衡，所以，应当就每个‘个别债权’分别适用诉讼时效。”①

“时间系重要的法律事实，举凡人的出生、死亡、权利能力、行为能力、公法上或者私法上法律行为效力的发生与消灭，皆与时间发生关系。”② 诉讼时效也是如此，其对债权请求权是否得到法律的强制保障具有重要意义，一旦诉讼时效经过，债务人提出诉讼时效逾期的抗辩，该债权关系就不能得到法院的保护。同时，诉讼时效具有法定性和强制性特点，诉讼时效利益的预先放弃无效，诉讼时效的期间、计算方法以及中断事由均由法律规定，当事人约定也无效。对诉讼时效的各项具体的规定，我们应了然于胸。

（五）合规要点

由于理论上对于租金债权的诉讼时效起算存在争议，从出租方的合规经营角度考虑，在承租方未按照约定期限履行义务后，应当在法定的诉讼时效期限内积极主张权利，并保留主张权利的相应证据，在承租方提出时效逾期的抗辩时，应提供证明诉讼时效中断的事由和证据，以确保债权请求权得到法院的支持。

---

① 崔建远：《继续性债权与诉讼时效》，载《人民法院报》2003年第3期。

② 王泽鉴：《民法总则》，北京大学出版社2009年版，第486页。

25　建筑设备租赁合同的诉讼管辖问题

（一）现实难题

由于诉讼管辖关涉诉讼当事人的程序利益、诉讼成本，以及错综复杂的社会网格下虽难证实也难证伪的种种对当事人“差别性待遇”的担心，在诉讼程序启动后，被告方可能会以种种理由提出管辖异议。受诉法院对于被告方提出的管辖异议需要进行审查，那么，司法审查的程度和深度何在?

（二）裁判观点

管辖权异议案件虽然并未进入案件的实体审理，但案件的管辖问题属于人民法院依职权审查的范围，人民法院对与建立案件管辖连接点相关的事实负有审查的职责。人民法院在审理管辖权异议纠纷时并非仅限于形式审查，而应对与管辖权异议有关的案件事实进行必要的实质审查。该审查以与管辖权有关的事实为限合理确定对管辖权异议的审查范围，但对当事人的实体权利义务不产生影响，也不影响此后对案件的实体审理，不能超越诉讼程序的阶段性质。

（三）多发代表性案例

（2023）京02民辖终123号民事裁定书概况如下，上诉人北京赛格公司因与被上诉人北京泰隆恒公司建筑设备租赁合同纠纷一案，不服北京市丰台区人民法院（2022）京0106民初18628号之一民事裁定，向北京第二中级人民法院提起上诉。

北京赛格公司上诉称，第一，本案案由应为建设工程施工合同纠纷，应当由不动产所在地法院管辖。根据《民事诉讼法司法解释》第28条“农村土地承包经营合同纠纷、房屋租赁合同纠纷、建设工程施工合同纠纷、政策性房屋买卖合同纠纷，按照不动产纠纷确定管辖”和《民事诉讼法》（2021年）第34条“下列案件，由本条规定的人民法院专属管辖：（一）因不动产纠纷提起的诉讼，由不动产所在地人民法院管辖”之规定，本案应当由张家口市怀来县人民法院管辖。第二，本案由怀来县人民法院审理，更有利于案件事实的查清和责任承担，有利于核实双方的权利义务、履约时间、争议焦点等核心问题，同时有助于现场勘查，有利于发包方、承包方承担相应责任。第三，《电动吊篮租赁合同》中的管辖条款应当为无效条款。其一，该条款与《民事诉讼法司法解释》及《民事诉讼法》相冲突，应为无效条款；其二，被上诉人的住所地不明，其注册地、实际经营地与合同中所写明的经营地相互矛盾，无法确定是实际经营地。综上，本案应当根据《民事诉讼法》及《民事诉讼法司法解释》的规定，由工程所在地河北省怀来县人民法院立案管辖。请求撤销一审裁定并将本案移送河北省怀来县人民法院审理。

二审审查认为，管辖权异议案件虽然并未进入案件的实体审理，但案件的管辖问题属于人民法院依职权审查的范围，人民法院对与建立案件管辖连接点相关的事实负有审查的职责。如果与建立管辖连接点相关的事实同时涉及案件实体争议内容，人民法院就需审查案件的初步证据，以确定这些证据是否能证明出一个管辖连接点的事实。

就本案而言，《电动吊篮租赁合同》的法律关系性质是租赁合同还是建设工程合同，直接影响案件管辖权的确定，故在管辖权审理阶段，人民法院应对诉争法律关系进行审查和认定，并在此基础上确定管辖法院。对合同法律关系性质应基于当事人真实意思表示并结合合同的内容、权利义务的设定以及实际履行的过程来综合认定。

租赁合同是出租人将租赁物交付承租人使用、收益，承租人支付租金的合同，内容一般包括租赁物的名称、数量、用途、租赁期限、租金及其支付期限和方式、租赁物维修等条款。建设工程合同是承包人进行工程建设，发包人支付价款的合同，是发包人（建设单位）和承包人（施工人）为完成商定的施工工程，明确相互权利、义务的协议；内容一般包括工程范围、建设工期、中间交工工程的开工和竣工时间、工程质量、工程造价、技术资料交付时间、材料和设备供应责任、拨款和结算、竣工验收、质量保修范围和质量保证期、相互协作等内容。

本案中，北京赛格公司（承租方）与北京泰隆恒公司（出租方）签订的《电动吊篮租赁合同》约定有“甲方根据本工程外墙施工需要向乙方租用型号为 ZLP630 的电动吊篮 90 台（以现场实际发生量为准），本工程的保底租期以 90 天计算”“租金为 38 元/（天·台）计取租费”“租金自吊篮进场安装验收后次日开始计算租费”“吊篮安装验收合格后，按 1000 元/台支付吊篮租金”“甲方必须对所租的吊篮加以爱护，归还时应保证吊篮完好、配件齐全”等内容。另外，北京泰隆恒公司还提交了双方当事人签署的《施工吊篮租赁安全协议书》《电动吊篮启用计费通知单》。

根据以上内容，法院认为，《电动吊篮租赁合同》具有租赁合同的实质要义，其法律关系性质应认定为租赁合同。即使该合同约定的租赁物实际在建设工程中使用，也不能将《电动吊篮租赁合同》认定为建设工程合同。现北京泰隆恒公司以北京赛格公司未依约支付租赁费为理由，以建筑设备租赁合同纠纷为案由提起本案诉讼，要求判令北京赛格公司支付北京泰隆恒公司租赁费等。故此，应认定本案属于因租赁合同纠纷提起的诉讼，进而按照法律有关合同纠纷的规定确定管辖法院。北京赛格公司的第一部分上诉主张不成立，法院不予支持。

《民事诉讼法》第 35 条规定：“合同或者其他财产权益纠纷的当事人可以书面协议选择被告住所地、合同履行地、合同签订地、原告住所地、标的物所在地等与争议有实际联系的地点的人民法院管辖，但不得违反本法对级别管辖和专属管辖的规定。”《电动吊篮租赁合同》第 17 条第 2 款约定：“在履行本合同中如发生争议双方应本着实事求是的原则协商解决，协商不成时，双方均可到出租方公司注册地人民法院提出诉讼。”鉴于北京泰隆恒公司注册地位于北京市丰台区，故双方当事人选择纠纷由与争议有实际联系的地点的人民法院管辖的意思表示明确，符合上述法律关于协议管辖范围的规定，且未违反级别管辖和专属管辖的规定，约定管辖法院明确，应认定为有效。

《民事诉讼法司法解释》第 30 条第 1 款规定：“根据管辖协议，起诉时能够确定管辖法院的，从其约定；不能确定的，依照民事诉讼法的相关规定确定管辖。”因《电动吊篮租赁合同》存在有效的管辖协议，故本案应依据当事人的约定确定管辖，即本案应由北京市丰台区人民法院管辖。

与诉讼管辖异议审查相关，最高人民法院（2016）最高法民辖终72号民事裁定认为：《三方合作协议》中的约定管辖条款是否成立及有效，虽涉及案件的实体问题，但人民法院在审理管辖权异议纠纷中并非仅限于形式审查，而应对与管辖权异议有关的案件事实进行必要的实质审查。以与管辖权有关的事实为限合理确定对管辖权异议的审查范围，对当事人的实体权利义务不产生影响，也不影响此后对案件的实体审理，没有超越诉讼程序的阶段性质。

（四）理论解析——管辖异议审查

从事经营行为，发生纠纷或许是不可避免的一件事。民商事纠纷发生后，当事人可以选择人民调解、诉讼或仲裁进行解决。各种争议解决机制中，调解是政府倡导也是当事人首选的解决纠纷方式。调解有利于有效化解矛盾，降低纠纷解决的费用成本和时间成本，真正实现案结事了、定分止争，更大程度实现法律效果和社会效果的有机统一，被西方国家称为“东方经验”。

相对于诉讼而言，仲裁具有一些优点：快捷性——实行一裁终局制度，裁决一旦作出即发生法律效力；经济性——仲裁可以及时地解决争议，减少当事人在时间和精力上的消耗，从而节省费用；私密性——仲裁一般以不公开的方式进行，这样有利于保守当事人的商业秘密，也有利于维护当事人的商业信誉。但选择仲裁，需有争议双方事先或者事后达成将争议提交仲裁的有效约定，否则，双方只能选择诉讼解决争议。

1. 诉讼管辖

管辖是开启整个诉讼程序的首要条件，我国《民事诉讼法》总则中的“管辖”概念，实际上指的是“一审管辖”或“初审管辖”，即“各级人民法院之间以及同级人民法院之间受理第一审民事案件的分工和权限”。[①] 诉讼管辖是当事人进入诉讼程序后面临的第一道关，但这一关并非“闲庭信步、

① 张卫平：《民事诉讼法》，法律出版社2019年版，第102页。

信马由缰”，而可能“举步维艰、望而却步”。一方面，我国是世界上最大的单一制国家，全国三千多家法院构成“一盘棋”，诉讼管辖以此作为地理空间。同时，中国从上至下四级法院不存在职能（审级）管辖划分，在规范、理论上任何一级法院均可作为民事第一审法院。由此，原告方为了诉讼的便利和希望在错综复杂的社会关系网络下能获得“特殊关照”，经常虚构或制造管辖原因。例如，原告借助诉的客观合并、主观合并适用牵连管辖的规定，增加本无事实或法律理由的诉讼请求，或者虚列被告，以该请求或被告作为管辖根据提起诉讼，达到绕开地域管辖、协议管辖的目的；为了将案件留在当地法院或者相反，故意在起诉时压低或抬高诉讼标的额，再在诉讼中予以增加、变更或撤回诉讼请求，达到规避级别管辖的目的。① 与此相反，被告方也基于种种因素的考量，在原告提起诉讼后，提起管辖异议，以对抗原告的诉讼管辖。另一方面，在制度建设上，就管辖问题，我国两部《民事诉讼法》均在首编专章规定了管辖规则，1992 年最高人民法院《关于适用〈中华人民共和国民事诉讼法〉若干问题的意见》（已失效）与 2015 年《民事诉讼法司法解释》又分别用 37 条与 42 条条文对管辖制度进行了集中规定，占到各自条文数的 11.6% 与 7.6% 。再加上几十件最高人民法院关于管辖作出的其他司法解释、复函、批复、指导案例等，形成了一个效力层次多元、规则庞杂无比的管辖规则体系，大大减损了管辖规则的导引功能与适用效果，也给规则的理解与学习带来了莫大的压力与负担。② 基于上述原因，当事人对于我国诉讼管辖的基本法律进行了解就显得非常必要。

2. 民事管辖的基本分类

按照我国《民事诉讼法》的规定，管辖分为级别管辖和地域管辖。级别管辖是审判管辖中的一种，亦称为“审级管辖”，是指各级审判机构对第一审案件管辖范围的划分，主要根据案件性质、情节轻重和影响范围大小来确

① 参见陈杭平：《论民事诉讼管辖恒定原则》，载《法律科学（西北政法大学学报）》2023 年第 2 期。

② 参见王次宝：《民事诉讼法典化背景下的管辖规则体系》，载《河北法学》2022 年第 8 期。

定。在比较法的视野下，与我国级别管辖相似的是大陆法系的“事物管辖”，二者均主要以诉讼标的额为基准划分一审案件管辖权。我国四级法院上下间不存在审级管辖的划分，根据《民事诉讼法》第 18 ~21 条的规定均可管辖第一审民事案件，故都是级别管辖的适用对象。需说明的是，我国四级法院的审级职能定位正悄然发生变迁。一方面，最高人民法院在 2019 年将所有高级人民法院的管辖标的额提升至 50 亿元，对于绝大部分案件而言，仅基层、中级两级人民法院可审理第一审案件。另一方面，最高人民法院从 2021 年 10 月起在全国试点四级法院的职能定位：基层法院重在查明事实、实质化解纠纷；中级人民法院重在二审有效终审、准确定分止争；高级人民法院重在再审依法纠错、统一裁判尺度；最高人民法院监督指导全国审判工作、确保法律正确统一适用。根据 2021 年 9 月最高人民法院《关于调整中级人民法院管辖第一审民事案件标准的通知》：当事人住所地均在或均不在受理法院所处省级行政辖区的，中级人民法院管辖诉讼标的额 5 亿元以上的第一审民事案件；当事人一方住所地不在受理法院所处省级行政辖区的，中级人民法院管辖诉讼标的额 1 亿元以上的第一审民事案件。根据民事诉讼法的上述规则，建筑设备租赁合同纠纷基本上由于标的额相对较少，固定于级别管辖的初级人民法院管辖。

区域管辖又划分为三类，即一般地域管辖、特殊地域管辖与专属管辖。其中，一般地域管辖在性质上为属人管辖，以法院辖区与当事人的隶属关系为标准来确定管辖。特殊地域管辖在性质上属于对物或对事管辖，其以法院辖区与诉讼标的或法律事实的隶属关系为标准来确定管辖。这种两分制架构的意义在于兼顾地域管辖的“最易”与“最优”选择，概括为“最易最优原则”。一般地域管辖的价值在于体现“最易原则”，即让当事人很容易找到一个管辖法院。特殊地域管辖的价值在于体现“最优原则”，即让当事人找到一个更合适的法院。一般地域管辖与特别地域管辖之间应该是巧合适用的关系。[①] 此

① 参见王次宝：《民事诉讼法典化背景下的管辖规则体系》，载《河北法学》2022 年第 8 期。

外，专属管辖，是指法律强制规定某类案件只能由特定法院管辖，其他法院无权管辖，也不允许当事人协议变更管辖。

3. 建筑设备租赁合同的管辖

对于建筑设备租赁合同纠纷，我国《民事诉讼法》第24条规定："因合同纠纷提起的诉讼，由被告住所地或者合同履行地人民法院管辖。"第35条规定："合同或者其他财产权益纠纷的当事人可以书面协议选择被告住所地、合同履行地、合同签订地、原告住所地、标的物所在地等与争议有实际联系的地点的人民法院管辖，但不得违反本法对级别管辖和专属管辖的规定。"就以上规定而言，租赁合同纠纷，可以协议管辖，若租赁合同对管辖法院有明确约定，不违反级别管辖和专辖管辖规定，且约定的管辖法院与争议有实际联系的地点，合同约定的管辖法院优先审理。若合同无约定或者合同约定了与争议没有实际联系地的法院的，需遵照原告就被告的原则，实行特殊地域管辖，在被告所在地法院管辖，或者以合同履行地作为管辖法院，在此情况下，到底是选择合同履行地还是被告所在地，均由原告自行决定。如何认定被告住所地，《民事诉讼法司法解释》第3条规定："公民的住所地是指公民的户籍所在地，法人或者其他组织的住所地是指法人或者其他组织的主要办事机构所在地。法人或者其他组织的主要办事机构所在地不能确定的，法人或者其他组织的注册地或者登记地为住所地。"对于合同履行地，该解释第19条规定："财产租赁合同、融资租赁合同以租赁物使用地为合同履行地。合同对履行地有约定的，从其约定。"

因租赁标的物的特殊性，有两类租赁合同实行专属管辖。根据《民事诉讼法》第34条的规定，因不动产纠纷提起的诉讼，由不动产所在地人民法院管辖。按照《民事诉讼法司法解释》第28条的规定，房屋租赁合同纠纷按照不动产纠纷确定管辖。也就是说，对于房屋租赁合同纠纷实行专属管辖，由房屋所在地的法院专属管辖。此外，根据最高人民法院《关于铁路运输法院案件管辖范围的若干规定》，与铁路及其附属设施的建设施工有关的合同纠纷，由铁路运输法院管辖，若租赁合同涉及铁路及其附属设施的建设施工，有可能需由铁路运输法院专属管辖。

4. 管辖异议及审查标准

管辖权异议，是指人民法院受理案件后，当事人对管辖权有异议的，应当在提交答辩状期间提出。人民法院对当事人提出的管辖权异议，应当审查。异议成立的，裁定将案件移送有管辖权的人民法院；异议不成立的，裁定驳回。对该驳回管辖权异议的裁定不服的，当事人可以依法上诉。人民法院对当事人提出的管辖权异议，未经审查或审查后尚未作出裁定的，不得进入该案的实体审理。

本问题的两则案例均涉及管辖权异议的审查，管辖权异议审查范围是指对确定管辖之事实进行审查的广度与深度。对此，目前实务有三种观点，第一种观点认为应当进行实质审查，实质审查是指对法律权利义务的存在与否进行的审查。第二种观点认为应当进行形式审查，形式审查只对当事人提交的诉讼材料的完备性、对程序的有效性等进行审查（书面的行政化审查），至于其所提供的材料是否真实、合理、合法，最终能否判如所请，不在形式审查的范围之内。第三种观点认为应当以形式审查为主，辅之以一定的实质审查。本问题（2023）京02民辖终123号案例采用该观点。笔者同意第三种观点，应当进行形式审查但应辅之以一定的实质审查。例如，合同履行地的确定，对合同纠纷管辖的确定具有重要意义，合同履行地是指履行合同约定之义务的场所，又以合同的成立、义务的存在等为前提。可以说，不探究请求权的法律性质或对权利义务进行审理，难以作出此类管辖原因存否的判断。又如，上述案例中，建设工程施工合同纠纷实行专属管辖，而建筑设备租赁合同纠纷可以协议管辖。若不对合同的性质进行一定程度的实质审查，则管辖制度将流于形式，也不利于发挥诉讼管辖的制度“两便”的目的。

（五）合规要点

从企业合规角度审查，就租赁合同的诉讼管辖而言，从法律规范的效力角度讲，专属管辖是对当事人诉权处分的一种限制，是诉讼程序上的强制性规定，不允许当事人通过合意进行变通，当事人约定管辖无效。对于非属专属管辖的租赁合同纠纷，当事人可以通过约定选择有利于自身的管辖法院，以节约各项诉讼成本。在合同管辖约定或诉讼中，需要准确判断合同的性质，以免作出与法律规定相悖的管辖约定或管辖异议。

26　建筑设备租赁合同纠纷中的刑民交叉问题

（一）现实难题

在建筑设备租赁实务中，存在一些实际施工人用私刻的建筑企业公章（项目部章）与建筑设备出租企业签订合同的情况，在出租方以公章（项目部章）显示的建筑企业为被告提起诉讼之时，建筑企业往往以公章（项目部章）系伪造为由进行刑事报案并要求中止民事案件的审理。在实际施工人私刻建筑企业公章（项目部章）的情况下，对正在审理的建筑设备租赁合同的效力认定和审理程序将产生何种影响？

（二）实务观点

在司法实践中，有些公司有意刻制两套甚至多套公章，有的法定代表人或者代理人甚至私刻公章，订立合同时恶意加盖非备案的公章或者假公章，发生纠纷后法人以加盖的是假公章为由否定合同效力。因此，人民法院在审理案件时，应当主要审查签约人于盖章之时有无代表权或者代理权，从而根据代表或者代理的相关规则来确定合同的效力。私刻公章在不构成合同诈骗的情况下，与建筑设备租赁合同纠纷并非同一法律关系，建筑企业以有关人员私刻公章进行刑事报案，并不影响民事案件的审理。

（三）多发代表性案例

（2016）鄂民申2818号案件概况如下，融闽公司申请再审称，闫某某不是融闽公司工作人员，其在本案的相关行为与公司无关。闫某某与宏鑫伟业公司签订《建筑设备物资租赁合同》根本不能构成表见代理，融闽公司不应为此担责；谢某某因受到闫某某和宏鑫伟业公司胁迫，才在合同及结算文件上签字，应属无效行为。武汉市公安局经济技术开发区分局已于2016年10

月14日对案外人闫某某涉嫌伪造融闽公司公章立案侦查，根据《关于在审理经济纠纷案件中发现经济犯罪必须及时移送的通知》（已失效）第2条、第3条的规定，本案应当适用“先刑后民”的原则中止审理。综上，依据《民事诉讼法》（2012年）第200条第1项、第2项、第6项的规定申请再审。

湖北省高级人民法院审查后认为：涉案工程系融闽公司以分包方式承接，虽系闫某某与谢某某约定以兴平市泓泉工程有限公司及融闽公司名义合作建设，但该工程的合法建设主体仍然是融闽公司，融闽公司对外仍应承担义务。本案《建筑设备物资租赁合同》为闫某某以融闽公司名义与宏鑫伟业公司签订，宏鑫伟业公司所供租赁建筑器材也是送到涉案工程工地使用，宏鑫伟业公司基于上述事实，足以相信闫某某有权代表融闽公司及租赁合同的合同相对人为融闽公司。并且，融闽公司的项目负责人谢某某在前述租赁合同、《结算清单》、《付款承诺》上均签名予以确认，谢某某作为具备完全民事行为能力的人，应对其签名行为所产生的法律后果明确知晓，且谢某某后亦未对上述签名的行为行使撤销的权利。因此，融闽公司关于谢某某签名确认行为无效的申请再审理由不能成立，一、二审判决认定该租赁合同系融闽公司与宏鑫伟业公司的真实意思表示，合法有效，并无不当。融闽公司作为租赁合同的合同主体，应承担该合同项下的付款义务。

虽然闫某某因涉嫌伪造融闽公司公章而被公安机关立案侦查，但本案系融闽公司与宏鑫伟业公司之间的建筑设备租赁合同纠纷，本案所涉及的设备租金纠纷与闫某某涉嫌伪造融闽公司公章行为并非属同一法律关系，在合同主体已确认的情况下，闫某某作为涉案项目的实际施工人，其是否伪造融闽公司公章不影响本案民事纠纷的审理。

四川省高级人民法院在（2018）川民申1093号民事裁定书中认为：通山二建公司诉称本案所涉的《建筑设备租赁合同》上加盖的公司印章系江某某个人私刻，江某某涉嫌刑事犯罪，本案应作为刑事案件移送处理，但通山二建公司除提交江某某的陈述和其公司自书的《刑事控告状》外，未举出其他证据，再审中提交的《立案决定书》也形成于二审立案以前，经四川省高级人民法院评判不属于新证据。根据最高人民法院《关于在审理经济纠纷案件中涉及经济犯罪嫌疑若干问题的规定》（1998 年）第 10 条关于“人民法院在审理经济纠纷案件中，发现与本案有牵连，但与本案不是同一法律关系的经济犯罪嫌疑线索、材料，应将犯罪嫌疑线索、材料移送有关公安机关或检察机关查处，经济纠纷案件继续审理”之规定，即使江某某涉嫌私刻印章的刑事犯罪，与本案租赁合同纠纷也不是同一法律关系，只需移送相关线索和材料，不影响本案的审理。综上，本案不存在应当移送的情形，一审、二审程序均合法，四川省高级人民法院予以维持。

（四）理论解析——建筑设备租赁合同刑民交叉问题的处理

在建设工程领域，实际施工人私刻公章问题在一定程度上存在，由此引发民事纠纷案件办理过程中关于合同是否有效及刑事、民事办理程序孰先孰后的较大争议，本问题所引用的案件即为其中较具代表性的案例。具体而言，在出租方起诉建筑企业要求支付租赁等各项费用的案件审理过程中，建筑企业对租赁合同经办人以伪造公章为由进行刑事报案，从而要求中止民事案件的审理，此类争议在性质上属于刑民交叉案件的问题。刑民交叉案件的处理是理论界和实务界的热点和难点问题，本书拟围绕建筑设备租赁合同常见的私刻公章这一具体问题涉及刑民交叉案件的处理进行初步探讨。

有论者认为：“所谓刑民交叉，又称为刑民交织、刑民互涉案件，是指既涉及刑事法律关系，又涉及民事法律关系，且相互存在交叉、牵连、影响的案件。”在刑民交叉案件中，刑民交叉复杂的法律事实引起刑民多重竞合法律关系的交叉并存，从而导致案件性质呈现模糊性和复杂性，法律适用过程中争议重重。刑民交叉案件具有跨部门法律适用的特点，涉及实体和程序两个领域的法律，而实体又涉及民法和刑法两个部门法；程序法则涉及民事诉讼法和刑事诉讼法两个部门法。不同的部门法对于刑民交叉问题的关注的内容完全不同。民法关注的主要是刑民交叉案件对民事行为效力的影响，特别是在行为人构成犯罪的情况下，相应的民事行为是否依然有效；诉讼法关注的是，刑民交叉案件在刑事诉讼与民事诉讼相竞合的情况下，究竟是优先选择刑事诉讼还是民事诉讼的问题；从刑法角度看，对刑民交叉问题主要关注民事不法与刑事犯罪的区别。①

1. 刑民交叉案件的类型化

为了解决刑民交叉案件的办理问题，最高人民法院发布司法解释对刑民交叉案件的办理进行规范，1998 年 4 月 21 日最高人民法院发布的《关于在审理经济纠纷案件中涉及经济犯罪嫌疑若干问题的规定》（已修改）第 1 条规定了审理该类案件程序适用的标准，同一公民、法人或其他经济组织因不同的法律事实，分别涉及经济纠纷和经济犯罪嫌疑的，经济纠纷和经济犯罪案件应分开审理。② 同时，《关于在审理经济纠纷案件中涉及经济犯罪嫌疑若干问题的规定》第 10 条还规定："人民法院在审理经济纠纷案件中，发现与本案有牵连，但与本案不是同一法律关系的经济犯罪嫌疑线索、材料，应将犯罪嫌疑线索、材料移送有关公安机关或检察机关查处，经济纠纷案件继续审理。"《关于在审理经济纠纷案件中涉及经济犯罪嫌疑若干问题的规定》第 11 条规定："人民法院作为经济纠纷受理的案件，经审理认为不属经济纠纷案件而有经济犯罪嫌疑的，应当裁定驳回起诉，将有关材料移送公安机关或检察机关。"根据上述司法解释的规定，刑民交叉案件的处理基本上可以分为以下三种类型：一是案件事实在表象上具有刑民交叉的形式，但只具有单一的民事法律关系，其行为性质并未超出民法或其他刑法前置性法律规定的调整范围，无须进入刑法领域进行评价的案件。对于此种性质的案件，应当遵循"有民无刑"的原则。二是案件在表象上具有刑民交叉的形式，但这一刑民交叉所具有的相互关系在本质上是一种纵向的、刑事包容民事的法律关

① 参见陈兴良：《刑民交叉案件的刑法适用》，载《法律科学（西北政法大学学报）》2019 年第 2 期。

② 根据 2020 年 12 月 23 日最高人民法院审判委员会第 1823 次会议通过的最高人民法院修改最高人民法院《关于在审理经济纠纷案件中涉及经济犯罪嫌疑若干问题的规定》，其中第 1 条修改为：同一自然人、法人或非法人组织因不同的法律事实，分别涉及经济纠纷和经济犯罪嫌疑的，经济纠纷案件和经济犯罪嫌疑案件应当分开审理。

系。此时应当遵循“先刑后民”或者“刑事附带民事诉讼”的处理方法，应依照《关于在审理经济纠纷案件中涉及经济犯罪嫌疑若干问题的规定》第11条规定的程序办理：“人民法院作为经济纠纷受理的案件，经审理认为不属经济纠纷案件而有经济犯罪嫌疑的，应当裁定驳回起诉，将有关材料移送公安机关或检察机关。”三是案件在表象上具有刑民交叉的形式，但刑民交叉的法律关系是一种横向的、同位并列的关系。此时应当遵循“刑民并立”的处理方法，依照《关于在审理经济纠纷案件中涉及经济犯罪嫌疑若干问题的规定》第10条规定的程序办理：“人民法院在审理经济纠纷案件中，发现与本案有牵连，但与本案不是同一法律关系的经济犯罪嫌疑线索、材料，应将犯罪嫌疑线索、材料移送有关公安机关或检察机关查处，经济案件继续审理。”①

2. 建筑设备租赁合同“私刻公章”的处理

就建筑设备租赁合同民事纠纷案件办理过程中涉及实际施工人“私刻公章”的处理，主要视问题的性质和情节轻重，依法予以治安处罚，或者追究刑事责任。就治安处罚而言，根据《治安管理处罚法》第52条的规定，伪造、变造或者买卖国家机关、人民团体、企业、事业单位或者其他组织的公文、证件、证明文件、印章的，处10日以上15日以下拘留，可以并处1000元以下罚款；情节较轻的，处5日以上10日以下拘留，可以并处500元以下罚款。就刑事犯罪而言，根据私刻公章目的不同、案件事实情况不同，可能涉及两种罪名，一是若私刻公章的实际施工人仅以私刻公章作为冒用建筑企业的手段，而建筑设备租赁合同约定的其他事实真实存在，则可能涉嫌《刑法》第280条规定的伪造、变造印章罪。二是若私刻公章的实际施工人以私刻公章为手段，还与出租方串通，通过虚开租赁单据、虚增租赁款方式从建筑企业套取资金进行非法占有的，或者以非法占有为目的，在签订、履行合同过程中，通过虚构事实、隐瞒真相、设定陷阱方式骗取出租方财物的，则可能涉嫌《刑法》第224条规定的合同诈骗罪。

---

① 杨兴培：《刑民交叉案件的类型分析和破解方法》，载《东方法学》2014年第4期。

（1）涉嫌伪造、变造印章罪对建筑租赁合同民事案件办理的影响

若实际施工人仅实施了伪造、变造印章的行为，该行为对于正在审理的建筑设备租赁合同产生的影响为两方面：一是从合同效力上看，伪造、变造印章签订的合同效力，遵照《九民会议纪要》第41条的规定："司法实践中，有些公司有意刻制两套甚至多套公章，有的法定代表人或者代理人甚至私刻公章，订立合同时恶意加盖非备案的公章或者假公章，发生纠纷后法人以加盖的是假公章为由否定合同效力的情形并不鲜见。人民法院在审理案件时，应当主要审查签约人于盖章之时有无代表权或者代理权，从而根据代表或者代理的相关规则来确定合同的效力。法定代表人或者其授权之人在合同上加盖法人公章的行为，表明其是以法人名义签订合同，除《公司法》第16条等法律对其职权有特别规定的情形外，应当由法人承担相应的法律后果。法人以法定代表人事后已无代表权、加盖的是假章、所盖之章与备案公章不一致等为由否定合同效力的，人民法院不予支持。代理人以被代理人名义签订合同，要取得合法授权。代理人取得合法授权后，以被代理人名义签订的合同，应当由被代理人承担责任。被代理人以代理人事后已无代理权、加盖的是假章、所盖之章与备案公章不一致等为由否定合同效力的，人民法院不予支持。"该规定明确签订合同的效力以"认人不认章"为原则，主要识别办理签约人于盖章之时有无代表权或者代理权，从而根据代表或者代理的相关规则来确定合同的效力。二是从程序上看，应当以《关于在审理经济纠纷案件中涉及经济犯罪嫌疑若干问题的规定》第10条规定的"刑民并立"为办案程序，即经济纠纷和刑事案件分别审理。《九民会议纪要》第128条重申了同一当事人因不同事实分别发生民商事纠纷和涉嫌刑事犯罪，民商事案件与刑事案件应当分别审理这一原则。

（2）涉嫌合同诈骗罪对租赁合同民事案件办理的影响

在一个案件中，虽然表面上存在民事法律关系，但实际上这种民事法律关系是虚假的，行为人以此掩盖刑事犯罪。社会生活中，若签约人以伪造、变造印章为手段，实施合同欺诈的，这类案件从表面上观察，签约人都是以

民事合同的方式实施的，行为人是以非法占有为目的，通过虚构事实或者隐瞒的方法与他人发生租赁合同关系，这是一个民事欺诈的侵权行为，但刑法为了保证民事行为的有序性，以制止民事行为的欺骗性和避免由此导致的严重社会危害性结果，在刑法中设置合同诈骗罪之后，这一行为同时已经触犯了刑法合同诈骗罪的规定。在建筑设备租赁合同实务中，若签约人通过伪造印章的手段来签订租赁合同骗取出租人财物并逃逸的，就不能以民事合同纠纷的案件进行处理。此外，在现实生活中发生的“套路贷”，犯罪嫌疑人以违约金、保证金、行业规定等各种名义，骗取被害人签订虚高借款合同、阴阳借款合同或者房产抵押合同等明显不利于被害人的各类合同。随后，制造银行流水痕迹，制造各种借口单方面认定被害人违约并要求偿还虚高借款。在被害人无力偿还时，通过利用其制造的明显不利于被害人的证据向法院提起诉讼，以实现侵害被害人财产的目的。此类情况就需要进入刑法领域评价，应当刺破民事法律关系的面纱，其民事法律关系所引发的民事责任应由刑事关系进行确定和刑事责任的追究而得到确认，此时的民事法律关系相对刑事法律关系来说具有依附性，需要通过“刑事附带民事诉讼”加以解决。从程序上应当遵循“先刑后民”的规则，对此，上海市高级人民法院《关于审理民事纠纷案件中涉及刑事犯罪若干程序问题的处理意见》第 1 条第 2 项规定：“审理中发现涉嫌犯罪，且该刑事犯罪嫌疑案件确认的事实将直接影响民事纠纷案件的性质、效力、责任承担的，依照《中华人民共和国民事诉讼法》第一百三十六条第一款第（五）项的规定，法院应裁定中止审理，将犯罪线索移送有关公安机关或检察机关，等待刑事程序终结后再恢复审理。”《九民会议纪要》第 130 条也规定：“人民法院在审理民商事案件时，如果民商事案件必须以相关刑事案件的审理结果为依据，而刑事案件尚未审结的，应当根据《民事诉讼法》第 150 条第 5 项的规定裁定中止诉讼。待刑事案件审结后，再恢复民商事案件的审理……”或者，应依照《关于在审理经济纠纷案件中涉及经济犯罪嫌疑若干问题的规定》第 11 条规定的程序办理：“人民法院作为经济纠纷受理的案件，经审理认为不属经济纠纷案件而有经济犯罪嫌疑的，应当裁定驳回起诉，将有关材料移送公安机关或检察机关。”

刑民交叉问题普遍存在于民间借贷、商业交易、金融服务等民商领域，既涉及程序问题，又涉及实体问题，还涉及涉案财物处置、退赃退赔、损害修复等一系列问题。明确刑事和民事程序的关系与适用顺序，划定民事纠纷与刑事犯罪之间的合理界限，防止办案机关随意介入、插手经济案件，迫切需要实务和理论的进一步总结和提炼。

（五）合规要点

在不少有关建筑设备租赁合同案件的办理过程中，出租方以签约人私刻公章为由进行刑事报案，要求中止民事案件的审理，达到“以刑阻民”的目的。作为出租方，需要正确认识伪造公章所涉及的罪名到底是伪造公章罪还是合同诈骗罪，从而建议法院采取“刑民并立”还是“先刑后民”的办案程序，正确地适用法律，有效维护自身的合法权益。

附录一

民法典（节录）

（2020年5月28日第十三届全国人民代表大会第三次会议通过
中华人民共和国主席令第45号公布　自2021年1月1日起施行）

第十四章　租 赁 合 同

第七百零三条　租赁合同是出租人将租赁物交付承租人使用、收益，承租人支付租金的合同。

第七百零四条　租赁合同的内容一般包括租赁物的名称、数量、用途、租赁期限、租金及其支付期限和方式、租赁物维修等条款。

第七百零五条　租赁期限不得超过二十年。超过二十年的，超过部分无效。

租赁期限届满，当事人可以续订租赁合同；但是，约定的租赁期限自续订之日起不得超过二十年。

第七百零六条　当事人未依照法律、行政法规规定办理租赁合同登记备案手续的，不影响合同的效力。

第七百零七条　租赁期限六个月以上的，应当采用书面形式。当事人未采用书面形式，无法确定租赁期限的，视为不定期租赁。

第七百零八条　出租人应当按照约定将租赁物交付承租人，并在租赁期限内保持租赁物符合约定的用途。

第七百零九条　承租人应当按照约定的方法使用租赁物。对租赁物的使用方法没有约定或者约定不明确，依据本法第五百一十条的规定仍不能确定的，应当根据租赁物的性质使用。

第七百一十条 承租人按照约定的方法或者根据租赁物的性质使用租赁物，致使租赁物受到损耗的，不承担赔偿责任。

第七百一十一条 承租人未按照约定的方法或者未根据租赁物的性质使用租赁物，致使租赁物受到损失的，出租人可以解除合同并请求赔偿损失。

第七百一十二条 出租人应当履行租赁物的维修义务，但是当事人另有约定的除外。

第七百一十三条 承租人在租赁物需要维修时可以请求出租人在合理期限内维修。出租人未履行维修义务的，承租人可以自行维修，维修费用由出租人负担。因维修租赁物影响承租人使用的，应当相应减少租金或者延长租期。

因承租人的过错致使租赁物需要维修的，出租人不承担前款规定的维修义务。

第七百一十四条 承租人应当妥善保管租赁物，因保管不善造成租赁物毁损、灭失的，应当承担赔偿责任。

第七百一十五条 承租人经出租人同意，可以对租赁物进行改善或者增设他物。

承租人未经出租人同意，对租赁物进行改善或者增设他物的，出租人可以请求承租人恢复原状或者赔偿损失。

第七百一十六条 承租人经出租人同意，可以将租赁物转租给第三人。承租人转租的，承租人与出租人之间的租赁合同继续有效；第三人造成租赁物损失的，承租人应当赔偿损失。

承租人未经出租人同意转租的，出租人可以解除合同。

第七百一十七条 承租人经出租人同意将租赁物转租给第三人，转租期限超过承租人剩余租赁期限的，超过部分的约定对出租人不具有法律约束力，但是出租人与承租人另有约定的除外。

第七百一十八条 出租人知道或者应当知道承租人转租，但是在六个月内未提出异议的，视为出租人同意转租。

第七百一十九条　承租人拖欠租金的，次承租人可以代承租人支付其欠付的租金和违约金，但是转租合同对出租人不具有法律约束力的除外。

次承租人代为支付的租金和违约金，可以充抵次承租人应当向承租人支付的租金；超出其应付的租金数额的，可以向承租人追偿。

第七百二十条　在租赁期限内因占有、使用租赁物获得的收益，归承租人所有，但是当事人另有约定的除外。

第七百二十一条　承租人应当按照约定的期限支付租金。对支付租金的期限没有约定或者约定不明确，依据本法第五百一十条的规定仍不能确定，租赁期限不满一年的，应当在租赁期限届满时支付；租赁期限一年以上的，应当在每届满一年时支付，剩余期限不满一年的，应当在租赁期限届满时支付。

第七百二十二条　承租人无正当理由未支付或者迟延支付租金的，出租人可以请求承租人在合理期限内支付；承租人逾期不支付的，出租人可以解除合同。

第七百二十三条　因第三人主张权利，致使承租人不能对租赁物使用、收益的，承租人可以请求减少租金或者不支付租金。

第三人主张权利的，承租人应当及时通知出租人。

第七百二十四条　有下列情形之一，非因承租人原因致使租赁物无法使用的，承租人可以解除合同：

（一）租赁物被司法机关或者行政机关依法查封、扣押；

（二）租赁物权属有争议；

（三）租赁物具有违反法律、行政法规关于使用条件的强制性规定情形。

第七百二十五条　租赁物在承租人按照租赁合同占有期限内发生所有权变动的，不影响租赁合同的效力。

第七百二十六条　出租人出卖租赁房屋的，应当在出卖之前的合理期限内通知承租人，承租人享有以同等条件优先购买的权利；但是，房屋按份共有人行使优先购买权或者出租人将房屋出卖给近亲属的除外。

出租人履行通知义务后，承租人在十五日内未明确表示购买的，视为承租人放弃优先购买权。

第七百二十七条 出租人委托拍卖人拍卖租赁房屋的，应当在拍卖五日前通知承租人。承租人未参加拍卖的，视为放弃优先购买权。

第七百二十八条 出租人未通知承租人或者有其他妨害承租人行使优先购买权情形的，承租人可以请求出租人承担赔偿责任。但是，出租人与第三人订立的房屋买卖合同的效力不受影响。

第七百二十九条 因不可归责于承租人的事由，致使租赁物部分或者全部毁损、灭失的，承租人可以请求减少租金或者不支付租金；因租赁物部分或者全部毁损、灭失，致使不能实现合同目的的，承租人可以解除合同。

第七百三十条 当事人对租赁期限没有约定或者约定不明确，依据本法第五百一十条的规定仍不能确定的，视为不定期租赁；当事人可以随时解除合同，但是应当在合理期限之前通知对方。

第七百三十一条 租赁物危及承租人的安全或者健康的，即使承租人订立合同时明知该租赁物质量不合格，承租人仍然可以随时解除合同。

第七百三十二条 承租人在房屋租赁期限内死亡的，与其生前共同居住的人或者共同经营人可以按照原租赁合同租赁该房屋。

第七百三十三条 租赁期限届满，承租人应当返还租赁物。返还的租赁物应当符合按照约定或者根据租赁物的性质使用后的状态。

第七百三十四条 租赁期限届满，承租人继续使用租赁物，出租人没有提出异议的，原租赁合同继续有效，但是租赁期限为不定期。

租赁期限届满，房屋承租人享有以同等条件优先承租的权利。

附录二

周转材料租赁合同模板

（盘扣式脚手架及附件）

合同编号：

签约时间：　　　年　月　日

出租方：

承租方：

承租方因工程项目（位于）的施工需要，向出租方租赁周转材料。根据《民法典》及有关规定，为明确双方的责权利，经协商一致，签订本合同。

一、租赁周转材料的名称、规格、租金（下称租赁物）

名称	规格	单位	不含税 日租金/元	含税 日租金/元	增值税税率
备注：1. 承租方单批租赁物最短租期为　　个月，不足　　个月按照　　个月计租；超过　　个月的，按照实际租赁天数计算租金。具体租赁数量以收发料单及对账单为准。 2. 一次性保养费，盘扣保养费按　　元/吨收取，上下托保养费按　　元/根收取。不论租期长短，保养费按租赁数量在最终结算时由出租方一次性收取。					

二、租赁期限

租赁期间自承租方从出租方仓库提取租赁物之日起计算至承租方归还至

出租方仓库之日止（具体日期以收发料人在收发料单据上的签字日期为准）。

三、租金的计算、对账、支付

1. 履约保证金：本合同履约保证金为______元整。承租方在签订本合同时向出租方支付该笔履约保证金。租赁期间，承租方不得以此款抵作租金，租赁期满，该保证金在结算时冲抵租金或其他费用。

2. 租金计算：以承租方租用的租赁物数（重）量、租赁时间为计算依据。

3. 对账：出租方于每月 5 日前将对账单发送给承租方（送达方式包括但不限于电子邮件、快递、传真等），承租方需在收到对账单__3__日内对账单注明的期限内产生的所有费用进行确认。若承租方未在上述期限内对账单上进行确认或提出异议，则视为承租方认可对账单载明的内容。

4. 支付：承租方应于每月 15 日之前以电汇方式付清上期发生的租金、运费、维修费、丢赔等相关费用。承租方逾期支付各项费用，应按照拖欠款项的__1__‰/日的标准向出租方支付违约金。

若本合同约定的租金为含税价，则出租方在承租方付款后向其提供等额的增值税发票。

四、租赁物的质量标准及验收、使用

1. 出租方提供的租赁物应符合国家的质量标准。承租方在接收租赁物时，应当立即对租赁物的质量进行验收。若有异议，应当立即向出租方提出，并有权拒绝接收。出租方将租赁物交付后，承租人未提异议，视为租赁物质量合格，承租方不得再提异议。

2. 承租方需严格按照《建筑施工扣件式钢管脚手架安全技术规范》（JGJ130－2011）、《建筑施工临时支撑结构技术规范》（JGJ300－2013）［盘扣式脚手架要符合《建筑施工承插型盘扣式钢管支架安全技术规程》（JGJ231－2021）］及相关法律法规的规定组织施工，若因承租方使用不规范，造成的安全问题由承租方承担责任，出租方概不负责。

3. 租赁期间，租赁物的所有权属于出租方，承租方对租赁物只有使用权，不得对租赁物进行转让、转租第三方使用，不得变卖或作抵押品，不得超负荷使用，否则出租方有权解除合同、提前收回租赁物，并要求承租方立刻支付合同项下所有租金，赔偿未收回的租赁物，并支付违约金。

五、维修及赔偿

承租方应当按照租赁物的性质合理使用、妥善保管。若发生需要维修情况或丢失情形，应当按照本合同附件一、二、三的标准进行赔偿。租赁物发生丢失时，承租方应及时赔偿。在未付清赔偿金前，视同继续租用，承租方仍应向出租方支付租金。

六、收发租赁物约定

1. 承租方指定由姓名：______（身份证号码：______________________ 手机号：________________联系邮箱：________________）为代表履行本合同（包括签发收发料单、对账、付款、签订协议、确认书、承诺书以及本合同所涉及的任何事务），该代表的行为即为承租方的行为。

2. 承租方提、还租赁物地点：________。收发租赁物时装卸费及往返运费由承租方承担。

七、其他约定

1. 除非经出租方盖章确认，任何出租方代表或工作人员签署的给予承租方的优惠、让利均无效。

2. 合同签订时双方应向对方提供营业执照复印件，承租方应向出租方提供其指定经办人的身份证复印件。

3. 双方在履行本合同过程中发生争议协商不成的，提交出租方所在地人民法院诉讼解决。

4. 如一方违约，另一方因此提起诉讼，所支出的费用（包括但不限于诉讼费、律师费及资产评估费等）由违约方承担。

5. 附件系合同不可分割的部分，与本合同具有同等法律效力。

6. 本合同经双方签字（盖章）后生效。本合同壹式贰份，双方各执壹份，均具有同等法律效力。

7. 若本合同项下存在担保人的，担保人按照本合同附件四签署担保函。

出租方		承租方	
单位盖章		单位盖章	
代表签字		代表签字	
单位地址		单位地址	
传　真		传　真	
邮　箱		邮　箱	
开户银行		开户银行	
账　号		账　号	

本合同载明的各方通信地址可作为送达催告函、对账单、法院送达诉讼文书的地址，因载明的地址有误或未能及时告知变更后的地址，导致相关文书及诉讼文书未能实际被接收、邮寄送达的，相关文书及诉讼文书通知之日视为送达之日。

附件一：维修赔偿标准

品种	维修赔偿类别	单位	赔偿标准/元	品种	维修赔偿类别	单位	赔偿标准/元

附件二：物品丢失赔偿标准

序号	物品	单位	赔偿 单价/元	序号	物品	单位	赔偿 单价/元
备注： 1. 租赁物资丢失或破损报废后，按照合同约定单价进行赔偿。 2. 3.							

附件三：规格型号

物资名称	规格型号	计量单位	理论重量/kg

附件四：担保函

致：（出租方）

鉴于承租方与贵方签订《周转材料租赁合同》（合同编号：　　　　　），我方自愿为承租方向贵方履行该份合同项下的全部义务提供连带责任保证，担保期限三年。

担保人：

年　月　日

备注：

担保人可以是自然人、法人或者其他组织，法人或其他组织的担保需提供有权机关决议。

后 记

党的十八大以来，在创新、协调、绿色、开放、共享的新发展理念引领下，我国建筑业生产规模不断扩大，行业结构和区域布局不断优化，吸纳就业作用显著，对经济社会发展、城乡建设和民生改善发挥了重要作用，我国正由“建造大国”向“建造强国”迈进。从数据统计看，2022 年建筑业全年全社会实现增加值 833 383. 1 亿元，比 2021 年增长 5. 5%（按不变价格计算），而2022 年全年国内生产总值为 1 210 207. 2 亿元，比 2021 年增长 3. 0%（按不变价格计算），建筑业增加值的增速高于国内生产总值的增速 2. 5 个百分点。自 2013 年以来，建筑业增加值占国内生产总值的比例始终保持在 6. 85% 以上，2022 年达到 6. 89% ，建筑业支柱产业地位越发稳固。

建筑设备租赁行业是建筑产业链条中的重要一环，是建筑产业现代化的重要基础，更是吸纳就业、改善民生的重要支撑。伴随建筑业高速发展 20 多年，建筑设备租赁行业在业务规模、从业企业数量上得到巨大增长。据中国基建物资租赁承包商会统计测算，2021 年度（至 2023 年 5 月本书创作完成之时，未检索到 2022 年度全国基建物资租赁承包行业收入的最新数据），全国基建物资租赁承包行业收入 7 316. 1 亿元。截至 2021 年年底，全国基建物资租赁承包相关生产销售、租赁承包企业达 3. 5 万家。尽管建筑设备租赁行业的发展成就巨大，但相较于发达国家，我国建筑设备租赁行业还处于发展的初级阶段，其特点是起步晚、企业规模小、行业集中度低。但随着国家“十四五”规划逐步展开，城市更新行动实施、新型城镇化建设推进，我国建筑设备租赁行业将迎来新的发展机遇和空间。

发展与风险相伴相生。近年来，随着建筑设备租赁业务发展和业务模式创新，其法律纠纷案件也呈现数量快速增长和争议复杂化的趋势，但由于建筑设备租赁行业是细分市场和小众领域，实务对建筑设备租赁业务的法律问题进行专门研究的书籍尚付阙如。

躬逢盛事，得益于浙江活跃而发达的建筑市场、数量庞大的专业建筑设备出租企业，笔者从2013年开始涉足建筑设备租赁业务的法律服务，至今已逾十年。其间，笔者见证了服务多年的企业浙江华铁应急科技股份有限公司（证券代码：603300）从一个业务单一的钢管租赁站发展成为年度营收超30亿元，市值超100亿元，业务覆盖高空作业平台租赁、建筑支护设备租赁和地下维修维护服务多元化经营的租赁企业，并逐渐成为行业发展的领跑者。此外，从2016年起，笔者有幸受聘担任杭州市建筑设备租赁商会法律顾问。在服务企业和商会期间，笔者积累了丰富的建筑设备租赁法律服务的知识和经验。笔者的服务团队在办理案件的同时，结合实际操作案例及司法裁判规则系统梳理建筑设备租赁企业常见的法律争议及司法裁判规则，并相应地提出合规管理建议，最终形成本书。笔者期待通过本书的创作出版，填补建筑设备租赁法律书籍的空白，并对建筑设备租赁企业的合法合规经营、防范法律风险、提升经营效益贡献绵薄的力量。

本书以实务中多发的案例为研究素材。著名法学家王泽鉴深刻阐述案例学习的重要性：“读判决是基本的任务，我大概每天都在读判决，不读判决的话，我不知道我能研究什么，写文章的话，如果没有判决的时候，我就不会写，我觉得那就等于空谈……”案例是活的法，是法律规范、法学理论、法律价值在法律实践中融会贯通的结晶。在我国，比照成文法断案一直是古代法律文化与司法传统的重要组成部分，如汉朝有“决事比”，清朝有“律例、会典”。在比较法上，案例研究不仅是英美法律的传统，也是大陆法系各国的普遍做法，司法判例是法律研究的重要对象，也是法律发展的基石。当前，深入发掘典型案件，比对多发案例的不同处理思路、总结提炼典型案例中的裁判观点，是法律学人司法工作的常态和必修课。

“法无解释，不得适用。”本书结合《民法典》最新合同规范和理论成果对案件的法律适用进行解释。合同规范在《民法典》中、合同纠纷在司法实践中的重要性非常突出。因此，《民法典》配置了众多与合同相关的规范。《民法典》合同编的条文占比非常突出，具有明显的“合同中心主义”色彩。合同编在《民法典》中占有重要的地位。这种重要性不仅体现在条文和字数的量上——合同编共526条，接近占整个《民法典》的半壁江山，其字数约为4.5万，同样接近占《民法典》10.67万字的一半；更体现出合同制度在国家经济生活中发挥的重要作用——其是民事主体实现意思自治的重要工具，是促进社会主义市场经济健康有序发展的重要法律保障，更是推进国家治理体系建设和治理能力现代化的重要手段。不仅如此，与《合同法》相比，《民法典》合同编增加了137条，删除了25条，修改了260条，合同编的变化和创新不可谓不小。[①] 面对《民法典》合同规范全新的体系和理论，从事法律实务的工作者需要进行知识的更新迭代，目光应在案件事实与法律规范之间穿梭往返，以求得解决案件法律适用问题的正确答案。

最后，需要特别说明的是，由于笔者的学识及水平所限，本书可能存在不足乃至错误，也敬请各位读者批评指正并不吝赐教。

① 参见石宏：《合同编的重大发展和创新》，载《中国法学》2020年第4期。